本教材由宁夏高等学校一流学科建设（"教育"学科）项目（NXYLXK2017B11）和宁夏师范学院教育学"西部一流"学科2018年专项研究项目资助出版。

数字电视节目制播技术

Production and Broadcasting Technology of Digital TV Program

杨晓宏　李兆义　编著

图书在版编目(CIP)数据

数字电视节目制播技术/杨晓宏,李兆义编著. —北京：北京大学出版社，2018.7
(21世纪新闻与传播学规划教材·广播电视学系列)
ISBN 978-7-301-29361-4

Ⅰ.①数… Ⅱ.①杨…②李… Ⅲ.①数字技术—应用—电视节目制作—高等学校—教材 Ⅳ.①G222.3-39

中国版本图书馆 CIP 数据核字(2018)第 037087 号

书　　　名	数字电视节目制播技术 SHUZI DIANSHI JIEMU ZHIBO JISHU
著作责任者	杨晓宏　李兆义　编著
责 任 编 辑	胡利国
标 准 书 号	ISBN 978-7-301-29361-4
出 版 发 行	北京大学出版社
地　　　址	北京市海淀区成府路 205 号　100871
网　　　址	http://www.pup.cn　新浪微博　@北京大学出版社
电 子 信 箱	ss@pup.pku.edu.cn
电　　　话	邮购部 62752015　发行部 62750672　编辑部 62765016
印　刷　者	天津中印联印务有限公司
经　销　者	新华书店
	730 毫米×980 毫米　16 开本　20.5 印张　368 千字 2018 年 7 月第 1 版　2021 年 1 月第 2 次印刷
定　　　价	52.00 元

未经许可，不得以任何方式复制或抄袭本书之部分或全部内容。
版权所有，侵权必究
举报电话：010-62752024　电子信箱：fd@pup.pku.edu.cn
图书如有印装质量问题，请与出版部联系，电话：010-62756370

前　　言

近年来,随着电视节目制作和播控技术的发展,作为培养电视节目制播专业人才的高校,其教材内容急需更新,加之目前国内电视节目制播相关专业的种类和数量日渐增多,对同类教材的需求日益多样化。在此背景下,编写一本适合广播电视学、教育技术学、数字媒体艺术、广播电视编导等专业教学需要的电视节目制播技术类教材就显得尤为必要。

数字电视节目制播技术是广播电视学、教育技术学、数字媒体艺术、广播电视编导等专业的专业核心课程。本课程的主要目的是让学生比较系统地掌握数字电视节目制播技术基础知识与基本原理,具备运用电视制播系统的基本能力。因此,在编写过程中,既注重对数字电视制播基础知识与基本原理的解读,又注重对典型设备及使用技巧的介绍,更注重对学生实践操作技能的训练。

本教材从内容、结构等方面对2013年出版的《数字电视节目制作技术》进行了全面修订,修订后的教材内容更加新颖、体系更完善、结构更合理,更符合学生的认知特点。

第一,在内容体系上,本教材以数字电视节目制播为主线,对数字电视基础、数字电视节目制播系统、数字电视节目制作设备、数字特技与动画、数字非线性编辑系统、数字电视演播室节目制作系统、虚拟演播室节目制作系统、网络化节目制播技术等内容作了详尽的分析和介绍,并新增了数字电视节目现场制作系统内容。

第二,在结构安排上,本书按照数字电视节目制作基础知识、制作设备和应用系统三个模块来搭建结构框架,其中基础知识模块主要介绍了数字电视基础、数字电视节目制作的方式和流程、数字电视节目制播系统概况;制作设备模块主要介绍了数字电视摄像机、数字录像机和数字视频特技与图文动画创作系统等数字电视节目制作的核心设备;应用系统模块主要介绍数字非线性编辑系统、数字电视节目现场制作系统、数字电视演播室节目制作系统、网络化节目制作系统等内容。

第三,注重内容更新。在编写过程中,充分吸收了电视节目制作领域的最新发展和最新研究成果,力求深入浅出和照顾不同层次读者的需要,尽可能满足相关专业的多样化需求。

第四,注重理论与实践的紧密结合。本教材遵循"以理论分析为基础,以实践应用为目的,理论与实践并重"的编写原则,将电视节目制播技术和电视节目制作实践融为一体,在内容编排上,既强调基础性和理论性,也突出实用性和技巧性,特别注重理论与实践的紧密结合。

全书由九章构成。第一章数字电视节目制播概述,主要介绍了数字电视的概念、数字电视标准、数字电视节目制作的方式和手段、数字电视节目制播环境及系统组成等;第二章数字电视摄像机,主要介绍了数字摄像机的分类、组成、工作原理、性能指标及使用维护等;第三章数字录像机,主要介绍了录像机的发展、分类及数字录像机的记录格式、组成、工作原理及使用维护等;第四章数字视频特技与图文动画创作系统,主要介绍了电视特技的种类、视频切换台的组成和工作原理、数字视频特技机的组成和工作原理、数字视频特技效果及实现方式、图文动画创作系统的构成及应用等;第五章数字非线性编辑系统,主要介绍了非线性编辑系统的组成、工作原理及非线性编辑的节目制作过程等;第六章数字电视节目现场制作系统,主要介绍了数字转播车系统及外景节目制作系统的应用方式、拍摄技巧等;第七章数字电视演播室节目制作系统,主要介绍了电视演播室的类型、环境布局、场景设计及演播室节目制作系统的组成、应用等;第八章虚拟演播室节目制作系统,主要介绍了虚拟演播室的构成、工作原理、关键技术及在电视节目制作中的应用等;第九章网络化节目制播技术,主要介绍了网络化节目制播的关键技术及应用系统等。每章都设有学习目标和复习思考题,以方便读者学习。

杨晓宏策划、审定本书,并编写了第五章和第八章,其余章节由李兆义编写。

本书是作者在总结多年教学经验的基础上编写而成的,在编写过程中,还参考和引用了许多专家学者、同行公开发表的成果,凡参考和引用部分均在章末附了参考文献,在此向广大作者深致谢意。

希望本教材的出版,能对广大从事数字电视节目制播技术课程教学的教师以及电视工程技术人员和广大影视爱好者有所帮助。由于时间仓促,加之作者水平有限,本书疏漏和错误之处还望读者不吝赐教。

杨晓宏
2017 年 8 月 10 日

目 录

第一章 数字电视节目制播概述……………………………………………（1）
  第一节 数字电视基础………………………………………………（1）
  第二节 数字电视节目制作概述……………………………………（11）
  第三节 数字电视节目制播系统概述………………………………（18）

第二章 数字电视摄像机……………………………………………………（35）
  第一节 数字电视摄像机概述………………………………………（35）
  第二节 数字电视摄像机光学系统…………………………………（46）
  第三节 数字电视摄像机摄像器件…………………………………（53）
  第四节 数字电视摄像机电路系统…………………………………（57）
  第五节 数字电视摄像机的性能指标………………………………（66）
  第六节 数字电视摄像机的调整、使用与维护……………………（69）

第三章 数字录像机…………………………………………………………（84）
  第一节 录像机概述…………………………………………………（84）
  第二节 数字录像机的记录格式……………………………………（96）
  第三节 数字磁带录像机的基本组成及工作原理…………………（103）
  第四节 数字录像机的使用、保养及维护…………………………（110）

第四章 数字视频特技与图文动画创作系统……………………………（123）
  第一节 视频特技概述………………………………………………（123）
  第二节 数字视频切换台……………………………………………（128）
  第三节 数字视频特技………………………………………………（135）
  第四节 基于计算机平台的特技与图文动画创作系统……………（145）

第五章　数字非线性编辑系统……………………………………………（155）
  第一节　数字非线性编辑概述………………………………………（155）
  第二节　数字非线性编辑系统的基本组成及工作原理……………（162）
  第三节　非线性编辑的节目制作过程………………………………（171）

第六章　数字电视节目现场制作系统……………………………………（177）
  第一节　数字转播车系统……………………………………………（177）
  第二节　外景节目制作系统…………………………………………（187）

第七章　数字电视演播室节目制作系统…………………………………（197）
  第一节　电视演播室概述……………………………………………（197）
  第二节　演播室节目制作系统………………………………………（207）

第八章　虚拟演播室节目制作系统………………………………………（226）
  第一节　虚拟演播室系统概述………………………………………（226）
  第二节　虚拟演播室系统的构成和工作原理………………………（233）
  第三节　虚拟演播室系统关键技术…………………………………（236）
  第四节　虚拟演播室节目制作流程…………………………………（257）

第九章　网络化节目制播技术……………………………………………（261）
  第一节　网络化制播概述……………………………………………（261）
  第二节　网络化制播的关键技术……………………………………（273）
  第三节　网络化制播应用系统………………………………………（284）
  第四节　网络化制播系统实例………………………………………（308）

第一章　数字电视节目制播概述

【学习目标】

学习完本章,应该能达到下述目标:
- 了解数字电视的发展、概念及分类。
- 掌握数字电视标准及数字电视系统的构成。
- 熟悉数字电视节目制作的手段和方式。
- 掌握数字电视节目制作的流程。
- 掌握数字电视音频信号的压缩编码标准。
- 掌握数字电视制播系统的组成。
- 掌握数字电视制播系统的相关技术标准。

第一节　数字电视基础

电视从构想到现实,从机械电视到电子电视,从黑白电视到彩色电视,从广播电视到有线电视,再到卫星电视,从模拟电视到数字电视,从标清电视到高清电视……电视事业的发展日新月异。在新技术革命浪潮的推动下,电视技术、电视节目制作、电视传播都充满了活力。

一、数字电视的兴起与发展

模拟电视时代广泛采用的 NTSC、PAL 和 SECAM 三种电视制式,彼此互不兼容,同时模拟电视系统在信号传输和处理的过程中,易出现信噪比劣化、相位失真、亮度信号与色度信号互相串扰等问题。为了改善电视系统的性能,从20 世纪 60 年代起,人们就开始研究下一代电视——高清晰度电视(HDTV)。在高清晰度电视研究方面,走在最前面的是日本和欧洲。[1]

---

[1] 杨晓宏,刘毓敏.电视节目制作系统[M].北京:高等教育出版社,2005:280.

日本早在 1964 年就开始研究 HDTV。1984 年完成了将 HDTV 信号经过多重亚抽样编码(MUSE)处理的解码器与系统的实验,1985 年建立了 1125 线/帧、60 场/秒、基带 8.1 MHz、2∶1 隔行扫描、压缩比为 3∶1 的基于模拟调频技术的 MUSE 制式。1988 年汉城奥运会期间,日本 NHK 用 MUSE 方式实现了 HDTV 的实况转播。之后,日本试图以 MUSE 制式取得 HDTV 世界标准的地位。然而,日本没有考虑到数字技术发展的大趋势,后来美国开发出全数字式 HDTV 制式后,模拟的 MUSE 制式显得落后了。在数字技术的浪潮中,日本政府最终不得不中断模拟高清晰度电视的研究,重新制定数字电视产业发展战略。1994 年,日本最后决定支持全数字式 HDTV 的开发,基于美国研制的数字式 HDTV 系统,开发日本新一代 HDTV 系统,即后来的综合业务数字广播(ISDB)系统。[①]

欧洲于 1982 年开始研究 HDTV。1986 年发布了高清晰度电视研究计划——尤里卡 95 计划,并投资 7.2 亿美元开发欧洲 HDTV 的制式——HD-MAC,还推出了 1250 线/帧、50 场/秒、基带为 10.125 MHz、2∶1 隔行扫描、压缩比为 4∶1 的模拟数字混合的高清晰度电视系统。1992 年,欧洲开发出 HD-MAC 成套设备,并在当年巴塞罗那奥运会上通过卫星进行了实况转播。与美国正在研发的数字 HDTV 相比,HD-MAC 制式在技术上是落后的。在意识到这一问题后,1993 年,欧洲在数字音频广播(Digital Audio Broadcasting, DAB)基础上成立了数字视频广播(Digital Video Broadcasting, DVB)组织。该组织的首要任务是在全球范围内推广数字电视广播标准 DVB。DVB 标准中最重要的是卫星数字电视传输标准(DVB-S)和有线数字电视传输系统标准(DVB-C),另外一个标准为地面数字电视传输标准(DVB-T)。这些标准均得到欧洲通信标准组织(ETSI)和国际电信联盟(ITU)的认可。目前,DVB-S 和 DVB-C 已成为世界范围内很多国家(包括中国)和组织广泛采用的数字电视广播标准。[②]

在数字高清晰度电视研究方面,美国后来居上。1987 年美国联邦通信委员会(FCC)成立了高级电视(Advanced Television, ATV)业务的民间咨询委员会(Advisory Committee on ATV Service, ACATS),正式开展 HDTV 技术系统的研究,并于 1995 年发布了全数字 HDTV 传输制式 DigiCipher。DigiCipher 传输制式提出了全数字电视的新概念,即 HDTV 的数字化不仅指数字电视接收机,还包括演播室数字化设备、数字传输设备和数字电视接收机等。这一制式将

---

① 杨晓宏.数字电视节目制作技术[M].北京:国防工业出版社,2013:1.
② 杨晓宏,刘毓敏.电视节目制作系统[M].北京:高等教育出版社,2005:280.

HDTV的研究由模拟时代全面带入了数字时代,在全世界引起了强烈反响并逐渐得到了各国的认可。1996年12月24日,FCC正式批准了由美国高级电视制式委员会(Advanced Television System Committee,ATSC)制定的主要用于地面广播的数字电视标准——ATSC数字电视标准。[①] ATSC地面数字电视标准很快被较多国家接受,目前已成为国际三大数字电视标准之一。[②]

二、数字电视及相关概念

1. 数字电视

数字电视(Digital Television,DTV)本质上是将传统模拟电视信号经过取样、量化和编码,转换成二进制形式的数字电视信号,或者是利用数字摄录像机等设备直接产生数字电视信号,然后进行一系列针对数字信号的处理、存储和传输。严格意义上的数字电视是指从节目拍摄、编辑、制作、发射、传输、接收到显示全过程都使用数字技术的电视系统。[③] 从概念可以看出,数字电视是以数字技术为基础的电视系统,不仅可以实现高质量的视、音频单向传输,而且可以实现视频点播、远程教育、金融、购物等双向互动增值服务。数字电视系统是集电视图像传输、广播和数据传输等多种业务于一身的多功能系统。数字电视包括高清晰度数字电视(HDTV)和标准清晰度数字电视(SDTV)两个层次。

数字电视同样由内容(节目)、传输和接收三个部分组成。与模拟电视相比,数字电视在内容(节目)、传输和接收三个环节所带来的产业革命将更加深刻。首先,在内容方面,模拟电视仅向观众提供电视节目,广告收入构成电视台的产业主体,实现数字化后,电视台除向观众提供电视节目外,还可提供数据广播、交互信息等多媒体数据业务,产业几乎延伸到IT的各个领域;其次,在传输手段上,广播电视的有线、无线网络将与其他通信网络技术融合,数字化后所带来的双向传送、移动便携接收、区域联网、频道增容等优势将使有线、无线网络在产业化方面大有可为;最后,在接收终端,SDTV接收机、HDTV接收机、多功能机顶盒等家电产品应运而生,从而为制造业带来空前的市场和产业机遇。[④]

2. 机顶盒

机顶盒(Set Top Box,STB)的概念比较广泛。从广义上来说,凡是与电视机连接的网络终端设备都可以称为机顶盒。早期的机顶盒供观众通过遥控器或

---

① 杨晓宏.数字电视节目制作技术[M].北京:国防工业出版社,2013:2.
② 同上。
③ 同上。
④ 杨晓宏,刘毓敏.电视节目制作系统[M].北京:高等教育出版社,2005:281.

按键来控制某些收费节目的收看。近年来,随着数字广播和因特网的迅速发展,机顶盒已从单一的解密收费装置发展成为集数字电视信号解压缩、网页浏览、解密收费和交互控制为一体的数字化终端设备。通过机顶盒可以实现各种交互式多媒体应用,如数字电视广播接收、电子节目指南(EPG)、准视频点播(NVOD)、按次付费观看(PPV)、软件在线升级、数据广播、Internet 接入、电子邮件、TP 电话、视频点播、电子商务、远程教育、电子游戏、应用程序下载、社区多功能服务等。①

数字电视机顶盒主要由硬件和软件两大部分构成。硬件一般由主芯片、内存、调谐解调器、回传通道、CA 接口、外部存储控制器以及视频、音频输出等几大部分构成;软件由三个主要的层构成:应用层、中间解释层和驱动层,每一层都包含诸多的程序和接口等。

3. 条件接收

条件接收(Conditional Access,CA)是提供对数字电视用户业务进行授权和认证的一种技术手段,通俗地讲,是对视频、音频和数据等信息实施加密、解密、接收的控制技术。CA 是实现允许被授权的用户使用某一业务、未经授权的用户不能使用某一业务的系统技术,能够对数字电视业务按时间、频道和节目进行有效的控制和管理。数字电视一般采用机顶盒(STB)+智能卡的方式实现用户端对数字电视节目的条件接收。采用条件接收技术可建立有效的收费体系,从而保障节目提供商和运营商的利益。②

4. 数字电视的技术结构

数字电视技术由系统技术和应用技术两大部分组成。系统技术主要包括条件技术(CAS)、复用/解复用技术、用户管理技术(SMS)和节目管理技术(PMS)四大部分,其中,CAS,SMS,PMS 是构成可管理、可控制数字电视播出系统的技术核心。应用技术是支持 VOD、EPG、数据广播、交互游戏和交互证券等业务的软件技术。应用软件在系统前端和用户端设备中运行时,需要与系统软件进行接口,这个运营环境和程序接口的建立由中间件系统来完成,因此,中间件系统在结构层次上位于系统技术和应用技术之间,是系统平台对综合业务开放的支撑技术。③

---

① 杨晓宏,刘毓敏.电视节目制作系统[M].北京:高等教育出版社,2005:281.
② 同上。
③ 同上。

三、数字电视的分类

1. 按信号传输方式分

数字电视按信号传输方式可分为:数字电视地面广播,即地面数字电视;数字电视卫星广播,即卫星数字电视;数字电视有线广播,即有线数字电视。①

(1) 数字电视地面广播。数字电视地面广播是指利用天线发射无线电波,以实现覆盖一定范围之内的数字电视用户,覆盖范围之内的用户可通过接收天线与数字电视接收机来收看数字电视节目。数字电视地面广播是最基本的传输形式,作为一种最直接的信息传播手段,数字电视地面广播在数字电视传播中占据重要地位,其缺点是覆盖面小,传输质量差,抗干扰能力差,频道狭窄。

(2) 数字电视卫星广播。数字电视卫星广播的特点是覆盖面广、质量好,并且资源丰富。数字电视卫星广播是目前重要的通信手段之一。卫星电视广播是将电视节目由卫星地面发射站以上行频率载波,通过定向天线传输到太空中的同步卫星,卫星转发器接收来自地面的电视信号,经过放大、变频等一系列处理,再以下行频率载波向地面服务区转发电视信号。这样,服务区内众多的地面卫星接收站便可接收到电视台发出的电视节目。利用数字压缩技术,一颗大容量卫星可以转播100~500套节目,它是未来多频道电视广播的主要方式。

(3) 数字电视有线广播。数字电视有线广播是通过有线电视(CATV)系统传送多路数字电视,具有传输质量高、节目频道多等特点,便于开展按节目收费(PPV)、节目点播(VOD)及其他双向业务。数字电视有线广播系统多采用电缆与光纤混合网的形式来实现数字有线电视的宽带接入与传输,是开展数字电视交互业务(如视频点播)的首选方案。

2. 按图像清晰度等级分

数字电视按图像清晰度等级可分为三大类,即数字高清晰度电视、数字标准清晰度电视和数字普通清晰度电视。②

(1) 数字高清晰度电视(HDTV)。需至少720线逐行扫描或1080线隔行扫描,屏幕宽高比应为16:9,采用杜比数字音响,能将高清晰格式转换为其他格式并能接收和显示较低格式的信号,图像质量可达到或接近35 mm宽银幕电影的水平。

(2) 数字标准清晰度电视(SDTV)。必须达到480线逐行扫描,能将720线

---

① 杨晓宏.数字电视节目制作技术[M].北京:国防工业出版社,2013:3.
② 同上。

逐行扫描、1080线隔行扫描等格式变为480线逐行扫描输出,采用杜比数字音响。对应DVD的分辨率,其图像质量为演播室水平。

（3）数字普通清晰度电视(LDTV)。显示的扫描格式低于标准清晰度电视,即低于480线逐行扫描的标准,对应VCD的分辨率。

3. 按产品类型分

数字电视按产品类型可分为数字电视显示器、数字电视机顶盒和一体化数字电视接收机。①

4. 按显示屏幕幅型比分

数字电视按显示屏幕幅型比可分为4∶3和16∶9两种类型。②

5. 按电视制式分

数字电视按制式来分主要有ATSC制式、DVB制式和ISDB制式。

6. 按服务方式分

数字电视按服务方式可分为广播数字电视、交互式数字电视和流媒体数字电视。

四、数字电视系统的构成

数字电视系统由信源编码与压缩、复用、信道编码、调制、传输和接收等几部分构成,如图1.1所示。③

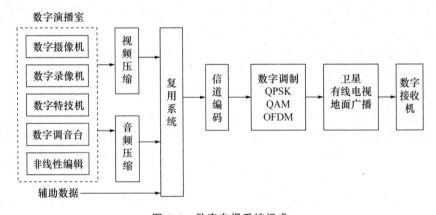

图 1.1　数字电视系统组成

---

① 杨晓宏.数字电视节目制作技术[M].北京:国防工业出版社,2013:3.
② 同上.
③ 杨晓宏,刘毓敏.电视节目制作系统[M].北京:高等教育出版社,2005:282.

1. 信源编码

信源编码是通过压缩编码来去掉信号源中的冗余成分,以达到压缩码率和带宽、实现信号有效传输的目的。因此,压缩编码技术与标准成为信源编码的核心。20世纪90年代以来,各种压缩编码的国际标准相继推出,其中MPEG-2是专为数字电视(包括标准清晰度数字电视和高清晰度数字电视)制定的压缩编码标准。

2. 复用系统

复用系统是数字电视的关键部分之一。从发送端信息的流向来看,它将视频、音频、辅助数据等编码器送来的数据比特流,经处理复合成单路串行的比特流,送给信道编码及调制部分。接收端正好与此部分相反。在复用标准方面,美国、欧洲和日本都采用了MPEG-2标准。

3. 信道编码

由于信道,尤其是无线信道的影响,数据在传输时会出现失真和损失,导致在接收端有些数据无法恢复,形成误码。为使数据在信道中可靠传输,尽量降低误码率,往往在发送端,采用编码技术,在传送的数据中以受控的方式引入冗余。而在接收端通过相应的解码,从冗余传输的信息中恢复出由信道损失的数据,从而降低误码率,提高数据在信道中的抗干扰能力。

信道编码是通过按一定规则重新排列信号码元或加入辅助码的办法来防止码元在传输过程中出错,并进行检错和纠错,以保证信号的可靠传输。

4. 调制

经过编码的基带数字信号可以直接进行传送,但由于数字基带信号中常有丰富的低频分量,因此在短距离传送时(100 m以内)可采用基带传输。当要进行远距离传输时就要采取载波调制传输的方法了。常用的载波调制方法有正交移相键控调制(QPSK)、残留编带调制(VSB)、正交幅度调制(QAM)、正交频分复用调制(OFDM)等。

5. 传输与接收

经信道编码和调制的数字电视信号可在其最适合的卫星、有线或地面等信道中传输,信号到达接收端后可通过两种方式收看:一种是用户直接购置数字电视一体机,收看数字电视节目;另一种方式是现有模拟电视机用户通过购买数字电视机顶盒,将数字信号通过机顶盒转换成模拟信号收看。

五、数字电视标准

数字电视标准是指数字电视采用的视音频采样、压缩格式、传输方式和服务

信息格式等的规定。目前,国际上已经形成了三种不同的数字电视标准,[①]分述如下:

1. 美国的 ATSC 标准

1995 年美国高级电视制式委员会以 HDTV 大联盟开发的制式为基础,向联邦通信委员会(FCC)提出了美国数字电视标准的建议。1996 年 12 月 24 日,FCC 通过了"ATSC 数字电视标准",1997 年被国际电信联盟批准为国际标准。ATSC 是基于高清晰度的数字电视标准,同时支持标准清晰度数字电视(SDTV)。[②]

ATSC 数字电视标准由四个分离的层级组成,层级之间有清晰的界面。最高层为图像层,确定图像的形式,包括像素阵列、幅型比和帧频;第二层是图像压缩层,采用 MPEG-2 图像压缩标准;第三层是系统复用层,特定的数据被纳入不同的压缩包中,如节目 1 图像、节目 2 声音或者辅助数据,采用 MPEG-2 系统标准;最后一层是传输层,确定数据传输的调制和信道编码方案。[③]

ATSC 标准规定了以地面传输为主、电缆传输为辅的标准清晰度电视(SDTV)和高清晰度电视(HDTV)系统。视频编码采用 MPEG-2 标准,音频编码符合 AC-3 标准,节目复用遵循 MPEG-2 标准。在地面传输中,采用 8-VSB 调制方式,是具有导频的单载波调制方法,在 6 MHz 的频带内可传送一路 HDTV 节目,传输速率为 19.39 Mb/s,不支持移动接收。在有线传输中采用 16-VSB 调制方式,在 6 MHz 的频带内可传送两路 HDTV 节目,传输比特率为 38.78 Mb/s。

ATSC 标准规定了可以采用的 18 种数字图像源格式,其中 6 种是高清晰度电视,其余 12 种格式都是标准清晰度电视,高清晰度电视除一种外,图像格式都采用逐行扫描。标准清晰度电视的 640×480 图像格式与计算机的 VGA 格式相同,保证了与计算机的适应性。在所有 12 种标准清晰度电视格式中,有 9 种采用逐行扫描,保留 3 种为隔行扫描方式以适应现有的视频系统。目前采用 ATSC 地面标准的国家和地区主要有美国、加拿大、墨西哥、阿根廷、韩国和中国台湾地区等。[④]

2. 欧洲的 DVB 标准

欧洲的 DVB(Digital Video Broadcasting)标准,包括 DVB-S(DVB-卫星)、

[①] 杨晓宏.数字电视节目制作技术[M].北京:国防工业出版社,2013:16.
[②] 杨晓宏,刘毓敏.电视节目制作系统[M].北京:高等教育出版社,2005:285.
[③] 同上。
[④] 杨晓宏.数字电视节目制作技术[M].北京:国防工业出版社,2013:16~17.

DVB-C(DVB-有线电视)和 DVB-T(DVB-地面广播)标准。[①]

DVB 仍采用 MPEG-2 压缩算法的数字技术。DVB 标准提供了一套完整的、适用于不同媒介的数字电视系统规范,其中 DVB-S 规定了卫星数字广播调制标准,使原来传送一套 PAL 制节目的频道可以传播四套数字电视节目,大大提高了卫星的效率,该标准已为全球所认同;DVB-C 规定了在有线电视网中传播数字电视的调制标准,使原来传送一套 PAL 制节目的频道可以传播四至六套数字电视节目;DVB-T 规定了在开路地面数字广播电视节目中采用的调制标准。该标准已在欧洲、澳大利亚、新加坡进行了广泛的测试试验并得到认可。这些标准均得到欧洲通信标准组织(ETSI)和国际电信联盟(ITU)的通过。[②]

DVB 系统中的信源编码标准是 MPEG-2;视频系统复用采用 MPEG-2 标准;音频采用 MPEG-2 的音频压缩编码标准。[③]

(1) DVB-S,用于卫星直播电视。数据流的调制采用 QPSK 方式。目前几乎所有的卫星直播数字电视均采用 DVB-S 标准;我国的卫星电视也选用了 DVB-S 标准。

(2) DVB-C,用于有线电视。具有 16-QAM、32-QAM、64-QAM 三种方式,采用 64-QAM 调制时,一个 PAL 通道的传送码率为 41.34 Mb/s;我国的有线电视也采用了欧洲的 DVB-C 标准。

(3) DVB-T,用于地面传输。采用 OFDM(正交频分复用)调制方式。基于 8 MHz 带宽,属于多载波调制技术,支持移动接收。

3. 日本的 ISDB 标准

日本的 ISDB 标准不限于传输数字电视,也包含了独立的声音和数据广播,这几者可以在 6 MHz 带宽内单独存在或任意地组合。[④]

ISDB 标准的信源编码标准是 MPEG-2,传输方案为 OFDM,使用的编码、调制、传输方式与 DVB-T 基本相同,不同之处在于接收方面增加了部分接收和分层传输。部分接收是指系统将整个 6 MHz 带宽分为 13 段,每段 423 KHz,主要解决窄带和宽带业务的同时接收问题。分层是指对不同段的纠错和调制方法进行不同的设置,以针对不同重要程度的信息和不同接收条件以及不同的接收区域。[⑤]

---

① 杨晓宏.数字电视节目制作技术[M].北京:国防工业出版社,2013:17.
② 杨晓宏,刘毓敏.电视节目制作系统[M].北京:高等教育出版社,2005:286.
③ 同上.
④ 杨晓宏.数字电视节目制作技术[M].北京:国防工业出版社,2013:17.
⑤ 杨晓宏,刘毓敏.电视节目制作系统[M].北京:高等教育出版社,2005:287.

图像信号也采用 MPEG-2 标准压缩,声音信号的信源编码既未采用 MPEG-2 的压缩标准,也未采用 ATSC 中的 Dolby AC-3 标准,而是采用基于 MPEG-4 的 AAC(高级 AC)压缩方式。

数字电视以上三种标准的比较,如表 1.1 所示。

表 1.1 数字电视三种标准的比较

标准 类别	ATSC	DVB			ISDB
		DVB-T	DVB-C	DVB-S	
视频编码方式	MPEG-2	MPEG-2	MPEG-2	MPEG-2	MPEG-2
音频编码方式	AC-3	MPEG-2	MPEG-2	MPEG-2	MPEG-2
复用方式	MPEG-2	MPEG-2	MPEG-2	MPEG-2	MPEG-2
调用方式	地面:8VSB/16VSB 卫星:QPSK 有线:QAM	OFDM	QAM	QPSK	地面:OFDM 卫星:QPSK 有线:QAM
带宽	6 MHz	8 MHz			27 MHz
移动接收	不可以	困难(有条件的可以)			可以

4. 中国的数字电视标准

数字电视按信号传输方式,可分为地面数字电视、卫星数字电视和有线数字电视三种。[①]

中国有线数字电视标准和卫星数字电视标准,已确定采用欧洲的 DVB-C(有线)和 DVB-S(卫星)标准。而地面数字传输标准,由于对数字电视产业影响最大,也是数字电视中最重要的标准,因此,必须采用具有中国自主知识产权、不会受制于国外标准(知识产权)、技术上比国外更具优势的自己的标准。经过多年的准备和方案论证,2006 年 8 月 18 日,国家标准化管理委员会第 95 号公告正式发布了中国具有自主知识产权的《数字电视地面广播传输系统帧结构、信道编码和调制》标准,决定将 DMB-TH 作为我国的数字电视地面广播标准,并于 2007 年 8 月 1 日正式实施。DTMB(DMB-TH)采用了单、多载波两种调制方法。该标准规定了数字电视地面广播传输系统信号的帧结构、信号编码和调制方式,支持标准清晰度电视业务和高清晰度电视业务,支持固定接收、移动接收、车载接收等,支持单频组网和多频组网。

---

① 杨晓宏.数字电视节目制作技术[M].北京:国防工业出版社,2013:3.

2011年国际电信联盟无线通信局在日内瓦审定国际标准时,将中国地面数字国家标准(DTMB)纳入其中。这标志着中国的 DTMB 标准正式成为继美、欧、日之后的第四个数字电视国际标准,这一"升格",使我国在数字电视国际标准中占有一席之地,对于我国数字电视产业发展和国际化推进具有重大意义。

第二节　数字电视节目制作概述

电视节目制作是节目艺术和电视技术二者的天然结合。制作人员只有全面了解和熟悉制作手段、制作方式、制作流程、制作设备的性能特点和操作使用条件等,才能根据节目的内容和要求,采用各种技术手段、有效的制作方法以及合理的制作流程,制作出高质量的电视节目。电视节目制作系统主要包括视频和音频两大部分,如图 1.2 所示①。

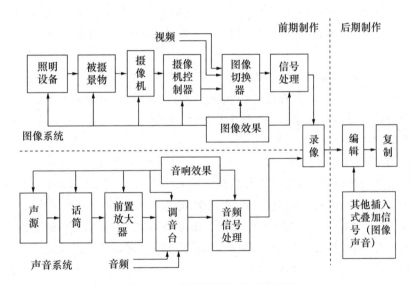

图 1.2　电视节目制作的主要系统

一、数字电视节目制作手段

电视技术的发展经历了黑白、彩色和数字三个阶段。随着数字技术、多媒体计算机技术、网络技术、虚拟技术、卫星技术等被广泛应用到电视节目制作领域,

---

① 梁小山,刘元春,王凤梅.电视节目制作(技术类)[M].北京:中国广播电视出版社,2000:29.

电视节目的制作手段日益多样化。

1. 实况直播

实况直播是指在摄取图像和声音的同时就进行播出。它的特点是制作和播出这两个过程同步进行,可以在演播室内进行,也可以在室外现场实现。实况直播可以使用多台摄像机和转播车,通过设在主控室或转播车里的导播切换台对图像和声音进行即时处理,并用传输设备传送给电视台,然后再发射出去;也可以使用单台摄像机不经切换地将实况图像和声音传送出去。实况直播可分为现场直播和演播室直播两类。①

(1) 现场直播。一些重大的节日庆典活动、突发性新闻事件、大型的文艺节目、体育比赛等,常常采用现场直播的方式,节目制作和播出的时间与事件现场的时间是同步的。这种方式在制作电视节目时,虽然不能预先进行构思,但需要事先考虑一个周密的计划,拟订一个切实可行的实施方案,把可能遇到的各种情况都考虑进去,并预先安排好应急措施;还要建立严密的指挥系统,确立好摄制、音响、照明、传送、编导、后勤、保卫等各工作岗位的职责,才能保证高质量的实况直播。

(2) 演播室直播。实况直播方式大量运用在电视演播室中,大多数电视台的新闻节目、访谈节目、教育节目和综合艺术类节目都采用这种方式,在演播室直播中还可插播各种形象资料,并使用电话、计算机等反馈系统,让观众直接参与到节目制作中来。

2. 电视影片制作方式

在录像机出现之前,电视节目制作大量采用电影胶片拍摄和制作,然后通过电视电影机播出。电影摄影机可以单人操作,在缺少电源的情况下也可以灵活方便地工作,电影胶片的图像清晰度优于录像带,在拍摄一些大型或要求较高的电视节目时,仍采用影片制作方式;缺点是影片拍摄后必须经过冲洗加工、剪辑和配音合成等阶段,新闻的时效性受到限制。由于无法在拍摄的同时知道画面效果,较难控制图像拍摄质量,所以对摄影师的拍摄水平要求很高。②

3. 录像制作方式

录像制作方式是指采用摄像机拍摄、将光学信号转变为电信号并以磁带记录制作电视节目的方式。录像磁带代替了电影胶片成为图像和声音信号录制、储存和播放的载体。与电视影片制作方式相比,录像制作方式的优点是声画同

---

① 孟群.电视节目制作技术 [M].北京:中国广播电视出版社,2000:2.
② 孟群.电视节目制作技术 [M].北京:中国广播电视出版社,2000:4.

步,在拍摄时可以在监视器上同步监测并及时地调整和控制画面构图、色彩、光线、声音等效果,保证拍摄质量。此外,录像磁带可以反复使用,相对于一次性使用的电影胶片来说,能够节省制作费用。录像制作的普及尤其是ENG(电子新闻采集)和EFP(电子现场制作)等方式的应用,给电视节目制作及其表现手法带来了质的飞跃。现在能够记录和存储现场录制节目的介质除了录像带外,还有存储卡、硬盘、光盘等。

4. 电子制作方式

电子制作方式是以数字摄录像机摄取信号、以计算机为工作平台、采用非线性编辑手段制作电视节目的方式。电子制作方式的优点是可以制作出高质量的图像和声音,而且数字信号可以大量储存和长时间保存,信号传送更加快捷方便。

随着电视制作技术的发展,电视节目制作的手段也在不断变革。首先,前期采访实现了摄像机、录像机由分体向摄录一体机工作模式的转变;其次,后期编辑实现了由模拟记录向数字记录格式、线性编辑向网络化非线性编辑方式的转变;最后,节目制作由串播向一次合成和日常性直播乃至跨地区直播转变。

二、数字电视节目制作方式

1. 电子新闻采集方式

电子新闻采集(Electronic News Gathering,ENG)方式是指采用便携式摄像和录像设备进行现场素材采录的制作方式。该方式是一种单机采访方式,以满足新闻采集的运动性、灵活性和时效性,不仅适用于新闻采访,也可以在专题节目、电视纪录片、戏剧小品等节目中普遍使用。ENG方式使用的设备一般为便携式摄录设备,体积小、重量轻、操作方便、机动灵活,可以快速低成本地获取素材,提高新闻节目的时效性;有些新闻节目,将摄录设备、发射装置和传送系统相连接,可以实现现场直播;对一些重大的新闻事件或紧急新闻事件,一般采用ENG车即新闻采访车,也可以采用磁带等作为记录媒体记录或通过微波链路将实况素材直接传送给节目制作中心,在编辑设备上进行加工处理,然后再进行播出,如图1.3所示。[1]

---

[1] 梁小山,刘元春,王凤梅.电视节目制作(技术类)[M].北京:中国广播电视出版社,2000:30.

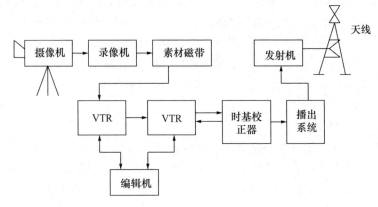

图 1.3 单机 ENG 方式

2. 电子现场制作方式

电子现场制作(Electronic Field Production,EFP)方式是指在演播室之外的节目现场通过多台便携式摄像机同步拍摄,利用特技台进行现场切换而形成的多机位、多视角的同步电视节目制作方式,通常包括两台以上的摄像机、摄像机控制器、视频切换台、视/音频分配器、录像机、信号监视器、调音台及其他辅助设备(灯光、话筒)等,如图 1.4 所示。① EFP 方式主要采用 EFP 车(电视转播车、直播车、录像机)进行外景实况录制,它能够把几个小时的节目内容,包括画面、声音、字幕、特技切换等一次制作完毕,也可以把现场录制的节目带回到台内进一步加工修改和补充后进行播出。EFP 方式既可用于现场节目录制,也可以实现现场实况转播,适用于文艺、专题、体育等节目的制作,它能够让观众看到事件发生发展的真实过程,更贴近生活原貌,能够从多个角度、多个侧面展示现场实况,节目的时效性、可信性和现场感较强。

3. 电子演播室制作方式

电子演播室制作(Electronic Studio Production,ESP)方式是指利用电视演播室及其配套设备进行节目制作的方式,其工作原理如图 1.5 所示。② 电视演播室有专门的拍摄空间和控制制作室,配备完备的电视制作系统,包括自动化的灯光系统、高清晰度的广播级摄像机系统、完善的背景道具、精良的监控切换系统和特技、动画、字幕制作系统、拾音系统等,技术质量高,特技手段丰富,是一种较为理想的制作方式。ESP 方式可以先摄录,后编辑,也可以即摄即播,综合了

---

① 梁小山,刘元春,王凤梅.电视节目制作(技术类)[M].北京:中国广播电视出版社,2000:32.
② 翁志清,陈伟平.数字电视制播系统[M].上海:上海大学出版社,2009:87.

第一章 数字电视节目制播概述

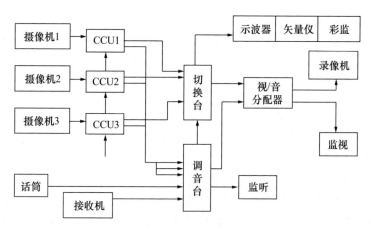

图 1.4 电子现场制作方式

ENG 和 EFP 方式的优点，手段灵活，可用于各类节目的制作，现已成为电视台大、中、小型自办节目的主要制作方式。

ENG、EFP、ESP 三种方式都可以用来制作新闻节目、专题节目或电视剧等，具体方式的选择取决于节目的类型、节目对时效性的要求、制作设备、人员和经费等。

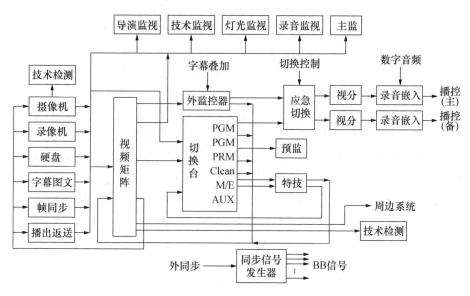

图 1.5 电子演播室制作方式

— 15 —

三、数字电视节目制作流程

电视节目制作人员只有重视节目制作的工艺流程,加强节目制作的计划性,遵循节目制作流程的科学性,才能提高节目制作的质量和效益。不同的电视节目内容和形式,其制作流程会存在差异,有着不同的制作过程,但考虑到大多数电视节目的制作特点,其编制流程还是基本相同的,从孕育到完成的整个过程大致可分为三个阶段,即策划构思阶段、拍摄录制阶段和编辑合成阶段。[①]

1. 策划构思阶段

策划构思阶段是电视节目制作的第一个阶段。电视节目要吸引观众,拥有市场,就必须先进行策划构思,根据市场需求,进行电视节目的整体构思和节目定位,选择适合的主题、表现角度和表现方式,确保有一定的观众群,使节目的投入获得最大收益。

(1) 节目策划。电视节目的策划包括前期节目策划、中期节目策划和后期节目策划。前期节目策划的内容包括上期节目信息反馈,了解观众收视情况,根据观众反映分析受众心理,考虑节目选题,搜集与节目相关的信息资料,拟定节目选题,召开观众座谈会和策划会议,讨论节目选题,拟订选题策划方案;中期节目策划的内容包括制订详细的节目执行方案;后期节目策划的内容包括节目播出后收集反馈信息,为下期节目策划做前期准备等。

(2) 节目构思,确立节目主题,搜集相关资料,草拟节目剧本。电视节目既不是向观众讲述有趣的知识,也不是一本百科全书,它必须要有特定的表现主题。电视节目的制片人、策划人和编导应共同讨论,按照选题原则,扬长避短,确定主题,充分展示和利用电视手段的优势。选题要具备独创性、前沿性,要得到观众的认可,在对电视节目的拍摄主题、形式等形成总体规划后,便开始撰写文学剧本。撰写文学剧本是电视节目创作的基础,是用文字对电视节目内容的表述,文学剧本是对大量生活素材的加工和提炼,是直观形象艺术的构思,是电视节目的制作蓝图,是关系到电视节目质量优劣的关键。电视节目的文学剧本,是为拍摄而写的,并不是一般的文学读物,因此必须有可拍性,必须能用电视镜头表现出来。

(3) 主创人员碰头会、写出分镜头剧本。文学剧本确定后,编导必须根据文学剧本的内容和导演本人的构思,进行创造性的总体构思,并用文字将要表达的内容,分成一系列可供拍摄的镜头单元剧本。分镜头剧本是以"蒙太奇"的表现方式和镜头组接的原理,按照时间和逻辑顺序来描述若干不同景别、不同角度的

[①] 杨晓宏,李兆义.电视节目制作概论[M].北京:北京大学出版社,2015:12~15.

"镜头",从而交代事物整个发展过程的一项工作,在分镜头剧本中体现着导演的创作意图、艺术构思以及他的创作风格和个性。编导在写作分镜头剧本时,应当尊重原作的宗旨,并采纳制作人、策划人、摄像、录音等制作人员的意见,内容必须具体、细致和明确,使剧本更具有可拍性,不应笼统、粗略和含糊。

（4）拍摄计划的制订。电视节目的导演和制片人应确定摄制组成员名单,筹集经费,讨论分镜头剧本,为节目制作做好全面的准备。摄制组的全部制作人员,如灯光师、美工师、摄像师等都要在有限的时间内修改并确定自己的工作方案,制片人和导演核定工作方案,提出修改意见直至满意为止。摄制组每个成员应分别进行拍摄前的准备工作,包括场地、服装、美工、资料、设备、灯光、演员排练、确定日期等。各部门主要负责人讨论确认拍摄计划并准备执行。考虑到思维存在局限性和不确定性,在准备阶段要严格按节目要求勘查现场、确定场景、制订布景和灯光方案等,并起草有关合同。

（5）各部门细化自己的计划。如签订租赁合同,建造场景、道具,征集影片、录像资料等。

2. 拍摄录制阶段

上述工作完成后,整个摄制组的人员就要投入到实拍阶段。这一阶段的主要工作就是根据拟订好的方案（包括拍摄提纲或分镜头剧本）进行现场拍摄和录制,用摄像机将画面内容与现场音响录制下来。不同类型的节目有不同的制作方式,以演播室拍摄为例：

（1）排演剧本。

（2）进入演播室前的排练。演员排练,导演阐述,灯光、舞美的确定；音响、音乐的处理；转播资料的确定等。

（3）分镜头剧本的确认。对镜头序列、景别、角度、技巧、摄像机编号、切换钮编号的确认；提词器的准备；移动车、升降臂、布景、道具、美工装饰、服装等的确定。

（4）演播室准备。各种设备的调试,如摄像机的检查和调整,灯光试验和调整,通信联络的检查,舞美置景、化妆、服装、布景和道具的检查,录像磁带的准备,特技的应用等。

（5）最后排演（带机排练）。条件允许时应进行排演,排演期间所有的工作人员应集中在一起,在导演的指挥下,共同配合,发现问题及时纠正。

（6）正式录像。正式录制的节目可分为直播节目和录播节目,直播节目要求各工种密切配合,摄制绝对服从导演（或导播）,按照节目预定的播出时间开始和结束所有的摄制工作；录播节目一般是把一个完整的节目分成几段录制,甚至是分镜头录制,可以适当重拍或拍摄备份镜头,当然这类节目需要经过后期的编辑、加工,才能成为一个完整的节目。

3. 编辑合成阶段

这一阶段的主要工作是审看、剪辑、制作合成节目,由导演和编辑完成。导演负责对内容和形式进行再创作,编辑负责技术支持。面对素材,制作人员在电子编辑系统或非线性编辑系统等设备上工作,编辑思路可按分镜头剧本或拍摄大纲,也可按照对内容的理解进行创造性的编辑。

(1)检查所拍摄的素材。对照分镜头剧本,记录下每个镜头的时间码(入点和出点)、景别与拍摄方法,拟订出编辑方案。

(2)素材粗编。确认编辑方式,按照分镜头剧本顺序和内容进行拼接,必要时,可以根据主题要求和素材情况,改变原来的构想。粗编完成了节目的大体框架,使镜头的顺序和节目内容基本确定。

(3)节目精编。镜头素材编辑入点、出点的检查,镜头长度的确定,镜头组接技巧的运用,字幕、特效和动画的加入,配对白、录解说词、配音响效果声、加入音乐,将解说词、效果声、音乐进行混录,进行音调、音量等处理,并使声音与画面和谐。节目编辑后,可进行初步审看,看结构是否合理,段落层次是否清楚,有无错误并修改。

(4)完成片审看。负责人审看并提出修改意见,直至完成成片,并将播出带复制存档。

电视节目制作是一项复杂的系统工程,每一个环节都需要专业技巧的支持,每一道工序都是紧密联系的。因此制作人员要熟悉每个工序,并根据节目内容,具体情况具体分析和处理,才能使制作流程更合理,也才能制作出大众普遍欢迎的电视节目。

第三节 数字电视节目制播系统概述

近年来,电视领域发生了一系列的变化,数字技术、计算机技术的发展给广播电视产业带来了深刻的影响,传统的广播电视体制由模拟全面实现数字化,电视制播系统的数字化正以超出人们预料的速度向前发展,这就要求人们不断更新知识,以便跟上技术发展的步伐。

一、数字电视节目制播环境

数字电视从信号格式和图像清晰度等级来分有标准清晰度数字电视

(SDTV)和高清晰度数字电视(HDTV)两个层次,相应的制播环境有标准清晰度数字电视制播环境和高清晰度数字电视制播环境。①

1. 标准清晰度数字电视和高清晰度数字电视

标准清晰度数字电视的图像水平清晰度在 500 线左右,相当于 DVD;高清晰度数字电视的图像水平清晰度在 1000 线以上。

(1) 电视图像的清晰度

电视图像的清晰度是指人们主观感觉到的图像的清晰程度,它与电视系统传送图像细节的能力有关,可从垂直和水平两个方面来衡量,分别称为垂直清晰度和水平清晰度,如图 1.6 所示。②

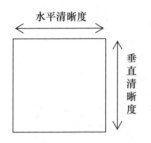

图 1.6　电视图像的清晰度

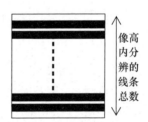

图 1.7　垂直清晰度

垂直清晰度是指沿垂直方向图像的清晰程度。通常用电视屏幕像高的高度内人眼所能分辨的黑白相间的水平条纹数来衡量,如图 1.7 所示。显然,垂直清晰度与电视系统的有效扫描行数有关,理想情况下垂直清晰度要比有效扫描行数低,约为有效扫描行数的 70%,由于标准清晰度电视垂直方向的有效扫描行数为 575(D 制),高清晰度电视垂直方向的有效扫描行数为 1080,因而标准清晰度电视垂直清晰度的最大值为 575 行(D 制),高清晰度电视垂直清晰度的最大值为 1080 行。③

水平清晰度是指沿水平方向图像的清晰程度。通常用电视屏幕的水平方向上人眼所能分辨的黑白相间的垂直条纹数来衡量。水平清晰度有绝对清晰度和相对清晰度之分,绝对清晰度是指在电视屏幕像宽的宽度内所能分辨的黑白相间的垂直条纹数,如图 1.8 所示。例如,在水平方向能分辨出 400 条黑白相间的垂直条纹数时,称为水平方向的绝对清晰度为 400 线。在电视技术中,将水平方

---

① 杨晓宏,刘毓敏.电视节目制作系统[M].北京:高等教育出版社,2005:296.
② 同上.
③ 同上.

向上相当于像高宽度内所能分辨的黑白相间的垂直条纹数定义为水平方向的相对清晰度,用电视线概念表达的水平清晰度是相对值,在显示线条数量相同的情况下,画面宽高比不同时,水平清晰度也是不同的。例如,同样在水平方向显示400条线时,如果画面宽高比为4∶3,则水平清晰度为400×3/4=300电视线,画面宽高比为16∶9,则水平清晰度为400×9/16=225电视线。[1]

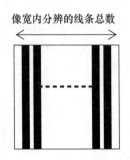

图1.8 水平方向的绝对清晰度

值得指出的是,电视技术中对图像清晰度的定义与摄影及电影技术不同,电视技术中400线是指400条(200对,一黑一白为1对,算两条线)线,而摄影及电影技术中400线是指400对(800条)线。

(2) 数字电视信号的码率

码率是指在单位时间内系统所能达到的最大数据量。传输数字电视信号时信道设备(如矩阵、光端机等)的带宽必须大于通过该通道的码率。[2]

① 数字电视信号的总码率

标准清晰度数字电视信号的总码率。在 ITU-R BT.601 数字电视标准中,采用 10 bit 量化时亮度信号的码率为:取样频率×量化比特数=13.5 MHz×10 bit=135 Mb/s;两个色差信号的码率为 2×6.75 MHz×10 bit=135 Mb/s;总码率为:亮度信号码率+色差信号码率=(135+135)Mb/s=270 Mb/s。

高清晰度数字电视信号的总码率。在 SMPTE 274M 数字电视标准中,采用 10 bit 量化时亮度信号的码率为:取样频率×量化比特数=74.25 MHz×10 bit=742.5 Mb/s;两个色差信号的码率为 2×37.125 MHz×10 bit=742.5 Mb/s;总码率为:

亮度信号码率+色差信号码率=(742.5+742.5)Mb/s=1485 Mb/s

---

[1] 杨晓宏,刘毓敏.电视节目制作系统[M].北京:高等教育出版社,2005:296~297.
[2] 杨晓宏,刘毓敏.电视节目制作系统[M].北京:高等教育出版社,2005:300~301.

② 数字电视信号的有效码率

有效码率是指在单位时间内与视频信号有关的数据量。因为在电视信号的水平和垂直消隐期间内没有视频信息,所有有效码率一般只有总码率的60%～80%。

标准清晰度数字电视信号的有效码率。在ITU-R BT.601数字电视标准中,采用8bit量化时,480/60i(NTSC)亮度信号的有效码率为:每行的取样点数×有效扫描行数×量化比特数×帧频=(720×480×8×30)Mb/s=82.944 Mb/s;两个色差信号的有效码率为(2×360×8×30)Mb/s=82.944 Mb/s;总有效码率为:亮度信号有效码率+色差信号有效码率=(82.944+82.944)Mb/s=165.888 Mb/s。576/50i(PAL)总的有效码率为:(720×576×8×25×2)Mb/s=165.888 Mb/s。

高清晰度数字电视信号的有效码率。在SMPTE 274M数字电视标准中,采用8 bit量化时,1080/60i信号格式亮度信号的有效码率为:每行的取样点数×有效扫描行数×量化比特数×帧频=(1920×1080×8×30)Mb/s=497.664 Mb/s;两个色差信号的有效码率为(2×960×1080×8×30)Mb/s=497.664 Mb/s;总有效码率为:亮度信号有效码率+色差信号有效码率(497.664+497.664)Mb/s=995.328 Mb/s。1080/50i信号格式总的有效码率为:

(1920×1080×8×25×2)Mb/s=829.44 Mb/s

2. 标准清晰度数字电视制播环境

标准清晰度数字电视制播环境是指制播系统所用设备、信号接口以及系统中设备之间传输的信号等均以标准清晰度数字电视信号为主要处理方式和处理内容的制播环境。

(1)数字视频信号格式

数字视频信号格式种类繁多,目前,数字电视系统以串行分量数字信号格式为主流。通过串行数字接口(SDI)可用一根同轴电缆同时传输4∶2∶2数字分量视频信号、数字音频和时间码。ITU-R BT.601数字分量演播室标准建议和SMPTE 267M分别提供了4∶3和16∶9两种彩色电视信号的编码方式、取样频率、取样结构的明确规定,如表1.2所示。[①]

---

① 翁志清,陈伟平.数字电视制播系统[M].上海:上海大学出版社,2009:44.

表 1.2　演播室数字视频标准

标准编号	标准有关内容
ITU-R BT.601 建议	对 4∶3 分量电视信号数字化的取样频率进行了规定,亮度的取样频率为 13.5 MHz,色差信号的取样频率为 6.75 MHz 和 9 MHz。
SMPTE 267M	对 16∶9 分量电视信号数字化的取样频率进行了规定,亮度的取样频率为 13.5 MHz 和 18 MHz,色差信号的取样频率为 6.75 MHz 和 9 MHz。
EBU Tech 3261	对并行传输数字电视信号进行了规定,规定要求使用 11 对双绞线,通过 25 针"D"型接插座,按 CB、Y、CR、Y、CB 顺序,以 10 bit 为单位并行传送视频数据。
EBU Tech 3267	对串行传输数字电视信号进行了规定,要求使用同轴电缆,BNC 接插头,按一定的时钟频率顺序地一位一位地传送信号。

数字演播室采用分量编码,亮度信号的抽样频率是 525/60 和 625/50 扫描格式的行频的最小公倍数 2.25 MHz 的 6 倍,即 13.5 MHz,使样值有正交结构,便于数字处理并使三大制式在数字域内的电视行的亮度样值数统一于 720 个,两个色度样值均为 360 个,即 4∶2∶2 格式,从而使同一格式数字录像机能记录三种不同制式的信号,并使整个数字演播室能以 4∶2∶2 格式接在一起。正是这一标准,使各种数字演播室的数字设备能连成一系统,形成一个 4∶2∶2 的数字演播室环境。

(2) ITU-R BT.601 演播室数字编码的主要参数

在演播室数字编码参数标准中,分量编码一般采用 YCbCr、YUV 或 RGB 等几种不同分量的表述。早在 1982 年国际无线电咨询委员会就通过了 SDTV 环境下的 4∶2∶2 数字分量演播室标准,即 CCIR 601 建议,表 1.3 为 4∶2∶2 标准的主要编码参数。[1]

CCIR 601 建议除规定了用演播室的 4∶2∶2 标准编码参数外,还给出了应用于特殊情况下,高质量视频源的 4∶4∶4 编码。在实际应用中,尚存在应用于 ENG 等领域的 4∶1∶1 和 4∶2∶0 低质量编码标准,这些标准之间互相兼容,数字分量制作设备的采样频率,如表 1.4 所示。[2]

---

[1] 翁志清,陈伟平.数字电视制播系统[M].上海:上海大学出版社,2009:44.
[2] 杨晓宏,刘毓敏.电视节目制作系统[M].北京:高等教育出版社,2005:304.

表 1.3 4∶2∶2 演播室数字编码的主要参数

取样格式	分量形式	取样频率	样本数 PAL	样本数 NTSC	数字信号取量（量化级范围）
4∶2∶2	Y	13.5 MHz	864/720	858/720	220 级(16～235)
	Cr	6.75 MHz	432/360	429/360	225 级(16～240)
	Cb	6.75 MHz	432/360	429/360	(128±112)

表 1.4 数字分量制作设备的采样频率

参数	Y	R-Y	B-Y	取样比	备注
取样频率	74.25 MHz	37.125 MHz	37.125 MHz	4∶2∶2	高清晰度数字分量制作设备
	13.5 MHz	6.75 MHz	6.75 MHz	4∶2∶2	广播级标准清晰度数字分量制作设备
	13.5 MHz	3.375 MHz	3.375 MHz	4∶1∶1	专业级标准清晰度数字分量制作设备
	13.5 MHz	6.75 MHz	0 MHz	4∶2∶2	专业级标准清晰度数字分量制作设备
	13.5 MHz	0 MHz	6.75 MHz		

（3）数字音频参数

1992 年,美国音频工程师协会(AES)和欧洲广播联盟(EBU)共同制定了数字音频的标准,即 AES/EBU 数字音频格式。AES/EBU 规定音频信号取样频率范围为 30～50 KHz,一个数字音频通道同时传输两路音频,可以是立体声,也可以是独立的两个通道。对视频的取样为 8 bit 或 10 bit,而对于音频来讲,10 bit 是远远不够的,它不能满足声音的动态范围及信噪比的要求,因此对于音频的取样为 16 bit 以上。演播室音频参考标准如表 1.5 所示。①

表 1.5 演播室音频参考标准(AES/EBU)

量化比特/bit	16～20
取样频率/KHz	30～50
接口	平衡卡侬/音频电缆或 BNC/75Ω 轴电缆
音频输入电阻/Ω	110/75
声道数量	1AEC/2AEC 通道＝2 个/4 个模拟声道
传输特点	AEC 音频码流可以嵌入数字视频码流一同传输

AES/EBU 数字音频的优点是信噪比高,传输质量好,是独立的音频通道,便于做音频处理(调音处理)。

---

① 翁志清,陈伟平. 数字电视制播系统[M]. 上海:上海大学出版社,2009:46.

(4) 数字接口标准

在数字设备之间,对于不同标准的压缩数据则需要相应的数字接口来传输,当前的数字接口主要有串行数字分量接口(SDI)、IEEE-1394 数字接口、4 倍速接口、数字音频接口 AES/EBU、小型计算机系统接口(SCSI)、光纤数字接口(FDDJ)等。数字演播室系统各设备之间一般通过串行数字接口(SDI)相连接。SDI 接口是按 ITU-R BT.601-2 数字分量演播室标准建议,为 NTSC 制 SMPCE(SMPCE 259M)和 PAL 制 EBU(TECH3267-E)采纳的标准接口。接口接受来自并行接口经过修正的 10bit 信号,传送比特率为 270Mb/s,可传送 4~8 路数字音频信号。用单根 BNC 电缆传送,最长传输距离 300 m。①

由于 SDI 接口是一种新型的、采用扰码的 NRII 接口,因而被世界上众多数字视频生产厂家普遍采纳。其生产的视频设备输出均留有 SDI 接口,将 SDI 接口作为标准视频接口,这在当今多种数据压缩方式并存、存在不同压缩数据传输的情况下,是十分重要的,它确保在 4:2:2 数字演播室环境(格式)下,使各数字演播室的不同设备连成一个系统。SDI 接口的使用也大大简化了系统内部不同格式数据之间的转换,为数字演播室视频系统设计提供了方便。

3. 高清晰度数字电视制播环境

(1) 高清晰度电视标准

与标清数字电视相比,高清数字电视的特点是画幅大,由 4:3 变成 16:9;像素多,由几十万增加到 200 万以上;分辨率高,由 0.6K 增加到 1K 线。目前,为了节目制作和节目交流的需要,国际电信联盟和国家广电总局都制定了高清数字电视标准。

① 国际高清晰度数字电视标准

ITU(国际电信联盟)推荐的 HDTV 标准(ITU-R BT.7093)如表 1.6 所示。②

表 1.6 ITU 推荐的 HDTV 技术参数

每行有效样点数	1 920
每帧有效扫描行	1 080
取样结构	正交取样
像素形状	方形像素

---

① 翁志清,陈伟平.数字电视制播系统[M].上海:上海大学出版社,2009:52~74.
② 杨晓宏,刘毓敏.电视节目制作系统[M].北京:高等教育出版社,2005:311.

(续表)

画面宽高比	16:9
每帧扫描行数	1 125 行
垂直扫描类型	逐行或 2:1 隔行扫描
垂直扫描频率	隔行 59.94/50/60 场;逐行 23.976/24/25 帧
取样频率	亮度:74.25 MHz;色度:37.125 MHz
标称带宽	亮度:30 MHz;色度:15 MHz
量化电平	8 bit 或 10 bit

② 中国高清晰度数字电视国家标准

中国广电总局制定的 HDTV 标准(GY/T155-2000),如表 1.7 所示。[①]

表 1.7 中国 HDTV 技术参数

每行有效样点数	1 920
每帧有效扫描行	1 080
取样结构	正交取样
像素形状	方形像素
画面宽高比	16:9
每帧扫描行数	1 125 行
垂直扫描类型	逐行或 2:1 隔行扫描
垂直扫描频率	隔行 50 场;逐行 24 帧
取样频率	亮度:74.25 MHz;色度:37.125 MHz
标称带宽	亮度:30 MHz;色度:15 MHz
量化电平	8 bit 或 10 bit

(2) 高清数字电视标准的表示方法

在数字电视系统中经常使用 1080/50i 之类的表示方法,1080 表示每帧有效扫描行数,50 表示帧或场频;最后的小写字母 i 或大写的 P,i 表示隔行扫描,P 表示逐行扫描。目前 HDTV 信号格式众多,包括 1080/60i、1080/59.94i、1080/50i、1080/30P、1080/29.97P、1080/25P、1080/24P 等,分别适用于 60 MHz、50 MHz 地区和电影环境。中国已选定 1080/50i 作为国家标准。

二、视音频信号压缩编码标准

对于数字电视节目来讲,其输出的图像和声音信号质量最为重要。数字视

---

① 杨晓宏,刘毓敏.电视节目制作系统[M].北京:高等教育出版社,2005:311.

音频信号在传输中,可以采用非压缩方式和压缩方式。非压缩方式将会占用大量的存储空间,而且传输率高(18~22 Mb/s),这对存储设备和传输设备提出了更高的要求,所以,在数字电视节目制播中,视音频信号的传输必须采用压缩方式来处理。压缩处理过程是一个信号损失的过程,输出信号的质量与系统所采用的压缩方式、压缩比以及信号处理方式有关。在数字电视节目中对视、音频信号的压缩编码标准主要有:[①]

1. M-JPEG 压缩标准

JPEG(Joint Photographic Experts Group,联合图像专家组)标准是 ISO(International Standards Organization,国际标准组织)于 1992 年制定的静止图像压缩标准之一。M-JPEG(Motion-JPEG)是针对活动图像而优化的 JPEG 压缩方式。对 25 帧/秒(PAL 制)的视频信号的每一帧都进行 JPEG 压缩处理,可得到一系列连续的压缩图像序列。M-JPEG 压缩方式是帧内压缩方式,是对于运动图像的每一帧的压缩,技术最为成熟。M-JPEG 的压缩和解压缩是对称的,可由相同的硬件和软件实现,但由于没有通用的文件格式,因而 M-JPEG 只适合在单机中使用,而不适合网络传输和应用。M-JPEG 曾是非线性编辑发展初期采用的主要压缩格式,是一个非开放的平台,但 M-JPEG 压缩方式没有码率的上限,对于希望采用无损压缩来讲,还是一个理想的选择。

2. MPEG 压缩标准

MPEG 是活动图像专家组(Moving Pictures Expert Group)的缩写,该组织成立于 1988 年,其任务是制定视频图像(包括伴音)的压缩编码标准。MPEG 标准详细说明了视频图像以及声音信号的压缩和解压缩方法,并涉及播放 MPEG 数据时所需的图像与声音的同步问题。MPEG 标准由 MPEG 视频图像、MPEG 声音和 MPEG 系统三部分组成。MPEG 视频标准是标准的核心部分,它采用帧内和帧间相结合的压缩方法,以离散余弦变换(DCT)和运动补偿两项技术为基础,最终获得了 100∶1 的数据压缩比(MPEG-1)。

MPEG 作为运动图像和相应音频信号的编码标准,实际上是一个标准系列,它包含了 MPEG-1、MPEG-2、MPEG-4、MPEG-7 等标准。

(1) MPEG-1。MPEG-1 制定于 1992 年,主要针对 1.5 Mb/s 以下数据传输率的数字存储媒质运动图像及其伴音编码的国际标准。MPEG-1 的编码速率最高可达 4~5 Mb/s,但随着速率的提高,其解码后的图像质量将有所下降。MPEG-1 现已成为常规视频标准的一个子集,该子集称为 CPB 流,同时它也被

---

① 杨晓宏.数字电视节目制作技术[M].北京:国防工业出版社,2013:134~137.

用于数字电话网络上的视频传输,如非对称数字用户线路(ADSL)、视频点播(VOD)以及教育网络等。

(2) MPEG-2。MPEG-2标准制定于1994年,它追求的是CCIR 601建议的图像质量DVB、HDTV和DVD等制定的3~10 Mb/s的运动图像及其伴音的编码标准。MPEG-2由系统、视频、音频等9个部分组成,与MPEG-1不同的是,在MPEG-2中引入了类和级的概念,其中与类对应的主要是编码的复杂程度,与级对应的主要是图像格式,详见表1.8所示。[①]

表1.8 MPEG-2的类和级

级＼类	简单(SP)	主类(MP)	信噪比可分级(SNR)	空间可分级(SPT)	高类(HP)
高等级(HIGH) (80 MHz)1 920×1 080×30 或 1 920×1 152×25		MP@HL			HP@HL
高1 440等级 (HIGH1 440)(60 MHz)1 440× 1 080×30 或 1 440×1 152×25		MP@H$_{1\,440}$L		SSP@H$_{1\,440}$L	HP@H$_{1\,440}$L
主等级(MAIN) (15 MHz)720×480×30 或 720×576×25	SP@ML	MP@ML	SNRP@ML		HP@ML
低等级(LOW) (4 MHz)352×240×30 或 352×288×25		MP@LL	SNRP@LL		

由表1.8可知,MPEG-2的系统构架共包括4级5类,在全部的20种组合中只有11种组合有实际应用价值,称为MPEG-2的适用点。其中目前用于非线性编辑系统的主要是MP@ML及将其推广到演播室节目制作领域后形成的4:2:2P@ML。

由于MPEG-2可以提供一个较大范围的可变压缩比,以适应不同画面质量、存储容量以及带宽的要求,除了用于VCD和DVD外,MPEG-2还可以用于为广播、有线电视网、电缆网络以及卫星直播提供广播级的数字视频。

(3) MPEG-4。MPEG-4标准主要用于视频电话、视频邮件和电子新闻等,与MPEG-1、MPEG-2相比,其优势在于压缩比大(最高可达4000:1)。MPEG-4标准的应用前景非常广泛,如数字电视、动态图像、因特网、实时多媒体监控、低比特率的移动多媒体通信、因特网上的视频流、交互式可视游戏、基于面部表

---

① 杨晓宏.数字电视节目制作技术[M].北京:国防工业出版社,2013:135.

情模拟的虚拟会议、交互式存储媒体应用、演播室技术及电视后期制作等。

（4）MPEG-7。MPEG-7标准被称为"多媒体内容描述接口"，它包含了更多的数据类型，换言之，MPEG-7规定了一个用于描述各种不同类型多媒体信息的描述符的标准集合。MPEG-7的应用领域是非常广泛的，如数字化图书馆、多媒体目录业务、广播媒体选择、远程购物、多媒体编辑、教育、新闻、娱乐、遥感、监控、生物医学应用等领域。

3. DV压缩标准

DV(Digital Video)是一种新的数字压缩格式，由Sony、Panasonic、JVC、夏普、东芝、佳能等多家厂商于1996年联合推出。目前DV压缩标准广泛应用于电视前期设备中，Panasonic(DVCPRO25、DVCPRO50系列)、Sony(DVCAM、Digital-8)、JVC等世界上60多个厂家的产品都采用了DV压缩格式。DV的核心压缩算法和M-JPEG一样，都是基于DCT技术和编码技术，压缩比为5：1。

4. H.264/AVC压缩标准

视频压缩国际标准主要有由国际电联(ITU-T)制定的H.261、H.262、H.263、H.264和由国际标准化组织(ISO)制定的MPEG-1、MPEG-2、MPEG-4，而H.264则是由两个组织联合组建的联合视频组(JVT)共同制定的新数字视频编码标准，所以它既是ITU-T的H.264，又是ISO/IEC的MPEG-4高级视频编码(Advanced Video Coding,AVC)。[①]

简单来说，H.264就是一种视频编码技术，既然作为压缩视频编码技术，H.264最大的作用是对视频的压缩。我们熟悉的MPEG-2也就是最常用的DVD视频编码技术已经比较落后。对于HDTV的节目如果播放时间在2小时左右的话，使用MPEG-2最小只能压缩至30 GB，而使用H.264、WMV9这样的高压缩率编解码器，在画质丝毫不降的前提下可压缩到15 GB以下。尤其值得一提的是，H.264在具有高压缩比的同时还拥有高质量流畅的图像，正因为如此，经过H.264压缩的视频数据，在网络传输过程中所需要的带宽更少，也更加经济。作为一种高性能的视频编解码技术，H.264采用简洁化设计，比MPEG-4更容易推广，更容易在视频会议、视频电话中实现，更容易实现互联互通，因此，H.264被普遍认为是最有影响力的行业标准。

5. 数字音频压缩编码

在广播电视中，音频的质量和视频的质量同等重要，非线性编辑系统拥有CD质量或更高的采样频率(44.1 KHz或更高)，低于这个指标的系统不能提供

---

① 杨晓宏.数字电视节目制作技术[M].北京:国防工业出版社,2013:136.

专业的音频指标。常用的音频数字化标准如表1.9所示。

表1.9 常用的音频数字化标准

类别	采样频率/KHz	最大比特数/bit	每秒钟所需字节数/KB	声音质量
1	11.025	8	11	广播讲话、语言
2	22.05	8	22	调频广播音乐
3	44.1	16	88.2	CD光盘音乐
4	48	16	96	数字磁带录音(录像)机音乐

数字音频压缩格式种类非常多,包括WAVE、CD格式、MIDI、MP3、MP3Pro、WMA、MP4、SACD、VQF、DVD Audio、QuickTime音频格式、Real Audio、MAC音频格式、MPEG音频格式等。常见的音频编码器主要有MPEG Layer Ⅰ、Layer Ⅱ、Layer Ⅲ、Dolby Digital AC-3编码器、MPEG-2 AAC编码器和MPEG-4音频编码器等。

三、数字电视制播系统的组成

数字电视制播系统主要由信号源、传输及接收三个模块组成,如图1.9所示。[①]

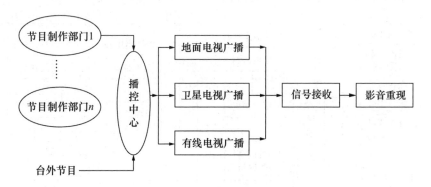

图1.9 数字电视制播系统的组成

信号源模块的主要功能是制作并播出符合一定标准的电视节目,这一工作主要在电视中心完成,它主要包括电视节目制作系统和播控中心。

传输模块的主要功能是将播出的电视节目以可靠的方式,经适当的传输通

---

① 翁志清,陈伟平.数字电视制播系统[M].上海:上海大学出版社,2009:78~79.

道传送到接收模块。它主要包括地面电视广播系统、有线电视广播系统、卫星电视广播系统等。

接收模块的主要功能是利用适当的接收设备接收传输通道送来的电视信号,并正确重现出原始的图像和伴音。

数字电视播控中心是电视系统的核心部位,是电视台内外信号汇集的中枢,由制作中心、新闻中心等部门制作的节目,卫星接收的、微波接收的和光缆、同轴电缆引入的信号,都须送入电视播控中心,按照预先编排的节目时间顺序表,实时切换后,再由电缆、光缆、微波、卫星地面站等送往发射台、微波站、有线电视网、卫星上行站等处,才能在电视屏幕上得到影像。

四、数字电视中心

1. 数字电视中心技术

从技术的角度看,电视中心实际上就是电视广播系统中的信号源模块。电视中心技术系统由一系列电视设备组成。为了使各种设备充分发挥作用,必须把它们有机地联系在一起,并形成能适应各种节目制作与播出要求的综合系统。它由图 1.10 所示的职能部门构成,这些部门协同工作,保证了电视中心技术从场景的拍摄和现场声音的录制以及到电视节目播出全部功能的实现。[①]

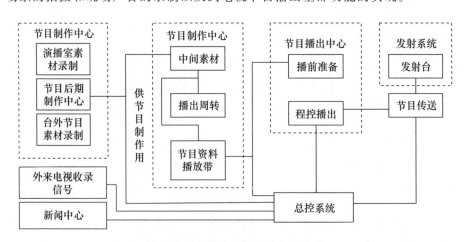

图 1.10　电视中心各部门之间关系

---

① 翁志清,陈伟平. 数字电视制播系统[M]. 上海:上海大学出版社,2009:80.

图1.10中,节目制作中心的主要职能是进行节目素材的拍摄和节目制作,其最后输出的电视信号要符合国际标准的技术质量;总控系统的主要职能是将本台生产的节目播出、录制和交换,以及将外来节目采编、存档、转播等,是进/出本电视中心的节目信号调度、交换枢纽;节目播出中心的主要职能是播出本台各频道的电视节目;节目资料管理库的主要职能是对本台和外台交换节目进行归档管理;电视信号发送系统的主要职能是将节目传送到发射系统进行发射。在大型电视台中,由于新闻采、编、播相对独立,为了突出电视台的新闻性,保证新闻节目的制作和播出,一般将其设置为一个独立的模块,称为"新闻中心"。有关新闻中心系统的内容将在第九章作详细介绍。

目前,数字电视中心系统的基本结构有两种:一种是传统的模拟系统的线性结构,只是把相应的设备换成数字设备,再加上辅助的如编码与解码等设备;另一种则是完全的计算机网络,采用以服务器为中心的分布式结构。[1]

2. 电视节目制播网的结构

基本的电视节目制播网由采集、编辑、审片和播出四部分组成,各部分由高速网络交换机连接起来。完整的制播网应是由部门子网、新闻子网、节目制作子网、播出子网、节目存档网等应用子网构成。对于每个子网而言,由于自身对于节目素材的使用要求不同,因而也具有不同的结构,图1.11是一个全台性制播网络图。[2]

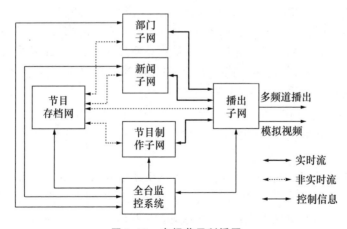

图1.11 电视节目制播网

---

[1] 翁志清,陈伟平.数字电视制播系统[M].上海:上海大学出版社,2009:80.
[2] 翁志清,陈伟平.数字电视制播系统[M].上海:上海大学出版社,2009:88.

(1) 部门子网

部门子网是能够独立承担一个部门完整的节目制作或播出任务的系统,由于其处理的相对独立性,因此每个部门子网都具有类似的素材采集、素材管理、节目编辑和制作能力。

(2) 节目制作子网

节目制作子网是节目日常生产的公共部分,外部素材以实时数据(磁带信号)或非实时数据(文件、图像、文字)形式通过相应的媒介传入,并借助其中的高速网络进入中心服务器,然后进行节目的制作与处理。

由于节目制作网是多个部门、多个栏目共用于节目后期制作,因此在设计上要有一些特殊的考虑。如节目后期制作要求有高速的 I/O 做保证,网络应具有较好的可扩展性等。

(3) 新闻子网

新闻子网包括新闻节目生产的全过程,即选题、采访、编审、制作、播出及播后的全过程。网络化的新闻节目采集、制作、审片及播出,始终保持第一版的数字图像质量。同一节目由不同工作站分段进行编辑,工作效率成倍提高,可以使新闻采集(上载)、输出(下载)同时进行,便于新闻滚动播出,增强了新闻的时效性。

① 新闻信号采集系统。新闻信号采集系统分为外来信号和自采集素材。新闻信号采集系统通过卫星、微波、光缆接收来自世界各大新闻机构或来自各省台、地方台的外来信号,并且可以采用 DSNG 系统适时接收远程现场信号;自采集素材的上载由上载工作站完成,上载量支持双路径采集,双路径采集是将一路视/音频信号同时采集到两个路径下,利用高压缩比素材进行粗编、配音、审查;利用低压缩比素材进行播出、下载。

② 新闻节目制作系统。新闻节目制作系统主要完成对电视台各新闻中心日常新闻制作的任务,主要包含条目新闻类、新闻专题类和访谈类新闻节目制作。

③ 新闻节目播出系统。新闻节目播出系统采用高可靠的主备服务器＋主备播控工作站的播出方案,另外还配备了录像机用于磁带备播。每个视频服务器各有 1 个输出通道用于主备播,当视频服务器出现故障时,播控工作站会提示值班人员将视频输出切换至备播;备播控工作站一直与主播控工作站同步运行。

新闻频道中广告短片的播出,一般采用硬盘录像机,这样可以避免广告反复多次串编引起的图像质量下降。

④ 新闻管理系统。新闻管理系统包括新闻选题管理、采访管理、新闻选题

第一章 数字电视节目制播概述

报播管理、编辑管理、稿件管理和播出管理;新闻办公系统包括人力资源管理、设备资源管理、信息交流管理和其他统计报表。

(4) 播出子网

播出子网承担着非常关键的播出任务,因此其设计原则是具有很高的可靠性和很强的容错能力。播出子网一般具有海量的本地硬盘,可以缓冲存储数天的播出节目。

(5) 台中心节目存档网

台中心节目存档网是台级的节目交换、存档中心,它具有海量的中心存档设备集,是全台节目调度的中心和数据源,应有存档缓冲、完善的检索机制、合理的节目分类体系和高速的节目传输能力。

中心节目存档网主要由三种途径输入数据:[①]

① 采用采集主机,再以文件形式通过高速网传入中心视频服务器。

② 通过高速网与各节目子网相连,可以获取各子网完成的节目,以备日后播出。

③ 通过与播出子网相连,可以获取直播磁带上的节目并存档,以备日后检查或播出。

复习思考题

1. 什么是数字电视?分为哪几类?
2. 数字电视节目制作的方式有哪几种?各有什么特点?
3. 数字电视节目制作的手段有哪些?各有什么特点?
4. 数字电视系统由哪几部分构成?
5. 国际通用的数字电视的标准有哪些?
6. 简述数字电视节目制作的流程。
7. 数字视音频信号的压缩格式有哪些?各有什么特点?
8. 简述电视节目制播网的基本组成。

---

① 孟群.电视节目制作技术[M].北京:中国广播电视出版社,1997:226~229.

参 考 文 献

[1] 杨圭南.教育电视系统.第二版[M].北京:高等教育出版社,1998.

[2] 梁小山,刘元春,王凤梅.电视节目制作(技术类)[M].北京:中国广播电视出版社,2000.

[3] 孟群.电视节目制作技术[M].北京:中国广播电视出版社,1997.

[4] 孟群,伍建阳.数字化影视制作技术[M].北京:北京广播学院出版社,2000.

[5] 孟群.电视节目制作技术[M].北京:高等教育出版社,2006.

[6] 杨晓宏.新编电视节目制作技术教程[M].北京:国防工业出版社,2003.

[7] 刘宁生,顾建国,崔伏龙等.数字电视节目制作与播控技术[M].北京:中国广播电视出版社,2003.

[8] 翁志清,陈伟平.数字电视制播系统[M].上海:上海大学出版社,2009.

[9] 杨晓宏,刘毓敏.电视节目制作系统[M].北京:高等教育出版社,2005.

[10] 杨晓宏.数字电视节目制作技术[M].北京:国防工业出版社,2013.

[11] 徐明.现代广播电视制作技术[M].郑州:郑州大学出版社,2008.

[12] 杨晓宏,李兆义.电视节目制作概论[M].北京:北京大学出版社,2015.

第二章　数字电视摄像机

【学习目标】

学习完本章,需达到下述目标:
- 了解电视摄像机的发展历史。
- 掌握电视摄像机的分类和基本组成。
- 掌握数字电视摄像机的性能指标。
- 阐明数字电视摄像机的工作原理。
- 掌握数字电视摄像机的调整和使用方法。
- 掌握数字电视摄像机的维护和保养方法。

第一节　数字电视摄像机概述

电视摄像机是一种把自然景物的光图像转变为电信号图像的装置,它是电视系统中的关键设备之一,其性能好坏直接影响着最终电视图像的质量。[①] 所以,对电视摄像机有很高的要求,不但要求它分解力高、彩色逼真、轮廓清晰、灰度分明、失真和干扰小,而且还要求它的灵敏度高、工作稳定、调节方便和使用简单。

一、电视摄像机的发展

世界上第一台摄像机产生于美国的安培(Ampex)公司,当时的摄像机采用摄像管作为摄像器件,存在造价高、寿命短、记录信号差、性能不稳定等缺陷,只能应用在有限的节目制作领域。[②] 电视摄像机发展至今,大致经历了如下四个重要时期。

[①] 翁志清,陈伟平.数字电视制播系统[M].上海:上海大学出版社,2009:97.
[②] 杨晓宏,刘毓敏.电视节目制作系统[M].北京:高等教育出版社,2005:3.

第一个时期——20世纪30年代到60年代初,称为电子管时期。这个时期的电视摄像机全部采用电子管电路,它体积庞大、耗电多、笨重,且大多数为黑白摄像机,图像质量很不理想,除演播室使用外,其他场合的使用受到了极大的限制,而且摄像机在工作之前必须进行预热,时间长了以后,工作状态容易发生漂移。

第二个时期——20世纪60年代初到70年代末,称为晶体管和集成电路时期。这个时期,由于晶体管和集成电路技术的发展,使摄像机的体积、重量和各方面的性能指标都取得了突破性的进展,光学成像器件也取得了较大的进步,摄像机使用范围也开始大幅度地扩大,广播级、专业级、家用级等产品不断地被推出,并开始向小型化方向发展,给电视新闻采访和外景拍摄提供了极大的方便。

第三个时期——20世纪80年代初到80年代末,称为大规模集成电路时期。这个时期,由于大规模集成电路和微处理及控制技术的发展,使摄像机的调整和控制基本实现了全自动化,摄像机的功能与质量产生了新的飞跃,并开始向数字化和固体化方向发展,电子新闻采访(ENG)和电子现场制作(EFP)超小型便携式彩色摄像机在广播和专业领域获得了广泛的应用。电子耦合器件(CCD)型摄像机在占领了家用领域后,已开始进入广播专业领域。

第四个时期——20世纪90年代以后,称为数字和CCD型摄像机时期。这个时期,摄像机已全面实现数字化,CCD型摄像机完全淘汰了真空管摄像机,并成为广播、专业、家用摄像机的主流。目前数字电视摄像机除了CCD型固体摄像器件被广泛应用外,新发展起来的CMOS固体摄像器件也日益得到重视和普及。数字电视摄像机不仅采用高精度数字处理,而且从摄像机到摄像控制器(Camera Control Unit,CCU)都能输出无量化噪声、无劣化频率特性的数字视频信号。[①]

二、电视摄像机的分类

电视摄像机的种类繁多,用途较为广泛,分类方法多种多样,主要有以下几种。

1. 按应用领域分

(1)广播用摄像机。这类摄像机主要应用于广播电视系统中,属于最高档机型。图像质量最好、技术指标最高、性能全面稳定,彩色、灰度都很逼真,几乎无几何失真,在允许的工作范围内,图像质量变化很小,即便是在工作环境恶劣的情况下,如寒冷、酷热、低照度、潮湿等状态下,也能拍摄出较高质量的图像,通

---

① 杨晓宏.数字电视节目制作技术[M].北京:国防工业出版社,2013:124.

常使用在省级以上电视台或影视制作中心,但体积较大、重量较重、价格昂贵。广播用摄像机又可分为:

① 演播室用摄像机。这类摄像机清晰度最高,图像质量最好,信噪比最高,但体积稍大。为了使摄像机能在演播室自由活动,通常安装在带有滚轮和云台且高度可调的升降台上,既有稳固的支撑,又能摇、移、升降等。在电视演播室,一般同时使用两台以上的摄像机,为保证摄像机拍摄输出的信号一致,通常通过电缆与 CCU 连接,实现对演播室内多台摄像机的集中控制。

② 现场节目制作用摄像机。这类摄像机的质量与演播室用摄像机接近,考虑到外景工作环境的因素,一般采用体积较小、带有无线适配器的便携式摄像机。

③ 电子新闻采访用摄像机。这类摄像机主要用于外景工作环境下,图像质量比演播室摄像机稍低,但体积小,重量轻、便于携带、机动灵活、操作简单,能够拍摄高速运动的物体,能适应室外的照明强度、色温以及工作温度的大范围变化,拍摄时可肩扛或架在三脚架上。

(2) 专业用摄像机。这类摄像机图像质量不如广播用摄像机,是一种中档机型。主要用于文化宣传、教育、工业、医疗、交通等非广播领域,但体积小、重量轻、价格便宜。目前一般为三片 1/2 英寸或 1/3 英寸 CCD 型摄像机。

(3) 家用摄像机。这类摄像机主要用于家庭文化娱乐,结构简单、价格低廉、操作简单,并多为摄录一体机,图像质量比广播和专业用摄像机差,但自动控制功能很强,以便非专业人员操作,能满足百姓旅游、婚礼、生日、聚会等场合拍摄。目前一般为单片 1/2 英寸或 1/3 英寸 CCD 型摄像机。

(4) 特殊用途用摄像机。这类摄像机主要用于工业、交通、医疗、航天探测、商业监视、图像通信、水下摄影、红外监测等领域,要满足诸如耐高温、防水、防震、对红外线敏感、能遥控、小型化和隐蔽性等特殊要求。

2. 按摄像芯片的数量分

(1) 三片(3CCD)式摄像机。这类摄像机采用三片 CCD 芯片,分别产生出红、绿、蓝三个基色信号,图像质量好,技术指标高,彩色还原逼真。但结构复杂、体积较大、价格高,主要用于广播电视领域和影视制作中心。

(2) 两片(2CCD)式摄像机。这类摄像机采用两片 CCD 芯片,体积、价格和技术性能介于三片和单片之间,由于其图像质量无法与三片摄像机相比,而体积的轻巧程度又无法与单片摄像机相比,现已淘汰。

(3) 单片(1CCD)式摄像机。这类摄像机采用一个 CCD 芯片,用特殊的方法产生出红、绿、蓝三个基色信号,图像质量一般,结构简单、体积小、价格低廉,主要用于家庭娱乐或监视等非专业领域。

3. 按摄像器件的尺寸分

按摄像器件的尺寸分主要有5/4英寸、1英寸、2/3英寸、1/2英寸、1/3英寸、1/4英寸和1/6英寸等多种类型。CCD尺寸越大,像素数越多,灵敏度越高,图像细节越丰富。5/4英寸和1英寸摄像机以其高灵敏度、高清晰度居各类摄像管摄像机之首,曾经是演播室和现场节目制作的专用摄像机,但由于其体积过于庞大,很难走出演播室,目前已被淘汰。近年来,随着摄像机技术性能的不断提高,2/3英寸CCD摄像机已成为广播和专业摄像机的主流。

4. 按存储介质分

按存储介质分主要有盒式磁带记录、硬盘记录、半导体存储卡记录和光盘记录等摄像机。

5. 按清晰度等级分

(1) 标准清晰度(SD)摄像机。现行电视体制下的SD摄像机,清晰度一般在250~850电视线之间。

(2) 高清晰度(HD)摄像机。数字高清晰度电视摄像机与普通清晰度数字电视摄像机最主要的区别在于扫描格式。目前数字高清晰度电视摄像机的扫描格式有很多种,包括1080/50i、1080/60i、1080/50P、1080/60P、720i、720P等。其中i代表隔行扫描,P代表逐行扫描,1080代表1920×1080的图像分辨率,垂直有效扫描行为1080行;720代表1280×720的图像分辨率,垂直有效扫描行为720行,50或60指场频或帧频(隔行扫描为场频,逐行扫描为帧频)。

6. 按使用场所分

(1) 台式摄像机。这类摄像机主要供演播室(ESP)和转播车用。

(2) 便携式摄像机。这类摄像机主要包括电子现场节目制作(EFP)用摄像机、电子新闻采访(ENG)用摄像机和家用摄像机。

7. 按摄录功能分

(1) 普通摄像机。这类摄像机只具有摄像功能,使用时需与录像机组成摄录一体机或通过摄像电缆与便携式录像机连接,也可在演播室与切换台等设备配合使用。

(2) 摄录一体机。摄录一体机是摄像机与录像机结合成一体的电视设备,体积较小,重量较轻,可以由一个人独立操作,机动灵活,广泛运用于ENG前期拍摄录制和家庭中。摄录一体机根据结合程度可分为不可分离型与可分离型摄录一体机。不可分离型摄录一体机是摄像机与录像机完全组合成一个整体,不可分离;可分离型摄录一体机是摄像机与小型录像机适配而成,需要时可附加适配器后单独做摄像机使用。

此外,还有按电视制式、摄像方式等来分类的,这里就不一一列举了。目前摄像机正向一体化、高质量、通用型、数字化、小型化和固体化的方向发展,因此上述分类办法并非绝对和一成不变的。

三、数字电视摄像机的组成

电视摄像机是进行光电转换的设备,如图 2.1 所示。其工作原理是利用三基色原理,通过光学系统,将自然景物的彩色光像分解为红、绿、蓝三种基色光像,然后由摄像器件完成光电转换,并经视频通道电路进行放大、模/数转换、校正、补偿、变换等一系列处理,最后编码形成所需要的数字信号、全电视信号或分量信号。①

图 2.1　彩色数字电视摄像机

1. 数字电视摄像机的组成

数字电视摄像机主要由光学系统、摄像器件和电路系统等三大部分组成,图 2.2 为数字电视摄像机的基本组成框图。②

(1) 光学系统

光学系统的主要部件是镜头,它由透镜系统组合而成,包括变焦距镜头、分色棱镜和各种滤色片。变焦距镜头的作用是将所摄取的景物成像于摄像器件上;分色棱镜的作用是将景物的入射光分解成红(R)、绿(G)、蓝(B)三个基色图像,分别传送到 R、G、B 三个 CCD 摄像器件上;滤色片包括中性滤色片、色温滤色片和彩色校正滤色片等,其作用是使进入各摄像器件彩色光的强度及光谱特

---

① 杨晓宏.数字电视节目制作技术[M].北京:国防工业出版社,2013:27.
② 翁志清,陈伟平.数字电视制播系统[M].上海:上海大学出版社,2009:100.

性符合电视系统的要求。①

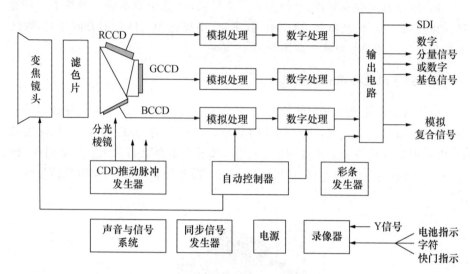

图 2.2　数字电视摄像机的组成原理

(2) 摄像器件

摄像器件是彩色摄像机中最重要的部分,它由三片 CCD 摄像器件和驱动电路(水平和垂直)组成,其作用是将 R、G、B 三色光图像转换为 R、G、B 三路电荷图像信号。

(3) 电路系统

电路系统主要包括模拟信号处理、数字信号处理和控制电路等。模拟信号处理部分主要包括黑斑校正、自动黑平衡、自动白平衡、自动白斑校正、杂散光校正、增益控制、预拐点设置等电路;数字信号处理部分主要包括模/数转换、数据检测、轮廓校正、彩色校正、r 校正、混消隐、白压缩、自动拐点、黑扩张、色度孔阑、二维滤波、彩条发生器、矩阵编码等电路;控制电路主要由 CPU、ROM、RAM 和 E^2PROM 等部分组成,ROM 单元存有各种固定的数据,需要时可作为判断比较用的基准数据,以产生各种校正和控制信号,RAM 单元是对数据随时写入或读出,通常作为转存单元进行比较和运算,E^2PROM 主要是把调整后的各种数据存于 E^2PROM 中作为正常工作时使用,并可随时对存储的数据进行改写;编码器的作用是将 R、G、B 三路基色信号按所采用的彩色电视制式的要求,

---

① 杨晓宏,刘毓敏.电视节目制作系统[M].北京:高等教育出版社,2005:8.

通过混合矩阵和平衡调制器等电路处理,得到合乎标准的亮度信号、分量信号和彩色全电视信号,作为摄像机的输出;同步信号发生器的作用是产生摄像机所需要的各种消隐脉冲、箝位脉冲、行场同步脉冲及彩色副载频信号等,有些还能产生各种测试信号(如彩条信号等)以供测试本机和调整彩色电视系统之用;寻像器一般是电子图像监视器,主要供摄像人员了解所摄取景物图像的内容以及摄像机输出信号的质量。[1]

2. 电视摄像机主要附件

电视摄像机的主要附件有支撑装置、寻像器、话筒、电池、附加镜头、摄像机适配器、摄像机控制器、摄像电缆、镜头遥控器等。[2]

(1) 支撑装置

电视摄像机的支撑装置主要有三脚架连接器、云台、三脚架、升降架和升降机等。

① 三脚架连接器。又叫摄像机托板,是摄像机和云台之间的连接板,板上有沟槽和自动锁定装置,如图2.3所示。一般在云台上有一个固定的螺钉,连接板通过这个螺钉固定到云台上,摄像机通过这个板就能和云台锁定。不同的摄像机要选用不同的连接器,选择三脚架连接器时必须与所用的摄像机底部结构和尺寸相匹配。

图2.3 摄像机托板

---

[1] 杨晓宏.数字电视节目制作技术[M].北京:国防工业出版社,2013:28.
[2] 翁志清,陈伟平.数字电视制播系统[M].上海:上海大学出版社,2009:111~113.

② 云台。云台是使摄像机能够进行左右摇摄和上下俯仰摇摄两种基本拍摄的装置,如图 2.4 所示。它的水平与垂直两个方面均可分别锁定,在它的一侧或两侧装置摇把,供摄像人员控制摄像机的运动。摄像机要进行匀速地摇摄或俯仰拍摄,要靠云台的良好阻尼特性。摄像云台一般靠"摩擦""液压"等方式产生阻尼。摩擦云台的工作原理是利用注油产生摩擦阻尼消除摄像机摇或俯仰运动时产生的不平稳动作,其结构简单,价格较低,由摩擦云台构成的支撑设备重量轻,适用于一般的外景拍摄;而液压云台是利用密封在贮液室里的液体压力增加阻尼,液压云台上往往装有特制的球体,在不调整支架的高度时,也能在一定范围内使摄像机保持水平,液压云台结构稍复杂,价格较高,但效果比摩擦云台好。

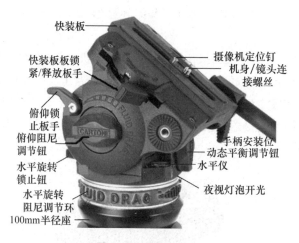

图 2.4 摄像机云台

③ 三脚架。三脚架是稳定、牢固地支撑云台和摄像机的装置,如图 2.5 所示。通常用不锈钢管、铝合金管或其他新材料制成。为了便于工作,要求三脚架有足够的高度调节范围;无论在粗糙不平的地面还是光滑的地面均能保证摄像机稳固和平衡。此外,要求拆装或折叠方便,并能迅速地架设投入使用。在演播室和现场节目制作中使用的三脚架,还要有配套的滑行架,使摄像机可前后、左右任意移动。同时,滑行架的轮子还应有固定装置,需要时可使摄像机固定不动。

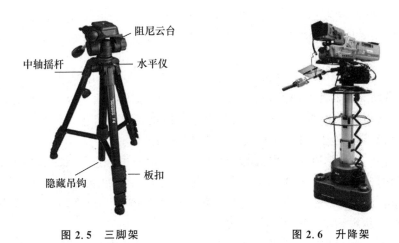

图 2.5　三脚架　　　　　图 2.6　升降架

图 2.7　升降机

④ 升降架。升降架一般安装在演播室用支撑装置的云台和底座之间,有气动装置和液压装置两种,用来调节摄像机的高度,如图 2.6 所示。

⑤ 升降机。升降机用于演播室、体育馆等面积较大的场所,也可用于现场摄像机的摇摄,它的高度变化大,可以越过某些障碍物进行拍摄,拍摄方向调节范围大,甚至可达 360°范围,如图 2.7 所示。

(2) 寻像器

摄像机上都配置有寻像器。寻像器实际上是一个小型的黑白或彩色监视器。便携式摄像机通常使用 1.5 英寸的寻像器;演播室或 EFP 摄像机往往选配 4～6 英寸寻像器,并将寻像器安装在摄像机顶部;而家用摄录一体机的寻像器

一般只有0.7英寸左右。寻像器的主要作用包括：[①]

① 借助寻像器显示的图像，能准确快速地进行聚焦、变焦和选择光圈等工作。

② 借助寻像器，便于选取合适的景物及场面，优化取景和构图。

③ 借助寻像器能及时监视正在拍摄和已经摄录的画面。因为寻像器不仅能监视摄像机的取景构图情况，还能看到与摄像机相连的背包录像机或一体化摄录机以及摄像机控制器（CCU）返送视频信号的图像。

④ 借助寻像器，查看摄像机的工作状态或显示警告信息等，如黑/白平衡调节、电子快门速度、自动光圈补偿状态、日期、时间、自动调整实现与否、照度不足、电池电力不足及磁带剩余、告警等都能通过寻像器显示出来，有的摄像机寻像器还能显示视频信号的大小。

寻像器与照相机的取景器不同，它由电路及显像管组成，而不是光学器件。寻像器的电路与普通黑白监视器电路相似。专业级及广播级摄像机的寻像器通常都是黑白的，因为彩色寻像器不仅制造工艺复杂，价格高，显示的图像还不如黑白寻像器清晰（彩色寻像器亮度通道像彩色电视机一样设陷波器，陷掉彩色信号的同时，与色度信号共用频带范围内的亮度信号也被陷掉了），不利于摄像人员对聚焦状况的察看。

（3）话筒

为了使摄像机在拍摄画面的同时录下同期声，摄像机都需要加装话筒。专业级和广播级的ENG摄像机使用的话筒通常是附加的，可以任意装卸，只有极少数固定在机头部位。为了使录制的声音信号获得较高的灵敏度及较宽的频率特性，摄像机的话筒多选用电容式话筒，其电源可用电池或由摄像机通过话筒电缆提供。ENG摄像机上的话筒一般为超指向性话筒。话筒上的开关通常有OFF（关）、M、V三档：M档用于录制音乐（MUSIC）节目，这时话筒的频率更宽一些；V档用于录制语音（VOICE），此时话筒的灵敏度稍高一些。话筒线一般采用XLR型三芯插头，采用平衡连接方式。这种传输方式的优点是抗外界干扰性能好。如需取下话筒在镜头前拍摄人物采访对话，要改用10米长的话筒线，这时莫忘加大摄像机上的音频电路增益。

（4）可充电电池

电池是摄像机外出拍摄时的能源供给装置。目前各种型号的摄像机普遍采用镍镉或锂离子可充电电池，它容量大，寿命长。电视摄像机采用的充电电池一

———————

[①] 杨晓宏，刘毓敏．电视节目制作系统[M]．北京：高等教育出版社，2005：26～27．

第二章 数字电视摄像机

般为 12 V。电池的连续使用时间取决于电池本身的容量和用电量。电池容量以"安·时"为单位,它等于耗电电流与使用时间的乘积。当 12 V 电池电压降至 10.4 V 左右时,寻像器电池告警灯开始闪烁,这时应当停止工作,立即更换新电池,并对换下来的电池进行充电。电池使用过度和使用后不及时充电都容易造成电池退化。电池应该充满电后存放,若长期放置不用,每个月应充电一次。[1]

(5) 附加镜头

附加镜头主要是满足各类特殊拍摄需要而安装在变焦距镜头上的各类光学器材。[2]

① 广角镜。又称鱼眼镜,主要作用是将变焦距镜头的焦距进一步缩短,以扩展其视场角,一般应用于小汽车车厢、小巷等狭小场景中拍摄全景的场合。

② 长焦镜。主要适用于在拍摄某些如野外动物的生活习性、社会现象的偷拍等无法靠近拍摄对象的场合,能较好地满足远距离拍摄到近景或特写等画面。

③ 特效镜。主要通过光学变换给电视画面添加各类特殊效果,一般可以产生色柔焦、色渐变、多影、星光、彩虹、晕化、雾化、柔光、偏振等效果。

(6) 摄像机适配器

摄像机适配器主要是指各类接口模块。一般有电源适配器、各类视频传输接口适配器、话筒适配器、内部通话适配器、微波发射适配器等。[3]

(7) 摄像机控制器

摄像机控制器,是用来遥控摄像机工作的设备,在电视转播车或演播室的多信道摄像机系统中,摄像机与切换台之间都配置有控制单元 CCU。该 CCU 除为摄像机提供电源外,主要承担信号传输、监视、通话、切换显示、光圈控制和信道间信号电平对比调整等诸多功能。演播室或电子现场制作方式中通常采用多台摄像机拍摄同一场景,这就要求各路摄像机的工作状态一致,对各路摄像机输出视频信号的零电平、幅度、时间、相位等进行集中统调,需要使用 CCU 在转播车上或控制室进行集中控制、调整。一般 CCU 的控制面板上设置白平衡调整、黑电平调整、光圈调整、增益调整、行相位调整、副载波相位调整、基准电平调整、彩色开关、色度调整、内部通话、外同步锁相、返看视频输入等控制功能。[4]

(8) 摄像机电缆

在电视节目制作过程中,摄像机与摄像机控制单元等设备之间往往需要传

---

[1] 杨晓宏,刘毓敏.电视节目制作系统[M].北京:高等教育出版社,2005:27.
[2] 翁志清,陈伟平.数字电视制播系统[M].上海:上海大学出版社,2009:111~112.
[3] 翁志清,陈伟平.数字电视制播系统[M].上海:上海大学出版社,2009:12.
[4] 翁志清,陈伟平.数字电视制播系统[M].上海:上海大学出版社,2009:112.

送视频信号、控制信号、同步信号和电源等。传送这些信号时，一般都要用电缆，数字摄像设备之间传输信号时，可以使用三同轴电缆，也可以使用光纤。

（9）镜头遥控器

镜头遥控器主要用于对变焦距镜头的聚焦、变焦、光圈的调整操作的遥控。遥控器安装在三脚架操作扶手上，便于摄像人员在运动拍摄过程中进行调焦操作。[1]

第二节　数字电视摄像机光学系统

光学系统是彩色电视摄像机的主要组成部分，是决定电视图像质量的关键部件之一，又是操作最频繁的部分。彩色电视摄像机的光学系统有三个主要功能，即景物成像、基色分光和色温校正，这三种主要功能分别由变焦距镜头、分色装置和色温滤色片来完成。[2] 变焦距镜头的作用是将所摄取的景物成像于摄像机的摄像器件上；分色棱镜（或分色镜）的作用是将景物的入射光分解成红（R）、绿（G）、蓝（B）三基色，分别传送到 R、G、B 三个摄像器件上；滤色片包括中性滤色片、色温滤色片和彩色校正滤色片等，其作用是使进入各摄像器件彩色光的强度及光谱特性符合电视系统的要求。

一、变焦距镜头

变焦距镜头是一种能任意改变焦距而成像面位置固定不变的镜头。最简单的变焦距镜头是由两片凸透镜组成的，其等效厚透镜的焦距 f（等效焦距）由两个单透镜的焦距 f_1 和 f_2 以及它们之间的距离 d 决定，即

$$\frac{1}{f} = \frac{1}{f_1} + \frac{1}{f_2} - \frac{d}{f_1 f_2} \qquad (式 2-1)$$

可见，只要通过适当的机械装置，改变两个透镜之间的距离 d，就可以改变等效焦距 f 值，达到变焦距的目的，这就是变焦距镜头最基本的依据。[3]

实际的变焦距镜头为了减小像差和提高成像质量，其两片凸透镜的每一片往往是由若干片透镜黏合而成的一个单元透镜，分别称为调焦单元和变焦单元。在变焦时，通常把一个单元透镜（调焦单元）固定，使另一个单元透镜（变焦单元）相对前一个单元透镜（调焦单元）移动，来改变它们之间的距离，从而使焦距发生

---

[1] 翁志清,陈伟平.数字电视制播系统[M].上海:上海大学出版社,2009:112.
[2] 孟群.电视节目制作技术[M].北京:中国广播电视出版社,1997:18.
[3] 杨圭南.教育电视系统[M].北京:高等教育出版社,1998:10.

改变。由两个单元透镜组成的镜头虽然能实现变焦,但在变焦时成像面的位置也相应地有所变化。为了固定成像面的位置,还必须再增加第三个单元透镜,称为补偿单元,并使其随变焦单元按一定规律一起移动。因此,实际使用的变焦距镜头至少要有三组单元透镜,即调焦单元、变焦单元和补偿单元。另外,由于彩色摄像机的镜头和摄像器件之间需要安装分色棱镜,这需要将成像面的位置后移一段距离,因而还需要增加第四组单元透镜,称为移像单元。因此变焦距镜头由调焦组、变焦组、补偿组、光圈、移像组等多组光学透镜组成,如图 2.8 所示。每组透镜又由多片不同曲率、不同材料的透镜组成,以便校正镜头系统的像差和色差。

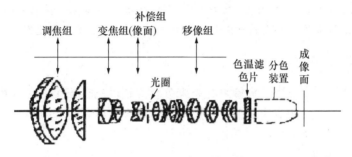

图 2.8　变焦距镜头的结构

调焦组可使拍摄一定距离的景物清晰成像在摄像器件上。调节调焦环改变调焦组镜片沿主光轴方向上的位置,即改变镜头成像景物的物距。

变焦组用来改变镜头的焦距,得到不同的放大率。通过调整变焦环使变焦距透镜和补偿组透镜按一定规律进行移动,当镜头焦距发生变化时,所成像的聚焦程度保持不变。一般变焦距镜头的变焦倍数可达 12～22 倍。

补偿组在变焦距时与变焦组镜片按一定规律同时移动,以保证成像面的位置不变,即保证变焦距时图像清晰度不变。

光圈,又称光阑,它是孔径大小可以调节的薄片装置,用以控制通过镜头光通量的大小。假设光圈的有效孔径为 d,镜头实际的有效孔径为 D。由于光线折射的关系,D 比 d 大。D 与焦距 f 之比定义为相对孔径 A,即

$$A = \frac{D}{f}$$

一般用相对孔径的倒数 F 来表示镜头光圈的大小,即

$$F = \frac{1}{A} = \frac{f}{D}$$

F 值一般称为光圈指数,它被标注在镜头的光圈调节环上,主要有 1.4、2、

2.8、4、5.6、8、11、16、22等序列值。F值越小,表示光圈越大,透光能力越强,到达CCD芯片的光通量越大。光圈的调整有手动调整和自动调整两种方式。

在彩色电视摄像机中,变焦距镜头和CCD摄像器件之间必须安装分色装置,这就要求镜头要有较长的后焦距,移像镜使镜头的成像向后延伸,保证成像面上的像转换到摄像器件的成像面上,而且满足分色装置对后焦距的要求。

变焦距镜头的最长焦距与最短焦距的比值称为变焦比(变焦倍数)。如摄像机镜头上标有10×25,表示该镜头的最短焦距为25 mm,最长焦距为最短焦距的10倍,即最长焦距为250 mm。变焦比越大,表明摄像机可拍摄的场面范围也越大。变焦距镜头有手动和电动两种变焦方式。电动变焦距镜头附有控制电动机,使用时揿动电动变焦按钮,电动机则作正向或反向旋转,使镜头内部的变焦单元改变相对位置实现变焦;手动变焦则通过旋转变焦环实现变焦。

二、分色装置

分色装置把变焦距镜头传来的光束分解为红、绿、蓝三个基色光束,并分别投向各自摄像器件的成像面上。常用的分色装置有分色镜和分色棱镜,无论哪一种系统均是利用分色膜进行分光。[1]

1. 分光原理

如图2.9所示,镀在折射率为n_2的玻璃板上的分色膜,其折射率为n_1,厚度为d。

入射光从折射率为n_0的空气中射到分色膜的表面(1)时,产生反射光I_1与折射光AB,折射光在色膜与玻璃的界面(2)上又进行反射与折射,反射光到达C点后,在分界面(1)处再一次进行反射与折射,折射到空气中的光为I_2。光线I_1与I_2经过的路程不一样,产生光程差δ。光程是光在介质中所走的路程与该介质的折射率的乘积,即

$$\delta = n_1 \times (\overline{AB} + \overline{BC}) - n_0 \overline{AD}$$

由于

$$\overline{AB} = \overline{BC} = \frac{d}{\cos\gamma} = \frac{d}{\sqrt{1-\sin^2\gamma}}$$

并且

$$\sin\gamma = \frac{n_0 \sin i}{n_1} \quad (根据折射定律)$$

---

[1] 杨圭南.教育电视系统[M].北京:高等教育出版社,1998:13.

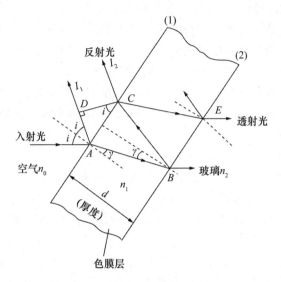

图 2.9 分色膜层的反射与透射

故
$$\overline{AB} = \frac{dn_1}{\sqrt{n_1^2 - n_0^2 \sin^2 i}}$$

又
$$\overline{AD} = \overline{AC}\sin i = 2\,\overline{AB}\,\frac{n_0}{n_1}\sin^2 i$$

将上述结果代入 δ 式中,得到

$$\delta = 2d\sqrt{n_1^2 - n_0^2 \sin^2 i} \tag{式 2-2}$$

由式(2-2)看出,当介质折射率 n_1、n_0 和入射角 i 一定时,光程差 δ 仅与色膜的厚度 d 有关。因此,若控制色膜的厚度 d,使光程差 δ 为入射光某一波长的整数倍,即

$$\delta = m\lambda \quad (m = 1,2,3,4\cdots)\text{ 时}$$

两路反射光之间的相位差为 0,此时分色膜上反射光最强。若使光程差 δ 为入射光某一波长的半波长的奇数倍,即

$$\delta = \frac{m}{2}\lambda \quad (m = 1,3,5\cdots)\text{ 时}$$

两路反射光之间的相位差为 180°,此时分色膜上的反射光为 0,光线全部透过分色膜。故欲使一段光谱范围的谱色光(如红光分量)完全透射或完全反射,只需要选择厚度 d 不相同的若干层色膜,用多层的复杂镀膜技术镀在玻璃板上,就能实现。

另外,当分色镜给定后,其折射率和厚度固定,则 δ 与入射角 i 有关,当 i 增大时,δ减小,因此,分光特性将随着光的入射角变化而偏移。一幅图像不同位置发出的光经过镜头后投射到分色膜时的入射角是不同的,光程差也不同,这就导致分色膜对一幅图像各部分的分光特性不一致。随着图像上各部分的光线在分色膜上入射角的逐渐变化,分光特性逐渐偏移,信号电平逐渐变化,使重现图像的色调也逐渐变化,这种现象称"色渐变",在重现图像上引起"黑斑效应"。为对这种效应进行补偿,就必须在棱镜的结构设计上尽量减少分光面的倾斜度,以此减少黑斑效应。

2. 分色镜

把分色膜镀在透明的光学平板玻璃上,使未被透射的光产生反射,如图2.10所示,即构成分色镜系统。

镜片Ⅰ是镀有多层色膜 M_b 的分色镜,反射蓝色光谱,透过红、绿色光谱。镜片Ⅱ是镀有多层色膜 M_r 的分色镜,反射红色光谱,透过绿色光谱。Ⅲ、Ⅳ为一般的平面反射镜。分色镜系统的优点是结构简单,分色效率高;缺点是制作工艺要求高,光学结构松散,光能损失较大,而且存在由于玻璃的厚度引起的分色镜内部不必要的反射所形成的二次影像以及光的相干性所形成的色渐变效应。采用分色棱镜就可克服这些缺点,因此现代彩色摄像机都采用分色棱镜作为分色装置。

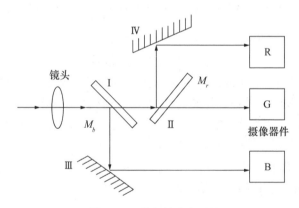

图 2.10 分色镜分色系统

3. 分色棱镜

以分光棱镜为主体,由三块棱镜黏合而成,在玻璃三角棱镜的分界面上分别镀上不同的薄膜(干涉薄膜),利用光的干涉原理,使某一波长的光从薄膜反射出来,其他波长的光穿过薄膜,从而起到分色作用。这种棱镜式分光系统,结构简单紧凑,牢固可靠,耐震动,光利用率高,损失失真较小。单片摄像机不采用分色棱镜分光,而是在摄像器件上内装滤色条来得到三基色图像信号。

分色棱镜如图 2.11 所示,它由(A)(B)和(C)三部分黏合组成,在 M_r 和 M_b 面分别涂上不同厚度的干涉薄膜。当光线 F 投射到 M_r 面时,能把红光 R 反射而让其他光透过。反射出来的红光投射到界面(1)上,因入射角较小,超过临界角而发生反射,于是 R 光经 F_r 射入 R 摄像器件。透过 M_r 面的光到达 F_b 面时能把蓝光 B 反射出来,而让余下的 G 光透过,反射出来的 B 光在界面(2)上全反射后,穿过 F_b 到达 B 摄像器件。透过的 G 光经(C)部分穿过 F_g 到达 G 摄像器件。

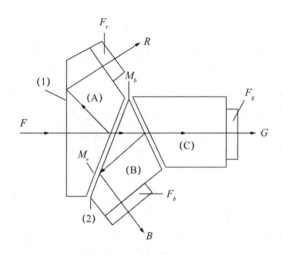

图 2.11 分色棱镜的结构

4. 色温滤色片和中性滤色片

色温表示的是光源的颜色成分,即光谱中红的成分较多,还是蓝的成分较多,而不是光源的实际温度。不同的光源有不同的光谱能量分布,形成不同的色温,常见光照的色温如表 2.1 所示。[①] 3200 K 光源被用作摄像机的标准光源。色温高于 3200 K 的光源,色光偏蓝(偏冷),如日光灯、日光、阴天户外等;色温低于 3200 K 的光源,色光偏红(偏暖),如白炽灯、早霞和晚霞时的日出/日落等。

(1) 色温滤色片

目前绝大多数摄像机的光谱特性都是按照 3200 K 照明色温设计的。而现实中照明光源的色温常常是变化的,为了适应不同的光源色温条件,保证重现正

---

① 杨晓宏. 数字电视节目制作技术[M]. 北京:国防工业出版社,2013:32.

确的景物色彩,就需要对由于色温不同而引起的光谱能量分布的变化进行补偿。通常在摄像机光学系统中加入色温校正滤色片,它可以把不同色温的光源,转换到 3200 K 色温光源。一般摄像机均内置有多个滤色片,如 1 号 3200 K;2 号 5600 K+$\frac{1}{4}$ND;3 号 5600 K;4 号 5600 K+$\frac{1}{16}$ND。其中 ND 是中性滤色片,1/4、1/16 是指透光率,摄像时可根据光源的色温情况拨动圆盘,以适应不同光照时的色温转换要求。

(2) 中性滤色片

当摄像机在强光下工作时,应缩小光圈。但有时为了达到一定艺术效果,不允许缩小光圈,这就需要在光路中加入减少光通量的衰减器,即中性滤色片,它一般设置在分光棱镜前面。中性滤色片在可见光范围内具有平坦的光谱特性,其主要作用是减少光通量,而不改变入射光的色温,使用适当的中性滤色片,使自动光圈张得更大一些,图像就会显得比较柔和,能增强电视图像的总体效果。中性滤色片常用的透光率有 100%、25%、10%、1.5% 等。

表 2.1 常见光照的色温

光源 \ 不同光照的色温	光　线	色温/K
人造光源	蜡烛光	1930
	25～100 W 白炽灯	2320～2720
	2000 W 石英聚光卤钨灯泡	3000
	卤钨灯标准色温	3200
	40 W 三基色荧光灯	3530～3630
	400 W 摄影镝灯	5300～5600
	40 W 普通荧光灯	6800～8000
	彩电荧光屏(白色)	6300～9300
自然光源	日出后、日落前 2 小时直射日光	2000～4000
	向阳白昼光(8 时～16 时)	4300～5200
	背阴白昼光	6000～9000
	蓝天	10000～14000
	阴天	5000～5400
	白天平均色温	5600

第三节　数字电视摄像机摄像器件

目前,随着大规模集成电路(LSI)技术、数字信号处理(DSP)技术以及新的工艺技术的发展和应用,广播电视系统中所有构成的设备几乎都固体化了,并且实现了集成化。作为摄像机的关键器件之一的摄像管也被固体摄像器件所代替。固体摄像器件是一种大规模集成电路,也称半导体摄像器件,这种器件有各种类型,技术比较成熟的有:电子耦合器件(CCD)型摄像器件、金属-氧化物-半导体(MOS)型摄像器件和由前两种复合形成的电荷引动元件(CPD)型摄像器件。CCD摄像器件以其画面均匀性好、灵敏度高、体积小、重量轻、寿命长、可靠性高、工作电压低、无图像扭曲、抗强光照射、不受电磁干扰等优点,在电视摄像机系统中得到了广泛应用。CCD摄像机正在向全数字化、自动化、小型化、一体化、高质量、通用型和多功能的方向发展。

一、CCD 器件的结构及工作原理

CCD 器件即电子耦合器件,又称图像传感器,它有独特的工作方式和许多优良的特性。

1. CCD 的单元结构

在 P 型硅上涂一层氧化硅薄膜作为绝缘层,在氧化硅上淀积一个透明的金属电极,就形成了金属-氧化物-半导体(MOS)结构,称作一个 CCD 单元,如图 2.12 所示。[①]

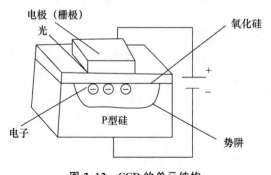

图 2.12　CCD 的单元结构

---

① 杨晓宏.数字电视节目制作技术[M].北京:国防工业出版社,2013:34.

若在电极(栅极)上加一个正电压,它所形成的电场(穿过氧化硅薄膜)排斥 P 型硅中的多数载流子,在电极下构成一个电荷耗尽区,而在氧化硅-P 型硅界面上得到一个可以储存少数载流子的势阱,所加的偏压越大势阱就越深。

2. CCD 的工作原理

CCD 是一种由高感光度的半导体材料制成的器件,它能够把光学影像转变成电信号,通过模数转换器芯片转换成数字信号,其作用就是将光像转换成电荷像,每个 CCD 单元对应一个像素,它所积累的电荷量与光的强度、照射时间成正比。[①]

摄像时,当摄像机镜头前的光像通过摄像机镜头成像于 CCD 器件上时,就会转变成积累电荷所形成的电子图像,存储于 CCD 器件上,完成光电转换和信息储存的过程。为了按照扫描顺序取出储存于 CCD 器件中的图像信号,CCD 采用一定的电荷转移方式转移像素,并读出图像信号。

CCD 摄像器件主要有线阵 CCD 和面阵 CCD 两大类。线阵 CCD 可以同时储存一行电视信号,一般用于高分辨率的静态照相机,它每次只拍摄图像的一条线,这与平板扫描仪扫描照片的方法相同。这种 CCD 精度高,速度慢,无法用来拍摄移动的物体。面阵 CCD 可以同时接受一幅完整的光像,面阵 CCD 有行间转移方式(IT)、帧转移方式(FT)和帧-行间转移方式(FIT)三种。[②]

二、CCD 摄像器件的主要类型

作为摄像机用的光电转换器件必须能够同时接收一幅完整的光像。因此,CCD 摄像器件应为由很多线阵 CCD 组成的面阵 CCD 结构。根据制作工艺和电荷转移方式的不同,CCD 摄像器件分为行间转移式(IT)、帧间转移式(FT)和帧-行间转移式(FIT)三种。[③]

1. 行间转移式 CCD 摄像器件

行间转移式 CCD 由列感光单元(感光器)、列垂直移位寄存器和水平移位寄存器组成。其中感光器与有遮光的垂直移位寄存器相间成对排列在一起,最下面是遮光的水平移位寄存器。其工作过程为:在一场的正程期间,感光器完成光电转换并积累电荷,场消隐期间感光器积累的电荷包转移到与其对应的垂直移位寄存器。下一场的正程期间感光器重新积累电荷包,同时场正程内的行逆程期间垂直移位寄存器将电荷包向下转移一个单元,最下一行电荷包进入水平移

---

① 翁志清,陈伟平.数字电视制播系统[M].上海:上海大学出版社,2009:102.
② 同上.
③ 杨晓宏.数字电视节目制作技术[M].北京:国防工业出版社,2013:36.

位寄存器,而场正程内的行正程期间水平移位寄存器将一行电荷包顺序移至输出端,如此反复,得到标准的电视信号。电荷的转移和输出,如图 2.13 所示。IT 式的优点是结构简单,其缺点是垂直移位寄存器占去了一半面积,因此,感光面积小,光利用率、灵敏度较低,活动图像清晰度较差。

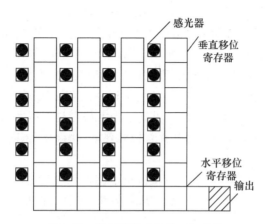

图 2.13　行间转移式(IT)CCD 结构

2. 帧间转移式 CCD 摄像器件

帧间转移式 CCD 由成像区、存储区和水平移位寄存器组成。其中成像区主要完成光电转换,存储区用于存储电荷。成像区和存储区的 CCD 单元数目相同。其工作过程为:在每一场的正程期间,成像区完成光电转换并积累电荷;场消隐期间成像区积累的电荷快速转移到对应的存储区;下一场正程期间成像区重新积累电荷包,存储区开始转移和输出电荷,转移和输出的基本过程与 IT CCD 相同,如图 2.14 所示。FT 方式的优点是灵敏度高,水平清晰度高,但其基片尺寸较大,材料利用率不高,必须采用机械快门才能消除强光下的垂直拖尾现

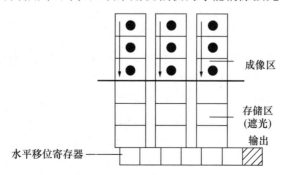

图 2.14　帧转移方式(FT)CCD 结构

象,价格昂贵,可靠性差。

3. 帧-行间转移式 CCD 摄像器件

帧-行间转移式 CCD 把行间转移方式和帧转移方式相组合,结构如图 2.15 所示。

它仍然由成像区、存储区和水平移位寄存器组成,其中成像区的结构与行间转移式相似,成像区与存储区之间的关系类似于帧转移方式。其工作过程为:场正程期间成像区完成光电转换并积累电荷;场消隐期间开始后,首先成像区以极快的速度将所有感光器积累的电荷转移到与其对应的垂直移位寄存器,紧接着又以极快的速度将垂直移位寄存器的电荷转移至存储区;存储区电荷的转移和输出过程与帧转移方式类似。FIT 方式的最大特点是不用采取任何措施就可以消除 IT 方式和 FT 方式的高亮度垂直拖尾现象,缺点是 CCD 芯片制作困难,价格较高。

目前,行间转移式 CCD 在专业摄像机中使用最为普遍,帧间转移式 CCD 使用较少,帧-行间转移式 CCD 仅用在高档的 CCD 摄像机中。

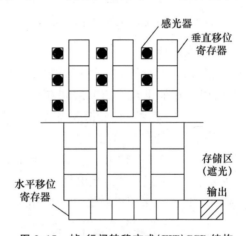

图 2.15 帧-行间转移方式(FIT)CCD 结构

除了以上三种类型的 CCD 外,近年来还出现了一些经过改进的新型 CCD,使用比较多的有 M-FIT CCD 和 PowerHAD CCD。M-FIT CCD 有一个光线采集区,可应用于宽高比为 16∶9 的画幅,同样也提供了较宽的动态范围和最小的拖尾。PowerHAD CCD 传感器有 IT 和 FIT 两种类型,进一步减少了垂直拖尾,同时还提高了灵敏度,即使在光线较暗时,良好的信噪比也能获得出色的画面效果。

第四节　数字电视摄像机电路系统

由于镜头、分光系统和摄像器件的特性都不是理想的，所以经过CCD光电转换产生的信号不仅很弱，而且有很多缺陷，如图像细节信号弱、亮度不均匀、彩色不自然等，必须经过视频信号处理电路对图像进行放大和校正，否则拍摄出来的图像质量不高。数字电视摄像机电路系统主要包括模拟信号处理、数字信号处理、控制电路、编码器及辅助电路等，如图2.16所示。[①]

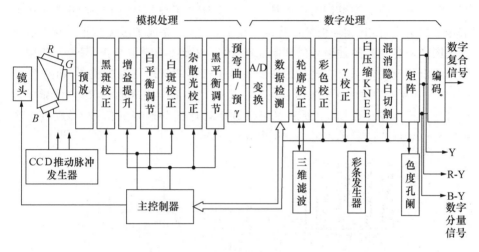

图 2.16　摄像机电路系统

一、模拟信号处理电路

1. 预放器

预放器也称前置放大器，其主要作用是把摄像器件输出的微弱信号加以放大，然后送到视频处理电路进行校正和补偿。如果预放器输出信号的信噪比较低（小于45dB），则在电视接收机屏幕上会出现雪花状的噪声干扰，所以摄像机内设置有噪声抑制电路或噪声校正电路。预放器除了放大作用外，还要负责高频提升，以便展宽频带并获得良好的幅频特性，因此，要求预放器具有低噪声、高

[①] 刘宁生，顾建国，崔伏龙等.数字电视节目制作与播控技术[M].北京：中国广播电视出版社，2003：70.

增益以及宽频带等特性。①

2. 黑斑校正

黑斑现象在图像上的表现是亮度不均匀。在黑白图像中仅影响亮暗的不均匀,而在彩色图像中则会出现局部偏色(色斑)。这是由于镜头各区域亮度不均匀、摄像器件的暗电流不均匀,以及分色棱镜的色渐变效应等因素引起的。当盖上镜头盖时(无光进入镜头),CCD本应该无信号输出,但由于CCD内的分子热运动,仍有微小的杂波输出,使得黑电平在画面上产生的电荷不一致,引起黑色不均匀,我们把这一现象称为黑斑。黑斑效应有两种形式,即叠加型黑斑和乘积型黑斑。消除叠加型黑斑的方法是把一个幅度与黑斑幅度相同,但极性相反的信号叠加进去,使其相互抵消而形成均匀的黑色,即完成了黑斑校正。乘积型黑斑是图像信号受到附加信号的调制而产生的,对此类黑斑的校正,只要用与附加信号波形相反的信号对有畸变的图像信号进行再调制即可完成校正,如图2.17所示。② 在数字摄像机中,黑斑校正是在模拟处理部分实现的,但是它依靠了微处理器来产生校正数据,微处理器根据数字处理部分送来的信号,形成校正数据,经过A/D变换后送入黑斑校正电路。

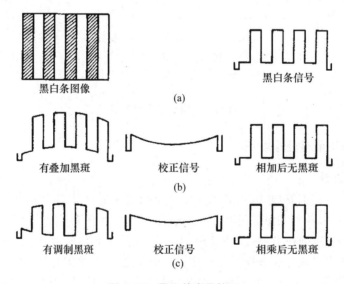

图 2.17 黑斑效应及校正

---

① 杨晓宏,刘毓敏.电视节目制作系统[M].北京:高等教育出版社,2005:16.
② 杨圭南.教育电视系统[M].北京:高等教育出版社,1998:45.

3. 增益提升

在实际使用中，由于拍摄的工作环境不同，照明条件可能有很大差别，因此输出的信号电平幅度就不一致，达不到规定的标准 0.7 V(峰值)。因此，必须在电路上采用具有增益控制功能的放大器，使其增益随输入电平成反比变化。另外，要保持摄像机在各种照明条件下都有良好的白平衡，还需要能够单独地对 R、G、B 三路信号的电平进行调整。增益控制的方法有两种，一种是手动增益调整，另一种是自动增益调整(AGC，即当输入信号变化时，能自动控制放大器的增益：信号强时，增益低；信号弱时，增益高，使视频处理电路的输出电平恒定)。摄像机上都设有增益选择开关，一般设有 0 dB、6 dB、9 dB、12 dB、18 dB、24 dB 和 30 dB 等不同挡位。当拍摄场景正常时，应选择 0 dB 档。[1]

4. 白平衡调节和白斑校正

(1) 在电视摄像中，白平衡调整是控制画面色调的主要方法

什么是白平衡呢？当拍摄白色物体时，摄像机输出红、绿、蓝信号相等叫白平衡。亮度信号(Y)与红、绿、蓝基色信号组成的比例关系为：$Y = 0.30R + 0.59G + 0.11B$，当摄取白色景物时，红、绿、蓝的电流应始终保持 0.30、0.59、0.11 的比例，这样使 Y 信号成为标准白光，这就是白平衡。白平衡调节只微调红路和蓝路的增益，使摄像机在拍摄纯白景物时，红路和蓝路输出的电平与绿路相等，这样，电视机便能重现出基准白色。[2] 白平衡是由微处理器进行自动调整的，当按下白平衡开关时，微处理器就会把该色温下的白平衡数据记忆下来，摄像机就可以保证该色温下的白平衡，但是当光源或环境改变时，就有可能造成偏色现象，又需要重新调整白平衡，一般摄像机都具有两个白平衡记忆，可以分别记忆两种不同色温下的白平衡。

(2) 白斑现象

白斑现象是在拍摄均匀的白色景物时，由于镜头的透射率在整个镜面上不一致以及分光棱镜的色渐变现象等原因，导致在不同位置上图像输出的电平不同，使重现的白色图像不均匀。在数字摄像机中，通过数字检测电路，检测出拍摄均匀白画面时不同区域白色电平的误差值，变成数字信号后存入存储器。在摄像时读出误差数据，经数模转换变成模拟量后去调节电路的增益(和图像信号相乘)，达到消除白斑的目的。[3]

---

[1] 杨晓宏. 数字电视节目制作技术[M]. 北京：国防工业出版社，2013：38.
[2] 翁志清，陈伟平. 数字电视制播系统[M]. 上海：上海大学出版社，2009：104.
[3] 杨晓宏. 数字电视节目制作技术[M]. 北京：国防工业出版社，2013：38～39.

5. 杂散光校正

由镜头摄入的被摄体的光图像,通过分光棱镜和滤色镜后到达 CCD 感光面上,由于存在镜面的反射和 CCD 内的散射,会产生杂散的反射光照到其他感光单元,使图像的黑色部分发白,降低了图像的黑白对比度。杂散光校正的方法是,产生一个校正信号,因其电平大小与射入光的平均值成比例,故检出输出信号的平均值调节其大小再与原信号相减,使之恰好把上升的黑电平变化抵消掉,如图 2.18 所示。①

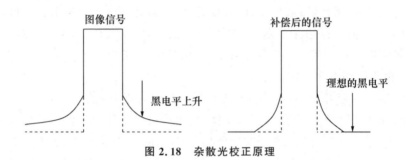

图 2.18 杂散光校正原理

6. 黑平衡调节

当摄像机光圈关闭或拍摄纯黑物体时,红、绿、蓝三路放大器输出的电平称为黑电平。为使重现的黑色为纯黑色,则要求通过调整三路黑电平使其一致,即为黑平衡调节。在数字摄像机中,黑平衡是由微处理器进行自动调整的。当按下黑平衡开关时,自动关闭光圈,由微处理器存储的三路基色的电平参数与基准黑电平数据比较,由比较结果去控制消隐黑电平钳位,自动设定黑电平参数,完成黑平衡的自动调节。

7. 白压缩和预弯曲

(1) 白压缩

在实际拍摄环境中,光照度的变化范围是非常大的,如果景物中有超出动态范围的亮度变化,拍摄后将不可能有亮度差异。为扩大摄像机的动态范围,一般采取白压缩的方法,即在电平超过 100% 时减少放大器增益(开始压缩),当摄像机的入射光到达 200% 时,输出信号电平才达到白切割电平。因此,采取白压缩后,在 100%~200% 范围内的入射光,其亮度层次仍能出现在显示屏上,使动态范围扩大到 200%。当然,100%~200% 范围内所能重现的亮度级差数少了很多。

---

① 刘宁生,顾建国,崔伏龙等.数字电视节目制作与播控技术[M].北京:中国广播电视出版社,2003:80.

(2) 在数字摄像机中,白压缩分两步进行

在模拟部分进行第一次白压缩(预弯曲)。在模拟处理放大器的输入端先将CCD输出的信号电平限制在600%,然后由预弯曲电路在130%电平处开始减少放大倍数,使原来为600%的电平限制在226%处。经预弯曲处理后的信号在以后的数字处理部分通过γ校正和第二次白压缩,最后将输出信号电平限制在110%,这样既可以降低对放大器的动态范围的要求,又降低了数字摄像机的量化比特数。[①]

二、数字信号处理电路

1. A/D 转换

目前生产的 SD 卡数字电视摄像机一般都装配像面宽高比为 16∶9 的 CCD,为保持水平分解力不低于 4∶3 格式的图像,每行的有效像素高达 936～1170 个,为此,在输出 16∶9 格式图像时,CCD 读出(取样)时钟的频率为 18～22.5 MHz。为减小混叠失真,并与 CCD 读出的频率一致,A/D 转换的取样频率也采用 18～22.5 MHz。另外,在像面宽高比从 16∶9 到 4∶3 转换后,取样频率变为 13.5～16.875 MHz,但在轮廓校正等数字处理过程中,需要将时钟频率加倍,以提高其校正质量。[②]

演播室设备所处理的视频信号电平都限定在 100% 的标准电平,而且是经过 r 校正的信号。ITU-R BT.601 对演播室数字信号编码规定的最低要求是用 8 bit 量化。数字摄像机输出的信号质量应达到 ITU-R BT.601 规定的最低要求。所以初期数字摄像机都采用最少 8 bit 量化。现在 12 bit A/D 转换器已成为主流,近两年 14 bit A/D 转换器也出现在数字摄像机中。

2. 轮廓校正

所谓轮廓校正(孔阑校正),是增强图像中细节的成分,使图像显得更加清晰、更透明。孔阑效应对信号频谱的影响为高端幅频特性跌落,而不影响其相频特性。因此,对孔阑效应的校正应采用提升高端的幅频特性而不改变其相频特性的办法。校正方法:取出图像信号中与亮度突变的图像边缘相对应的部分,经过加工处理后,再加到原信号中去,以补偿该部分因孔阑效应而造成的边缘模糊,从而提高图像的清晰度。[③]

[①] 刘宁生,顾建军,崔伏龙等.数字电视节目制作与播控技术[M].北京:中国广播电视出版社,2003:82.

[②] 翁志清,陈伟平.数字电视制播系统[M].上海:上海大学出版社,2009:105.

[③] 杨晓宏,刘毓敏.电视节目制作系统[M].北京:高等教育出版社,2005:19.

孔阑效应对图像的水平和垂直方向都会产生影响,因而对水平和垂直方向都应该进行相应的校正。但轮廓校正也只能达到适当的程度,如果轮廓校正量太大,图像就显得生硬。此外轮廓校正的结果将使人物的脸部斑痕变得更加突出。

3. 彩色校正

在彩色电视系统中,为了正确重现被摄景物的彩色,不产生彩色失真,应使摄像机的光谱响应特性与显像管的三基色混色曲线一致。为此,常常要进行彩色校正,一般采用的方法主要有修正法(或称缩窄主瓣法)和合成法(或称线性矩阵法),目前大多数都采用合成法。[1]

由于理想的光谱响应曲线与摄像机的光谱响应曲线有差异(摄像器件分光特性曲线不存在负瓣和正次瓣),合成法就是采用线性矩阵电路给予近似地恢复到理想状态。彩色校正的关键是矩阵系数,在数字摄像机中,由于这些矩阵变换都是通过 DSP 实现的,因而在 DSP 器件的 ROM 中,只要存储多套变换系数,就能方便地针对照明光源、摄像器件、光学系统等因素发生的变化而采用最优矩阵系数。另外,为了加强拍摄的艺术效果,有时需要人为地改变某种颜色的饱和度或色调,也需要由矩阵来进行可变的彩色校正,这在一定程度上扩大了彩色校正的使用范围。

4. γ 校正

由于显像管和摄像管光电转换特性(调制特性)的非线性,会引起收、发图像的亮度失真,从而引起图像灰度畸变(γ 畸变)。

在数字摄像机中,γ 校正多数采用查表方式,就是将输入信号按电平划分为 500 多个点,然后计算出每个输入电平经 γ 校正后的值,存入存储器,生成对应于各种典型 γ 值的表。在对信号进行 γ 校正时,以输入信号的电平作为地址,用查表的方法从相应的 γ 表中读出存储的数值,因此数字 γ 校正电路又称为 γ 表。

5. 白切割、混消隐和黑切割

摄像机中 100% 的图像信号电平为 $0.7V_{P-P}$,但拍摄灯光、高反光物时,图像电平过高,影响电路正常工作,必须切掉过高的白电平,为此设置了白切割电路,白切割是将输出电平动态范围限定在 110%(PAL)或 115%(NTSC)上。

通常 CCD 摄像器件输出信号的行、场消隐比标准消隐时间短,为形成标准的基色信号,必须在视频处理的最后一步混入标准宽度的行消隐脉冲(12 μs 宽)和场消隐脉冲(1.6 ms 宽)。

---

[1] 翁志清,陈伟平.数字电视制播系统[M].上海:上海大学出版社,2009:105.

黑切割是将混入图像信号的消隐脉冲电平限制在一个基准电平上,以建立合适的黑电平。

6. 黑扩展和黑压缩电路

黑扩展可以只提高低亮度处的电平,使暗处的图像清晰地再现出来,而对亮处的图像信号电平没有影响,也不影响色度信号,不改变图像的色调,只使暗处的灰度层次较好地重现出来。

黑压缩就是只降低暗处的亮度信号电平,不影响亮处的信号电平,也不影响色度和色调,它只使图像暗处的灰度层次受到压缩。

三、自动控制系统

自动控制系统主要用来运算和记忆数据,发出控制指令、控制电压、控制信号,保证摄像机的各种自动调节电路和开关控制的正常运行。摄像机的自动控制包括自动调整和自诊断两项功能。自动调整功能有自动白/黑平衡、自动光圈、自动黑斑补偿、自动白斑补偿、自动拐点、自动调整等;自诊断功能有:电池告警、磁带告警、低亮度指示及故障告警指示等。[1]

四、编码器

编码器用于将视频信号处理电路输出的 R、G、B 三个基色信号,根据电视兼容的需要,以及电视制式标准的要求编制成彩色全电视信号。电视制式不同,编码器的组成也不同。现在编码器的输出信号是多种多样的,可以输出彩色全电视信号,即复合信号;可以输出亮度信号(Y)、色差信号(R-Y,B-Y),即分量信号;还可以输出色度信号(C)和亮度信号(Y),即亮色分离信号。不同的输出方式可供不同的录像系统使用。

五、辅助电路系统

辅助电路系统提供摄像机镜头、视频信号处理和编码器所需要的各种必要信号,对摄像机完成光电转换,形成彩色全电视信号起着重要的作用。辅助电路系统主要有同步信号发生器、彩条信号发生器、电源电路、寻像器、话筒等。

同步信号发生器能产生行、场同步和消隐信号以及编码器所需的副载波等信号,供摄像机作为形成全电视信号的基准;同时可由外同步信号控制,实现和外同步源的锁相(一些低档设备无此功能)。

---

[1] 翁志清,陈伟平.数字电视制播系统[M].上海:上海大学出版社,2009:106.

彩条信号发生器用于产生彩条信号。

电源电路系统可以从电池或交流电源供给的电压变换成摄像机内所需要的各种电压,摄像机的供电要求一般是+12V DC。

寻像器相当于一个小型监视器。它是摄像师拍摄电视镜头时取景、构图的依据,通过它可以用来监看拍摄的画面,还可以部分地显示告警符号,提示摄像机的工作状态等。

摄像机往往随机配有话筒,声音系统可以控制摄像机的同期声采集,并对话筒的声音进行放大,也包括摄像机对讲系统的声音放大。摄像机的对讲系统独立于摄像机的同期声采集系统。

六、数字摄像机中的信号处理新技术[①]

1. 12 bit 模数转换和先进的数字信号处理技术

12 bit 模数转换保证了 CCD 单元能以很高的精度处理生成的图像,这种高精度处理与大规模集成电路技术相结合,提供了全面和精确的控制以制作出高质量的画面。

2. 3-D 白斑校正技术

采用全新的数字 3-D 多区系统,而非传统的水平、垂直锯齿和抛物线波形方法。使用多个光栅上的数据点,创建平滑的校正拓扑。可对许多类型的镜头和镜头变焦范围内的白阴影进行很好的处理。

3. 亮色串扰抑制技术

使用先进的数字五行梳状滤波技术(仅针对隔行扫描的 PAL 制信号),将在前一级输出信号生成的频率部分从 Y/R-Y/B-Y 信号中消除。与通常在输入模拟复合视频信号的监视器上看到的画面相比,亮色串扰和"爬行"现象大大减少了。

4. 数字轮廓校正技术

轮廓校正功能涉及对角线轮廓、软轮廓、肤色轮廓。对角线轮廓除校正水平和垂直边缘外,还可校正对角线方向的边缘,使画面显得更加自然,并减少串色现象。肤色轮廓可对脸部等肤色部分的细节加以软化,以适应特定画面显示的需要。超级 V 采用帧存储方式和 1/50 电子快门的超级 V 功能,可使垂直清晰度提高 20%;扩展清晰扫描可在 50 Hz 之下增加一段选择范围,例如 25.4~48.5 Hz,使拍摄影片影像时不出现横向干扰条纹。连续可调电子快门,使拍摄

[①] 翁志清,陈伟平.数字电视制播系统[M].上海:上海大学出版社,2009:110~111.

电脑或电视显示屏时无滚动、闪烁或黑道。

5．彩色校正技术

目前，广播级、专业级数字 CCD 摄像机，通常采用"多区彩色线性矩阵功能"进行彩色校正。多区彩色线性矩阵，可以自动选择某一特定颜色，色彩饱和度有 20 级可调整范围，补偿光学系统的色还原性，重现自然鲜明的色调，有助于尽量减少后期制作时进行色彩校正的费用。皮肤细节调整功能对有效区域进行自动检测，使拍摄对象的脸部肤色令人满意，同时仍能保持画面其他部分的清晰度。RGB 轮廓采用 R、G、B 各个信号分别为独立的垂直轮廓信号，大幅度提高了红、蓝色被照体的清晰度，并以亮度、色调和饱和度三个方面处理视频信号，保证在极端高亮度的条件下无特别明显的彩色失真。

6．动态对比度控制技术

动态范围达 600%，对比度较高的被照物体也可以得到对比度合适的图像；根据视频信号电平分布直方图来自动控制每一像素的对比度，以利用视频信号标准的有限动态范围。通过数字化系统处理，动态对比度控制技术将动态范围很宽的自然光压缩记录在有限的视频电平内，以达到可清晰再现高亮度区图像细节的目的。黑扩展只增强暗处细节和灰度层次，不影响亮处的图像，将低照度的图像电平提高，从而改善其被照体的暗部，扩展电平 3%～7%；黑压缩只提高暗处的对比度，不影响亮处的图像。

7．自动跟踪调节技术

自动跟踪调节技术主要包括自动跟踪白平衡、全电平控制系统和肤色自动光圈功能。自动跟踪白平衡是在色温发生变化的情况下，如从室外到室内，从日光下到荧光灯下，连续跟踪拍摄，又没有机会重新手动调整白平衡，摄像机根据检测到的光源色温的变化情况，实时调整摄像机的 3 路增益，使其持续维持白平衡能满足专业需求。全电平控制系统可将在自动光圈控制范围之外（高或低于控制范围）的入射光，通过使用由 AGC 及 CCD AE 组成的自动光圈控制，获得正确的图像曝光，它使操作高级摄像机变得简单而且保持低噪声的特性。肤色自动光圈功能用来控制镜头光圈，以保证画面中由肤色细节控制部分设定的区域，始终保持相同的视频电平。

8．综合的菜单控制

摄像机对参数的设定，分为两层菜单：用户菜单和工程师菜单。用户菜单只能设置用户所需要的基本功能；工程师菜单可以设置摄录一体机的所有参数，菜单可在寻像器上查看或通过视频输出显示在屏幕上。

总之，视频信号处理电路用于对信号进行各种必要的校正和补偿，以获得指标优良的电视信号。

第五节　数字电视摄像机的性能指标

一、主要性能指标

1. 信噪比

信噪比(S/N)是指在标准照度(2 000 lux)(勒克斯)下,数字电视摄像机图像的有用信号与视频噪波的有效值之比,用分贝(dB)来表示。信噪比是不同档次摄像机的主要指标,信噪比越高越好。最新生产的摄像机信噪比可达 65 dB。[①]

2. 分解力

分解力是指数字电视摄像机分解图像细节的能力,包括水平分解力和垂直分解力。水平分解力是指沿水平方向分解图像细节的能力,垂直分解力是指沿垂直方向分解图像细节的能力。由于垂直分解力主要由电视制式规定的扫描行数规定,各摄像机之间一般差别不大,因而生产厂家在摄像机的技术手册中一般只给出水平分解力。[②] 水平分解力用水平方向上能分辨出的黑白相间垂直线条的线数来表示,其单位为电视线。水平方向上分辨出的黑白相间垂直线条越多,则表明摄像机的性能越好。分解力越强,图像清晰度越高,细节还原也就越丰富。目前,配备 3CCD 的高质量数字电视摄像机能提供 600~900 线的水平分解力,数字高清电视摄像机的水平分解力高达 1000 线以上。

3. 灵敏度

灵敏度反映了摄像机对光像的灵敏程度。数字电视摄像机的灵敏度是指在标准摄像状态下,图像信号达到标准输出幅度(700 mV)时,摄像机光圈的数值。标准状态指的是增益开关设置在 0 dB 位置,摄像机拍摄色温为 3200 K、照度为 2000 lux、拍摄对象反射系数为 89.9% 的灰度卡。例如,某一摄像机的技术手册中标出该摄像机的灵敏度为 2000 lux(3200 K,89.9%)、F8.0,其中 2000 lux(3200 K,89.9%)指测量条件,F8.0 指的就是该数字电视摄像机的灵敏度。F 值越大,灵敏度越高;反之,灵敏度越低。通常,数字电视摄像机的灵敏度可达到 F8.0,新型优良的数字电视摄像机的灵敏度可达到 F11.0。[③]

[①] 杨晓宏.数字电视节目制作技术[M].北京:国防工业出版社,2013:42.
[②] 杨晓宏,刘毓敏.电视节目制作系统[M].北京:高等教育出版社,2005:22.
[③] 杨晓宏,刘毓敏.电视节目制作系统[M].北京:高等教育出版社,2005:23.

4. 最低照度

最低照度是指在光圈和增益都开到最大时,摄像机输出标准电平值所需的最低照明强度,它在一定程度上表示了摄像机对低照度环境的适应能力。最低照度与摄像机的灵敏度有关,摄像机能够适应的最低照度值越小,摄像机的灵敏度越高,其适应环境的能力越强。最新摄像机的最低照度指标为 0.5 lux(勒克斯)。[1]

5. 几何失真

几何失真表示重现出来的图像与原图像在几何形状上的差异,表现为枕形、桶形、菱形、抛物形、S 形等多种失真形式,它是摄像管摄像机的重要指标,对于广泛使用的 CCD 数字电视摄像机来说,几何失真很小,几乎很难测量出来。[2]

6. 重合精度

三片式数字电视摄像机重现的彩色图像是由红、绿、蓝三个基色图像混配出来的,三者在空间位置和几何位置上必须一致,否则混合出的图像必然有红、绿、蓝等色边出现,即产生重合误差。误差越小,重合精度越高,性能越好。[3]

7. 动态范围

动态范围是指摄像机输出图像所能表现的最高亮度和最低亮度之比。通常,摄像机的动态范围不超过 50∶1,典型值是 32∶1,而阳光下自然环境的亮度范围一般在 20∶1 到 300∶1 之间。人眼对高亮度和暗部分的景物细节都能看清楚,然而用摄像机拍摄高反差的图像时,若调整光圈大小适合于明亮部分,则暗部分的层次细节就很难重现出来,反之亦然。为了扩大摄像机的动态范围,真实地反映自然环境,广播级数字电视摄像机一般都设有动态对比度控制电路,通过白压缩、自动拐点电路、黑扩展、黑压缩等先进技术扩展数字电视摄像机图像的宽容度。因此,是否采用这些技术是数字电视摄像机性能的重要标志。[4]

二、其他指标

1. 灰度特性

自然界的景物具有非常丰富的层次,无论是照片、电影、绘画或电视,都无法绝对真实地重现自然界的灰度层次。因此,灰度级的多少只是一个相对的概念。由于显像管的发光特性具有非线性,在输入低电压区域,发光量的增长速度缓

---

[1] 杨晓宏.数字电视节目制作技术[M].北京:国防工业出版社,2013:43.
[2] 同上.
[3] 同上.
[4] 同上.

慢,随着输入电压的增大,发光效率逐渐增大。然而,由于摄像器件的光电转换特性是线性的(真空摄像管和CCD器件都是如此),因此必须在电路中进行 γ 校正,实际上是从显像管的电光转换特性反过来推算 γ 校正电路应该具有的校正量。要想获得良好的图像灰度特征效果,必须准确地调整好摄像机的 γ 特性。[①]

在室内观察,图像中最低亮度与最高亮度之比在1∶20的范围内是适当的。如果这个比例太大,长时间观看容易产生视觉疲劳。在这个范围内,灰度层次在11级左右,可以获得满意的观看效果。

2. 动态范围和拐点特性

人眼对视觉图像和亮度有很宽的动态范围,人眼对高亮度和黑暗部分的影像细节都看得清楚,然而用摄像机拍摄高反差的图像时,若调整光圈大小合适于明亮部分,则暗部分的层次细节就很难重现出来,反之亦然。为了扩大摄像机的动态范围,都采用了白压缩、自动拐点电路和黑扩展、黑压缩等先进技术。对高亮度图像把白切割电平提高到115%;在电平为100%~115%部分采取白压缩的方法,使放大器增益减小,这样在入射光超过200%之后,输出电平才达到白切割电平,因此在100%~200%的入射光范围内,其图像的亮度层次仍然能重现出来,从而扩大了动态范围。白压缩开始作用的点即增益减小的起始点,称为拐点(Knee Point)。拍摄高对比度的景像,如逆光像时,若把拐点设在比100%高得不多的电平处,动态范围还是不够的。若调节光圈使较暗的前景图像亮度合适时,则很亮的背景部分就完全失去了灰度层次而呈现一片白,反之亦然。[②]

为了扩大动态范围,现代摄像机都采用了自动拐点(Auto Knee)电路,其拐点可随入射光的强度自动调节。当入射光增强时拐点自动降低,在拐点降低到85%时,入射光强度增高到600%,摄像机输出的信号电平仍不超过切割电平,即重现图像在高亮度仍能显示出灰度层次,也就是摄像机的动态范围已由100%扩大到600%。对于传统的模拟摄像机,其拐点处理是红、绿、蓝各通道单独进行的。由于拐点校正是一种非线性的处理过程,它又位于 γ 校正之后,当重新设定之后,色度、亮度和饱和度的平衡都会被改变,每一种拐点电路所处理的相关颜色的点都完全取决于画面的构成和色彩的平衡,因此当某一颜色处于转换曲线的非线性部分时(超过拐点部分),另一颜色可能仍处于线性部分(低于拐点部分),在这种情况下画面中高亮度区域的色度信号会发生变化,色彩不能得到真实的再现。为了解决这一问题并改善画面的总体质量,新的数字摄像机增

---

① 翁志清,陈伟平.数字电视制播系统[M].上海:上海大学出版社,2009:108.
② 翁志清,陈伟平.数字电视制播系统[M].上海:上海大学出版社,2009:109.

加了 Trueye 处理功能,其拐点处理是在 γ 校正之前用亮度、色调和饱和度来代替单独的红、绿、蓝信号进行处理,这样拐点校正就只对亮度信号有效,不会造成色调偏转,但饱和度会随着信号电平接近切割电平而慢慢降低,拐点饱和度功能可以将画面中被压缩处理的区域的饱和度恢复过来,使色彩饱和度真实地再现。①

3. 量化比特数

现代数字电视摄像机的取样一般都符合 ITU-R BT.601(CCIR 601)4∶2∶2 的取样规格。也就是说,Y(亮度)信号的取样频率为 13.5 MHz,R-Y(红差)、B-Y(蓝差)信号的取样频率为 6.75 MHz。量化级数可以分为 8、10、12、14bit 等不同级别。比特级越大,则产生的量化噪声越小,量化噪声是数字电视摄像机的重要固有噪声源。对于演播室使用的数字电视摄像机来说,应尽可能选用量化比特级高的摄像机,除了量化噪声小外,在运算和处理中,可以获得较高的处理和调整精度,得到更好的效果。有的数字电视摄像机采用 4∶4∶4 取样格式,甚至 4∶4∶4∶4 取样格式,后者是在亮度、两个色差信号之外,还增加了专用的键信号,供信号处理过程中使用,每种信号的取样频率都是 13.5 MHz。这类数字电视摄像机一般都采用不压缩(比特透明)的数字处理方式,信号的码率非常高,同时对信号处理速度提出了非常苛刻的要求。②

第六节　数字电视摄像机的调整、使用与维护

电视摄像机本身的性能优劣和使用调整,都直接影响到最终所拍摄图像的质量。对于不同型号的摄像机,其调试和操作的具体过程可能有些差异,但最常用、最基本的调试校正与操作是一致的。

一、拍摄前的准备工作

为了保证摄像任务的完成,在每次摄像前都应做好充分的准备,尤其是外景拍摄,更要认真检查机器是否正常,附件是否齐备。

1. 电源的准备

摄像机可以由交流电源或直流电池供电。在新闻拍摄或外景拍摄时,常常使用直流电池供电,不同的摄像机均有专用的蓄电池,拍摄前应把所需电池充好

---

① 翁志清,陈伟平.数字电视制播系统[M].上海:上海大学出版社,2009:109.
② 翁志清,陈伟平.数字电视制播系统[M].上海:上海大学出版社,2009:109～110.

电,并多带几块备用。有时由于电池使用时间长,蓄电能力下降,可能不会使用太久,要根据经验,做好准备,在较远的地方拍摄应带上专用充电器。室内拍摄,时间较长,位置又可固定不动,可用交流电源供电。当电池电量不足时,寻像器上的"BATTRY"会闪烁告警,当继续使用到低于一定数值时会自动关机。电池电压低时应及时更换充满电的电池,电池应在干燥、通风、清凉的场所保存,不能长时间将电池留于摄像机内。

2. 话筒的准备

新闻节目拍摄或外景拍摄中,若需要同期录音,则应根据题材的内容和拍摄现场的情况,选择合适的话筒,话筒可以直接安装在摄像机上,也可以由采访者拿在手中。拍摄前要检查外接话筒和摄像机话筒是否正常工作、电缆的连接是否牢固、长度是否足够等。如果是会议或课堂实况,话筒也可固定在被摄人物前,这时需要话筒支架。有些摄像机机内设有话筒电源,安装时注意不要让弹簧与正极接触。打开话筒开关,红灯亮一下,说明正常,否则要重新安装。

3. 电缆的准备

连接摄像机和录像机的多芯电缆有 14 芯、26 芯等,不要忘带,最好能检查完好。

4. 三脚架的准备

在教学片或其他专题片拍摄中,最好使用三脚架,这样拍出的图像更平稳;新闻节目拍摄一般不用三脚架。使用三脚架时要带上与摄像机配套的托板,并注意三脚架高度和水平的调整。

5. 磁带及存储卡的准备

在实际拍摄时,可能无时间倒回原来地方重拍不合格的镜头,以及经常要保留一部分备用镜头,应留有一定余量的磁带和储存卡。磁带要注意检查是否带防抹安全帽,如果无安全帽,则录像机不记录,最好在出发前试录一下。

6. 彩色监视器的准备

为了保证拍摄的画面符合节目需要,有时需带上一个便携式小型监视器,以便现场检查录制画面的效果。

7. 其他附件的准备

条件允许的话应携带"制作急救用品箱",包括摄像机灯、现场其他灯光设备、各种接头、保险丝、白平衡卡、一块小的反光板、各种效果的滤色镜、摄像机雨衣、电工胶布、手电筒等,以便应急处理。

二、数字电视摄像机的调整

1. 寻像器的调整

寻像器是摄像机的眼睛,其调整的好坏影响着摄像人员的创作状态。所以,摄像机在开机使用时,应首先对寻像器进行调整:调整左右眼观看寻像器机身长度;调整眼罩的位置,通过转动眼罩前后移动环以确定位置;调整屈光度,转动屈光度调整环使寻像器中的图像更清晰;调整寻像器屏幕状态,将彩色/摄像开光置于彩色位置,利用机内彩色信号,调整寻像器上的亮度、对比度和轮廓。

2. 聚焦的调整

为了确保摄像机在变焦过程中,均能使景物的图像清晰,需要对镜头的焦点进行调整。摄像机聚焦的调整有前焦距调整和后焦距调整。前焦距调整比较容易、简单,有自动和手动两种,手动调整只需转动前面的聚焦环使图像清晰即可;后焦距就是调整镜头后面的后聚焦微调环,这个环一般在摄像机出厂前已经调好[①],但有时我们在拍摄时会发现,前聚焦调节清晰了,可当拉开之后,景物又变得模糊了,这时就需要调整后聚焦。调整后聚焦的步骤如下:

(1) 西门子星卡放于 5 m 远(如果没有西门子星卡,可用轮廓清晰的其他物体代替)。

(2) 光圈开至最大。

(3) 松开后聚焦环紧固螺丝。

(4) 先把镜头推成长焦,调整前聚焦环,使图像清晰。

(5) 把镜头拉开到最短焦距(广角位置),调整后聚焦环,使图像最清晰。反复调整 2~3 次,直到镜头在长焦和短焦时图像都清晰为止,最后锁定后聚焦环螺丝。后聚焦调整好后,不换镜头,一般不必重新调整,摄像时只需调整前聚焦环,使图像清晰即可。

3. 选择滤色镜

摄像机不具备人眼对色彩的灵敏感应,因此,对摄像机色温控制的设计,各生产厂商以 3200 K 标准白光源为基准色彩平衡,而现实中光源时刻都在变化,如果不对摄像机的色温进行调整,就会使画面色彩严重偏色,要保证色彩记录的正确性,必须针对不同色温的光源选择与其相适应的色温滤色片,以补偿色温的变化。通常滤色镜转盘上标有滤色镜的号码,绝大多数摄像机上的 1 号滤色镜是 3200 K(个别型号的摄像机是 3000 K),用于室内以卤钨灯作光源的场合;3 号

---

① 杨晓宏.数字电视节目制作技术[M].北京:国防工业出版社,2013:47~48.

滤色镜是 5600 K,适用于室外日光下或阴天;如果有 0 号的位置,对应的滤色镜是一个黑片,拍摄时要从这个位置移开,不然即使光圈打开,光线也照不进去。如果照明条件变了(例如从演播室移到室外),而滤色镜却忘记变换,会使拍摄出的图像严重偏色(偏蓝或偏黄),录制后又不易再校正成正常颜色,会造成莫大的遗憾,甚至对工作造成损失。所以拍摄前这一步骤的调整绝对不能忽略(当然,某些带有实时自动白平衡的摄像机另当别论)。[①]

如果现场的照明光源种类不是单一的,例如在既有阳光又有灯光的房间内,就要根据当时现场的具体情况来选择滤色镜。在窗户较大、光线较强的情况下,室内灯光亮度远远不及室外自然光,可以按日光选用高色温的滤色镜。当室外的自然光亮度不够,室内光线暗淡,不得不采用卤钨灯照明时,就可以选择 3200 K 的滤色镜。如有可能,不如把窗户索性都用窗帘遮上,以免室外光照射在人脸上使肤色变蓝。当然,混合光照明应尽量避免,毕竟它会破坏图像色彩的协调。所以要想拍摄出高质量的图像,还是应想办法尽量用滤色纸把照明光线统一起来。

4. 调整白平衡与黑平衡

滤色镜选择好后,就应进行白平衡与黑平衡的调整。通常黑平衡的调整会影响白平衡的状态,所以调整完黑平衡后应再调一次白平衡,即调整次序为:白平衡→黑平衡→白平衡。有时为了简化,也可省去第一次的白平衡调整,即黑平衡→白平衡。黑白平衡调整的方法为:[②]

① 首先应有一个白色物体作为调整的标准。白色物可以是摄像机附带的白板或各种简易测试卡,如果没有测试卡,也可以用较白的纸,例如复印用的白纸。甚至在外景拍摄要求不高时,为抢时间,也可利用白墙、白桌布、白衬衫等来调整白平衡。然而拍摄高质量电视节目时,最好用测试卡,并且拍摄某一电视节目的全部镜头都用同一白色物来调整白平衡,以保持整部片子的色调一致。将选好的白色物置于实际拍摄场景的光照之下,而且是放在被摄主体的位置,使得到的照明光线与之相同,但需注意白物上不要出现反光点。

② 把摄像机的镜头对准白色物体,调整镜头焦距,使白色物充满整个荧光屏画面。由于现在的许多摄像机用微处理器来控制自动白平衡电路,只要求白色物处于画面中心,其面积达到画面总面积的十分之一,也能调出正确的白平衡。但是为了保险起见,还是将白色物充满画面来调整为好。至于镜头的焦点

---

① 杨晓宏.数字电视节目制作技术[M].北京:国防工业出版社,2013:48.
② 杨晓宏.数字电视节目制作技术[M].北京:国防工业出版社,2013:49~50.

调得清晰与否对白平衡的调整影响不大。

③ 拨动自动白平衡的触发开关钮（一般是向上拨一下即可松手），摄像机白平衡校正电路就会自动地调整红、绿、蓝3个通道视频信号电平幅度，使之相等，即红：绿：蓝＝1：1：1，过2～3秒后，白平衡指示灯亮，或寻像器上显示出文字"OK"（好），就表明白平衡已经调好，并将其状态存入记忆电路。若指示灯不亮，或文字显示为"NG"（不好），表明白平衡未能调好，原因可能是光线太暗，使视频电平太低，或色温滤色镜选择错误，应将这些问题解决后再次进行调整，直至调好。进行自动白平衡调整时，应将机上另一个白平衡选择开关置于"AUTO"（自动）或"MEMORY"（记忆）的位置。置于"3200 K"或"PRESET"（预置）的位置时机器的白平衡固定，只适合于在3200 K的色温条件下进行拍摄。一般只在卤钨灯照明的条件下因找不到合适的白色物，或抢拍镜头而来不及调整白平衡时使用。在室外自然光条件下换用5600 K的滤光镜后也能用这一挡位置，只不过多少有点偏色。

④ 把自动白平衡的触发钮向相反方向拨动，自动黑平衡电路就开始工作，此时光圈先自动关上，然后电路再对黑平衡进行自动调节，过几秒钟，黑平衡指示灯（一般与白平衡共用一个指示灯）亮，或寻像器上显示出"OK"，表明黑平衡已调好，并存入记忆电路。在自动光圈的情况下，调整结束后光圈会自动打开。若光圈处于手动方式，虽然调节开始时光圈能自动关闭，但结束后却不能自动打开。

要想把黑、白平衡调整得更精确，或者为了拍摄某一特定场景（如晚霞照射下的景物），把偏色的现象呈现出来，可以利用手动方式来调整。然而大部分摄像机机身外部不设手动黑白平衡调整钮，而要通过CCU来进行。自动白、黑平衡的数据可以记忆，在拍摄条件不变、两次拍摄间隔时间不长的情况下，可以不再调整白、黑平衡。然而就一般来说，在每次拍摄前都要进行自动或手动白、黑平衡调整，以确保电视图像的颜色质量。

5．调整光圈

为保证摄像机在不同光照下拍摄的景物图像都能达到正确曝光，应正确设置摄像机的光圈，以控制镜头的进光量。摄像机光圈的控制有手动和自动两种方式。

自动光圈一般能保持合适的进光量，得到规定的输出信号强度，尤其是拍摄运动镜头（推、拉、摇、跟、移）时，变化的景物也会使图像亮度发生变化，有了自动光圈可以省去不少调整的麻烦，只要照明情况正常，物体亮暗反差适中，均可利用自动光圈拍摄。由于自动光圈是根据图像的平均亮度来确定光圈值的，所以也并非完美无缺。例如景物反差大时，画面上出现较亮（或较暗）的物体进入被摄画面时，画面平均亮度增大（或减小），导致光圈自动缩小（或扩大），使画面中的环境背景变暗（或变亮），不符合生活中的真实感受；有时我们又希望通过画面的亮暗来表现白天与傍晚的特定情景，而自动光圈却总是得到同样的输出电平，达不到预想的结果。因此，在对电视节目的图像质量要求较高时，可以先用自动光圈测出光圈值，然后再换用手动光圈，并改变半档或一档光圈使用。

手动光圈的调整除了利用自动光圈的测光性能来决定光圈值外，还经常使用以下方法:[1]

① 摄像机上若带有斑纹开关(ZEBRA)，可将其打开，从寻像器中可以看到图像中亮的部分会出现斑纹，我们可根据斑纹出现与否，或出现的多少来决定光圈的大小。

② 有的摄像机在寻像器中用视频电平线显示景物的亮暗，也可根据此电平线来调整光圈。如果有波形监视器，可接在摄像机的输出上监看其视频电平，作为手动调整光圈的参考。一般来说，大部分图像的电平调在 500 mV 左右，个别较亮部分的电平不超过 700 mV（均以消隐电平为基准）。

③ 若手头没有其他测量或可参考的设备和手段时，可在调整时一边从寻像器或监视器中监看图像，一边逐步增大光圈，直到图像中最明亮的部分开始缺少层次，要"开花"而没"开花"时为好。

光圈的正确调整对整个图像的亮度、对比度、视频电平的幅度等指标影响很大，所以在每次拍摄，甚至每个镜头画面拍摄前都应注意。

6. 中心重合调整

中心重合是指红、绿、蓝三基色图像的完全重合，只有保证三基色图像的完全重合，图像才能清晰，才不会出现彩色镶边现象。摄像机机内都设有自动中心调整系统，调整的方法如下:[2]

（1）用自动中心卡

将此中心调整卡置于一定光线下，对准充满画面并聚焦清楚，然后向上拨动一下自动中心开关钮，电路即自动调整，几秒钟后出现"CENT OK"字样，表明中心重合已调好，并记忆下来。注意在调整过程中，中心卡不能动，摄像机也不要动，另外要有一定照度，聚焦要清晰，否则可能调不好。

（2）用其他代用物调整

---

[1] 杨晓宏.数字电视节目制作技术[M].北京:国防工业出版社,2013:48～49.
[2] 杨晓宏.数字电视节目制作技术[M].北京:国防工业出版社,2013:50.

注意，代用物要有水平、垂直线条，否则可能调整不好，出现"CENT NG"时，需另换代用物，直至出现"CENT OK"为止。调整不好时会出现边缘的彩色镶边，图像不清晰。

7. 增益调整

增益调整是指摄像机图像输出信号电平大小的调整。只有在照明不足、出现"low light"指示时，才考虑使用增益开关，以提高摄像机的灵敏度。摄像机的增益一般有 L:0 dB、M:+9 dB、H:+18 dB 三档。这个开关通常应在 0 dB 处，这时图像的信噪比高，清晰度好。如果将增益开关置于+9 dB 或+18 dB，此时图像的信噪比下降，杂波增多，图像质量劣化，因此，除非特殊光线情况，一般不用调整增益。另外，增益调节后，最好重调一下黑、白平衡。[①]

8. 其他调整

(1) 同步锁相调整。用于演播室联机情况，需调节摄像机与特技机的 H 相位与 SC 相位。

(2) 自动黑电平开关(ABL)。用于室外拍摄，当整个图像都很亮、缺少层次时，可把这个开关打开，电路使黑电平降低一些，从而提高对比度。

(3) 电子快门选择开关。快门速度的调整可以减少拍摄移动物体时的模糊现象，也可以用于消除拍摄与摄像系统的扫描频率不同的计算机监视器的屏幕图像时的闪烁等现象。注意：快门速度越快，图像越暗，应及时调整光圈或增加照明。

三、摄像机的基本操作步骤

① 摄像机通电，若使用蓄电池，则应确保电池电量充足。

② 打开摄像机电源开关，电源指示灯会亮起。

③ 打开磁带仓仓门，将盒式磁带放入，关上仓门。若摄像机的存储介质使用半导体存储卡、硬盘或光盘，则应将存储卡、硬盘或光盘分别放入磁卡插槽、硬盘驱动器或光盘驱动器中，并保证存储介质有足够的可存储空间。

④ 打开镜头盖，通过寻像器观察被摄体，并根据被摄体所处环境的光线条件，正确设置滤色片，调整好白平衡，将增益调到正常位置并通过必要的光圈调节获取适当的光通量。

⑤ 若使用外接话筒，要打开话筒开关。

⑥ 选择被摄主体，合理构图，正确变焦和聚焦。

---

① 杨晓宏.数字电视节目制作技术[M].北京:国防工业出版社,2013:50.

⑦ 按下摄录一体机的录制按钮开始录制，再次按下录制按钮则停止本次录制。

⑧ 使用完毕后，取出磁带或其他存储介质，关闭光圈，盖上镜头盖，断开电源。

四、摄像机实践操作训练

为了更好地利用摄像机拍摄出质量优良的画面，摄像人员必须掌握摄像机的执机方式和摄像的基本操作要领。

1．执机方式

摄像机的执机方式有两种：一种是支架式执机方式；另一种是手持式执机方式。

（1）支架式

支架式是利用三角支架或三脚架支在移动车上进行拍摄，摄像师握住摇把和调焦杆，用眼睛贴近寻像器取景构图，以此来进行拍摄的方式。拍摄时根据拍摄的要求或摄像人员的高矮，调节三脚架的高低及水平。拍摄运动镜头时，应预先将云台的锁扣拧松，使摄像机能上下左右摇动。右手握住摇把，靠它牵动摄像机运动进行摇摄，左手调节变焦扣和调焦杆，进行聚焦和变焦。演播室内使用时通常用摄像机遥控器，遥控器的左把手上有聚焦杆，右把手上有变焦杆，分别由左右手控制。

利用三脚架拍摄的最大好处是能获得稳定的画面，尤其在使用长焦镜头的情况下，也能得到稳定的画面。电视剧、广告、专题节目制作、大型文艺晚会等多采用支架式拍摄方式。使用支架式拍摄需要注意的问题是：① 摄像机固定在三脚架上一定要锁牢方可松手；② 不操作时要有专人看管，且摄像机的重心不要偏移，以防摔倒。

（2）手持式

三脚架支撑拍摄的优点是很明显的，但每换一个地点必须重新上、卸摄像机，调整三脚架高度及水平非常麻烦，而且有时环境条件不允许使用三脚架，这就需要徒手持机进行拍摄。根据摄像机外形，摄像人员一般双手托着摄像机进行拍摄，肩扛着摄像机或手握着摄像机下部、旁侧进行拍摄，有时还应根据特殊需要，经常把摄像机抱在怀里、提在手中进行拍摄。

① 站姿。肩扛摄像机正对被摄物，两脚自然分开，重心在两脚中间，右肩扛着摄像机，右手握在扶手上，并操作电动变焦以及录像机的启停；左手放在聚焦环上进行焦点调节，并作为支撑点；右眼贴近寻像器，观察图像取景和构图，如图

2.19 所示。在录制时，如果镜头不长，最好屏住气，直到录完一个镜头为止，尤其是在长焦状态时，轻微的呼吸会使画面产生较大晃动；在摇摄时，要事先选好起幅、落幅，并调整好双脚的位置，避免失去平衡；在移动拍摄时，步幅要均匀，最好用广角镜头。

图 2.19　站姿拍摄

图 2.20　怀抱拍摄

② 跪姿。单腿或双腿跪立拍摄。摄像机放在肩上，左、右手分工同站姿。通常用于低角度拍摄的场合，如武术表演、体操表演等。

③ 怀抱姿势。将摄像机用右手抱在胸前，左手穿过镜头下方去握住调焦杆，进行拍摄，这种姿势能使机位更低，用于表现高大或深远的场合，如图 2.20 所示。

各种手持的姿势，其特点是灵活机动，特别适合于拍摄一些新闻节目，或其他来不及摆拍的专题节目。缺点就是画面的稳定性差，为此手持时可采取以下几种措施：一是借助其他物体作为支撑物；二是掌握好呼吸；三是多用广角镜头，少用长焦镜头。

2. 拍摄基本要领

(1) 平

所谓"平"，是指无论拍摄的是静止画面或是运动画面，一定要平，不能倾斜。在绝大多数的摄像画面中，不是有水平线条就是有垂直线条，如果画面中的这些线条不是歪就是斜，便会给观众造成某种错觉，好像发生了地震似的，这是摄像中的一大忌讳。[①]

如果是肩扛摄像机拍摄,应当利用画面中景物的垂直线、站立的人物或水平线条作为参考,校正寻像器边框与这些线条相平行,保持呼吸平稳,大体就可以做到"平"的要求。

如果是利用三脚架拍摄,确保画面地平线的关键是摆平三脚架。一般三脚架上都有水平仪,可以调整各支架的高度及云台,使水平仪内的水泡处于中心位置,摄像机的水平就调好了。

(2) 稳

所谓"稳",是指除特殊的需要外,摄像机拍摄的画面要保持稳定,避免任何不必要的晃动。画面的稳定是对摄像人员的基本要求,也是一项操作的基本功,当摄像机运动时尽量使用广角拍摄,使摄像机运动拍摄时画面稳定。如果画面不稳定,就会给人以不安全的感觉,容易造成视觉疲劳,破坏观众的欣赏情绪。

(3) 准

所谓"准",主要包含三层意思:一是构图要准;二是聚焦要准;三是色彩还原要准。

① 构图准

取景构图准是对准的要求最重要的一个方面,因为聚焦、光圈、白平衡调整都是硬的标准和有固定程序,而取景构图则不同,自动化程度再高也无法代替摄像人员的取景和构图。由此可见取景构图是一项创造性的工作,而构图的准又包含很多内容:

a. 主体、陪体、前景、背景、空白的布局安排(画面布局安排);

b. 形状、线条、色彩、质感、立体感、运动等构图要素的表现(构图要素应用);

c. 平角、俯角、仰角等拍摄高度的选择(摄像高度选择);

d. 正面、侧面、斜面、背面等拍摄方向的选择(拍摄方向选择);

e. 远景、全景、中景、近景、特写各种景别的运用(景别选择);

f. 推、拉、摇、移、跟运动镜头的拍摄,以及起幅、落幅的确定(运动技巧的运用)。

这些都要做到准确、完美。构图的"准"能使画面更好地表现内容,更富有艺术感染力。可以说不管文字剧本如何描述画面,不管分镜头剧本有多细致,也不管导演、摄像事先构图多么周详,这一切文字的、想象的、不具体的东西,都在摄

---

① 杨晓宏.数字电视节目制作技术[M].北京:国防工业出版社,2013:53.

像师取景构图按动开关后的一段时间内被取景框确定下来,并随着摄像机的运转,真实、具体地记录到存储介质上。因此拍摄电视节目是整个摄制过程中最重要的一环,而取景构图又是摄像中最重要、最主要的部分。如何做到构图的准呢? 一是了解并掌握构图、用光、拍摄技巧的基本知识和要求;二是预演,先从寻像器上进行选景、构图,并运用各种技巧,预演好了再实拍;三是拍摄时可多选取几种拍摄角度和拍摄技巧并从中选择出最理想的画面构图。

② 聚焦准

拍摄的画面中主体应该是清晰的。对于主体运动(水平方向)或距离远近的变化(垂直方向),有时需要跟焦点,即随主体的移动变化而变焦,以保持清晰,聚焦时要赶前不赶后。对主、陪体变化的情况,要做好记号,或试验后再拍,做到一次到位,聚焦清晰。对有一定景深要求的画面,可采用小光圈、短焦距或远距离拍摄。在一般的情况采用"特写聚焦法",即在拍摄时,无论是拍摄远处还是近处的物体,都要先把镜头推到焦距最长的位置,调整聚焦环使图像清晰。因为这时的景深短,调出的焦点准确,然后再拉到所需的位置进行拍摄。在拍摄变焦的推镜头时,也应该先在长焦时调好聚焦,再回到广角,从广角开始推,这样才能使拍摄图像的整个过程都保持清晰。

③ 色彩还原准

色彩还原准确包含两个方面:一是曝光要准确,二是色彩还原要准确。

a. 曝光要准确。要做到曝光准确,被摄物要有一定的亮度和光比,同时摄像机的光圈和其他控制要适当。由于电视摄像系统有一个有限的亮度范围 20∶1,在这个范围之内它们能够接受光线,并且能按光线的相对比例再现出来。如果接收的光线不足,图像则产生噪声;如果光线超过最高限度,图像的细部会混为一片;如果被摄物的亮度范围合适,就可以用一个恰当的光圈,把这一场景的全部影调范围都包含在光电转换的直线范围内,得到全部清晰的图像。在实际拍摄时,景物的亮度范围超过摄像管容纳的亮度范围时,就得做出决定:究竟是损失一些阴暗部分的层次呢,还是损失一些光亮部分的层次,或是取折中值? 如果我们取阴暗部分的层次,有意舍去一部分亮度细节,可以选取景物暗部曝光,开大光圈进行拍摄,如窗前的人脸。如果我们取光亮这部分的层次,舍去阴影细节,就缩小光圈来拍摄,如晚上的月亮。如果我们要使景物暗部和亮部全都呈现清晰,就需要控制景物的亮度范围,使之正好适合摄像管的范围,并选取合适的光圈,把被摄物的影调层次全部再现出来。总之,要通过选取适当的光圈和控制被摄景物的亮度范围,使拍摄的图像符合要求。

b. 色彩还原要准确。影响色彩还原的因素主要有两个：一是景物受到不同色温光线的照射，二是摄像机的白平衡调整以及滤色片的选择。对于前者，在摄像时要靠合理用光，不用不同色温的光线照明；对于后者，在拍摄前应根据光线条件选择合适的滤色片进行黑白平衡调整，当然如果是有意使画面偏色则另当别论。

(4) 匀

所谓"匀"是指运动镜头的速度要均匀。在拍摄过程中，运动的速度不要时快时慢，断断续续，起幅、落幅时的加速和减速也应缓慢、均匀。如开始运动时，应是缓慢起动，为匀加速运动，到一定速度时保持匀速，至落幅时，要慢慢减速，为匀减速运动。推拉时应控制好变焦杆，变焦过程中速度要均匀；摇摄时要控制好把手(或机身)，使其转动速度均匀；移、跟拍摄时，要控制好移动工具使其做匀速运动。

另外，在拍摄中还需要注意以下三个问题：

① 避免"拉风箱""刷墙"式的摄像机运动。

"拉风箱"就是反复使用推拉镜头；"刷墙"是指摇摄时从左到右、从右到左反复摇拍。这些都是初学者易犯的错误，这样拍出的画面给人的感觉是毫无目的，也是不成熟的表现。

② 多录"5 秒钟"。

在起幅之前，落幅之后，应留有 5～10 秒的静止画面，以便为编辑时留有预卷的时间。在连续记录中的镜头，如果不停录像机，可不必留 5～10 秒，留足镜头用的时间就可以，预卷时间可用上一镜头。对于运动镜头，起幅、落幅多留 5 秒钟有两个好处：一是便于在后期编辑中进行"静与静"组接；二是能选出静止镜头。

③ 还有些画面的表现形式，由于审美心理和习惯的作用，人们不愿意接受，在构图中应注意避免：

    a. 主体安排忌孤单、无陪衬；

    b. 主体位置忌居中，人物忌正面；

    c. 画面忌被线条割裂，尤其平分割线；

    d. 水平线忌歪斜不稳；

    e. 主体与陪体等忌完全不分；

    f. 横竖线条忌等距排列无疏密变化；

    g. 景物断续线忌无高低起伏，一字排开；

    h. 画面忌杂乱无章。

五、数字电视摄像机的保养与维护

电视摄像机的工作状态与日常的正确使用和维护有着密切的关系,对于摄像人员来说不仅要掌握摄像机的功能特性和正确的使用操作方法,还要学会摄像机的维护保养,才能保证摄像机始终处于良好的工作状态和有较长的工作寿命。

1. 电视摄像机使用要注意的问题

(1) 环境要求

① 一般来说,电视摄像机正常工作的环境温度为$-10\sim +40$℃,相对湿度为$30\%\sim 85\%$,如需在-10℃以下使用,应采用相应的保温套,要注意防潮、防湿、防尘、防腐蚀;不要将摄像机存放在强磁场中,也不要在这种环境中使用。

② 搬运或运输摄像机时,应将其放入便携箱内,以减轻搬运或运输途中的振动;拍摄休息时,应将摄像机放置在平稳、一般人员碰不到的地方;使用三脚架时,应拧紧各旋钮,不用时要将摄像机取下,以免碰坏或摔坏。

③ 要特别注意结露现象,以免影响拍摄。把摄像机从低温环境带进高温环境,例如,在寒冷的冬季,将摄像机从户外突然带进温度较高的空调房间,热空气中的水蒸气便会在摄像机上凝聚,即产生结露现象。如果在这个时候拍摄,磁带就会黏附在磁鼓表面,拉伤磁带或造成机器故障。应等机器内部温度升高,水汽蒸发,自动保护解除后(摄像机一般带有自动保护电路,遇结露现象,自动关机保护),才能使用。所以,将摄像机从低温环境带进高温环境时,最好用密封的塑料袋将其包住,防止结露现象的发生。

④ 不要让摄像机直接对准强光源拍摄;长期不使用的摄像机最好装箱放置在常温干燥处,雨季时可定期通电驱潮;摄像机使用完毕后要盖好镜头盖,断开电源,关闭光圈。

(2) 电池的使用

电池是室外拍摄中的主要能源,延长电池的工作时间和使用寿命,要注意以下几点:[1]

① 当在寻像器中看到电池警告时,表示电池的电压低于正常工作所需要的电压,应及时更换电池。

② 对已使用的电池,在使用完后应立即充电,电池的容量变化小,恢复快,

---

[1] 刘宁生,顾建国,崔伏龙等.数字电视节目制作与播控技术[M].北京:中国广播电视出版社,2003:104~105.

充电效果好。如不及时充电,放置太久会导致电池容量降低,或无法充电,导致电池失效。长时间放置时,应每隔1个月充电一次。

③ 过充电和过放电都会缩短电池的寿命,使容量降低,如正常的充电也不能使电池容量达到规定的使用时间时,表示电池的寿命已结束。

④ 每次使用时,电池电量应充足。

2. 电视摄像机日常清洁

(1) 外壳的清洁

摄像机的外壳主要由塑料材料组成,不能用酒精或其他化学清洁剂清洗,否则会令外壳变色或受损。可用吸尘器吸去表面灰尘后再用干净的软布擦拭,对于顽固的污点,用湿布擦拭后,再用干布擦干。

(2) 镜头的清洁

摄像机的镜头是光线进入成像的唯一途径,对图像的影响很大,因此,在使用摄像机时,一定要保护、保养好镜头,不拍摄时要盖好镜头盖。当镜头的表面有灰尘或其他脏物时,就会影响图像质量,必须及时清除,清洁时使用镜头纸、镜头布、柔软的毛刷或吹风机来清洁镜头,不要用普通的卫生纸或衣服等物清洁。

(3) 磁头的清洁

如果磁头的端面粘有灰尘、脱落的磁粉或油污等异物时,磁带与磁头不能很好地接触,导致录像效果差,杂波大,画面雪花多,甚至摄像机的寻像器中会发出"RF"错误提示,需清洗磁头。对于牢固附着在磁头的杂物或磁头的划伤,用清洗剂和清洗布清洗几乎无效,此时要用清洗带,清洗带是经过精心设计制造的,可保持磁头良好的工作状态。

如何正确使用清洗带呢? 按照通常装磁带的方法把清洗带装入摄像机,装好后按重放键或录制键,5秒后取出清洗带。注意事项:[①]

① 每次使用不要超过5秒。

② 在准备状态下,不要将清洗带留在摄像机中。

③ 清洗带走完一遍后应更换新的清洗带。

④ 如果使用4次清洗带后,磁头阻塞现象仍未改进,这可能是其他故障了,需要专业人员修理。

复习思考题

1. 简述电视摄像机的发展历史。

[①] 翁志清,陈伟平.数字电视制播系统[M].上海:上海大学出版社,2009:126.

2. 简述数字电视摄像机的基本组成和常用附件。
3. 电视摄像机如何分类？
4. 面阵 CCD 摄像器件有哪些类型？各有什么特点？
5. 什么是白平衡？如何调节摄像机的白平衡？
6. 摄像机的操作要领是什么？
7. 衡量电视摄像机性能优劣的主要指标有哪些？
8. 简述电视摄像机的操作步骤。
9. 电视摄像机在使用时需进行哪些调整？
10. 如何正确地保养和维护电视摄像机？

参 考 文 献

[1] 杨圭南.教育电视系统[M].第二版.北京:高等教育出版社,1998.
[2] 梁小山,刘元春,王凤梅.电视节目制作(技术类)[M].北京:中国广播电视出版社,2000.
[3] 孟群.电视节目制作技术[M].北京:中国广播电视出版社,1997.
[4] 孟群,伍建阳.数字化影视制作技术[M].北京:北京广播学院出版社,2000.
[5] 孟群.电视节目制作技术[M].北京:高等教育出版社,2006.
[6] 杨晓宏.新编电视节目制作技术教程[M].北京:国防工业出版社,2003.
[7] 刘宁生,顾建国,崔伏龙等.数字电视节目制作与播控技术[M].北京:中国广播电视出版社,2003.
[8] 翁志清,陈伟平.数字电视制播系统[M].上海:上海大学出版社,2009.
[9] 杨晓宏,刘毓敏.电视节目制作系统[M].北京:高等教育出版社,2005.
[10] 杨晓宏.数字电视节目制作技术[M].北京:国防工业出版社,2013.
[11] 杨晓宏,李兆义.电视节目制作概论[M].北京:北京大学出版社,2015.

第三章　数字录像机

【学习目标】
　　学习完本章,应该能达到下述目标:
- 了解录像机的发展。
- 知道录像机的种类。
- 掌握数字录像机的记录格式。
- 理解数字录像机的工作原理。
- 掌握数字磁带录像机的组成。
- 掌握数字录像机的使用及维护。

第一节　录像机概述

　　录像机是信息存储技术发展的结果,自从 1956 年世界上第一台磁带录像机问世以来,录像机的发展经历了从模拟到数字、从复合到分量,以及从磁带到磁盘,再到光盘的发展过程。

一、录像机的发展

1. 磁带录像机的发展

（1）广播及业务用磁带录像机的发展

　　20 世纪 40 年代,随着磁记录技术的发展和磁性录音技术的日趋成熟,人们迫切希望利用磁记录方式来解决已进入实用化的电视广播中视频信号的储存和复制问题,以改变当时只能实况播出或通过电影胶片储存、转换播出的不良运行环境。经过多年的探索和实践,美国安培(Ampex)公司率先于 1956 年推出了第一部达到实用水平的 2 英寸四磁头横向磁迹记录的广播用黑白磁带录像机。该录像机实用化的关键在于采取了两大技术措施:一是放慢带速而用磁头高速旋转的办法取得磁头对磁带的相对高速度;二是设计了一种低载频浅调制的调频信号记录方式。这两项技术措施使得高频宽带的视频信号获得了较好的记录,且使走带的不均匀性得到了改善。到目前为止,几乎所有的磁带录像机都毫无例外地采用了旋转磁头和调频记录这两项措施。四磁头黑白录像机被称为第一代广播用录像机,它的研制成功,解决了电视节目的存储、复制和后期制作问题,揭开了磁带录像机发展的序幕。然而,由于这种录像机结构复杂,体积庞大,操作不方便,价格昂贵,磁头维护费用大,图像分段式录制存在分段误差,没有慢动作和静帧功能等缺陷,因而无法大量推广使用。①

继四磁头黑白录像机之后,1959年,美国安培公司研制出了彩色磁带录像机;同年9月日本东芝公司生产出了别具一格的单磁头螺旋扫描录像机。

20世纪70年代后,以美国、日本和欧洲的广播界为中心,为取代四磁头录像机,开始了第二代广播用录像机的研究和探索——1英寸磁带录像机,并于1977年获得了成功。为了区分各种1英寸磁带录像机,1978年美国电影电视工程师协会(SMPTE)在审议Ampex、IVE、NEC、BOSH、PHILIPS、SONY等公司公布的1英寸录像机的基础上,制定了1英寸录像机A、B、C三种标准格式。由于1英寸录像机的性能已达到大型2英寸四磁头录像机的水平,而且在小型化、经济性和功能等方面还有新的进展,因此,1英寸录像机出现后,便在整个广播电视领域内逐步取代了2英寸录像机,并使1英寸C格式录像机成为广播界的流行规格。1978年以前,中国电视台采用的主流机种就是Ampex和BTS公司生产的1英寸C格式录像机。②

1英寸录像机虽然图像质量好,但体积较大,价格昂贵,这决定了它只能用于广播电视领域。为了满足一些对图像质量要求不太高的领域对录像机的需求,日本的SONY、JVC和松下等公司在盒式录音机的启发下,于1971年联合开发了3/4英寸盒式磁带录像机,开创了专业用录像机的新时代。该盒式录像机SONY公司称为U-matic型,松下公司称为U-Vision型,JVC公司称为U-VCR型,由于它们的型号都以U开头,所以统称为U型机。作为业务用录像机,U型机具有性能好、图像清晰稳定、功能全面、使用方便等优点,这些优点使得U型机很快成为国际统一的标准型业务用盒式录像机。由于U型录像机最初是为非广播领域的节目制作而研制的,称为低带U型录像机(VO格式),其记录频带比较窄,图像质量较1英寸录像机差,不能满足广播电视的要求。为适应广播电视部门的需要,日本SONY公司在低带U型录像机的基础上,展宽了

---

① 杨晓宏.数字电视节目制作技术[M].北京:国防工业出版社,2013:93.
② 杨晓宏,刘毓敏.电视节目制作系统[M].北京:高等教育出版社,2005:50~51.

亮度和色度信号的记录频带,推出了 U 型高带机(BVU 格式)。随着广播电视事业的发展,广播用录像机格式之间的竞争日益激烈,为了保住 U 型录像机物美价廉的优势,在高带 U 型录像机的基础上,SONY 公司于 1986 年推出了 SP 格式的 U 型录像机,即超高带 U 型录像机。①

随着 U 型机记录格式的不断改进,在专业和广播领域得到了最大限度的普及。中国从 1976 年开始,各级电视台和大小机关单位使用了大量的 U 型格式录像机,总数量占到 SONY 公司产量的 10%,约有 17 万~18 万台。在 1982 年以前,中国广播电视用户中普及的主要是以 VO 和 BVU 系列为主的模拟复合格式录像机。

早在 20 世纪 80 年代初,在 1 英寸、3/4 英寸等模拟复合格式录像机发展的同时,日本的 SONY、松下和美国的 RCA 公司就已针对模拟复合录像机的缺陷,展开了对另外一种新型录像机格式即分量录像机的研究。分量录像机最初是作为第二代电子新闻采访(ENG)设备中摄录机的录像机被使用的,后来逐渐用于 EFP、演播室和节目播出等整个电视制作领域,成为录像机的主流格式。最早出现的广播业务用分量录像机是松下公司 1981 年开发的 M 格式。M 格式将亮度信号调频(载频范围为 4.3~5.9 MHz)后记录在亮度磁迹上,将两个色差信号采用频分复用调制分别调频(R-Y 载频为 5~6 MHz,B-Y 载频为 0.75~1.25 MHz)后相加记录在色度磁迹上。②

针对松下公司的 M 格式,1982 年日本 SONY 公司推出了另一种分量录像机格式,称为 Betacam 格式。Betacam 与 M 格式的相同之处是将亮度信号和两个色差信号分别调频后记录在亮度磁迹和色度磁迹上,不同之处在于,Betacam 格式对色度信号的两个分量 R-Y 和 B-Y 采用时间压缩分割复用法进行记录。显然,Betacam 记录方式不仅避免了亮色分量之间的相互串扰,而且避免了 M 格式中存在的两个色差信号之间的相互串扰,充分显示了分量记录格式的优越性。Betacam 格式最初主要是为电子新闻采访(ENG)应用而推出的,为了使 Betacam 格式能用于 EFP 和演播室等领域,SONY 公司在 Betacam 的基础上,于 1986 年推出了质量更高的 Betacam-SP 格式录像机,Betacam-SP 录像机的图像和声音质量达到甚至超过了 1 英寸广播级录像机的水平。③

M 格式虽然属于分量格式,但由于其采用了频分复用方式记录两个色差信

---

① 杨晓宏.数字电视节目制作技术[M].北京:国防工业出版社,2013:93.
② 杨晓宏,刘毓敏.电视节目制作系统[M].北京:高等教育出版社,2005:51.
③ 杨晓宏.数字电视节目制作技术[M].北京:国防工业出版社,2013:94.

号,使两个色差信号之间的串扰无法消除,这一内在缺陷使其无法与 SONY 公司后来开发的 Betacam 格式相竞争。为此,松下公司于 1985 年开发出了另外一种模拟分量录像机,称为 MⅡ 格式(先前的 M 格式被称为 M-Ⅰ 格式)。MⅡ 格式放弃了 M 格式所采用的频分复用记录方式,采用了与 Betacam-SP 格式相同的色度时间压缩复用(CTCM)方式记录色度信号,这使得 MⅡ 格式与 M 格式互不兼容。另外,由于 MⅡ 格式与 Betacam-SP 格式在机械结构、技术参数、磁迹位形等方面并不完全相同,这使得这两种格式之间也完全没有互换性。

目前,广播专业用磁带录像机的发展方向为从模拟到数字、从复合到分量,数字分量录像机已成为未来录像机发展的主要方向。实际上,早在 1987 年,SONY 公司就已推出 D-1 格式的 3/4 英寸数字分量录像机,随后 Ampex 公司和松下公司分别于 1991 年和 1993 年推出了 3/4 英寸 DCT 格式和 1/2 英寸 D-5 格式的数字分量录像机,其间,SONY(包括 Ampex)公司和松下公司还分别于 1989 年和 1991 年推出了 3/4 英寸 D-2 格式和 1/2 英寸 D-3 格式的数字复合格式录像机。[①] 录像机市场,特别是数字分量录像机市场的竞争日趋激烈,继 1993 年 SONY 公司推出数字 Betacam 录像机之后,1995 年 JVC 公司、SONY 公司和松下公司分别推出了 Digital-S、Betacam-SX 和 DVCPRO 三种数字分量格式的录像机,1996 年,SONY 公司推出了 DVCAM 格式的数字分量录像机,2000 年,SONY 公司又推出了基于 MPEG-2 4∶2∶2P@ML 压缩格式的数字分量录像机。近年来,SONY、松下和 JVC 公司还分别推出了 HDCAM、DVCPROHD 和 D9HD 格式的高清数字分量录像机等,目前数字录像机有全数字记录和码率压缩记录两大类。

(2) 家用录像机的发展

在广播业务用录像机发展的同时,研究开发适合家庭使用的录像机格式是当时录像机市场竞争的又一个热点。由于家用录像机以家庭使用为主要目的,其基本设计思想是在保证录像机基本性能不低于电视接收机的情况下,尽量降低成本,缩小体积,延长录放时间。经过多年的研究,SONY 公司终于解决了磁带和机芯的小型化以及高密度记录的种种问题,于 1975 年率先推出了 Beta 格式的家用录像机,拉开了更为激烈的家用录像机市场竞争的序幕。与此同时,日本 JVC 公司于 1976 年 9 月推出了 VHS(Video Home System)格式的家用录像机。在家用录像机发展之初,由于没有统一的规格和标准,各个厂家为了在市场上占有一席之地,纷纷推出各种类型和格式的家用录像机。经过激烈的竞争,淘

---

① 孟群.电视节目制作技术[M].北京:中国广播电视出版社,1997:109~110.

汰了一些机种,逐步形成了 VHS 格式和 Beta 格式相互对立的两大系列,这两种格式在后来的竞争中,VHS 格式发展很快,势力越来越大。1984 年,VHS 格式的总产量已达世界家用录像机总产量的 82%,Beta 格式则为 18% 以下,1985 年,VHS 格式录像机几乎垄断了整个家用录像机市场,其产量已达世界家用录像机总产量的 90%,Beta 格式则下降为 10% 以下。[①]

在 VHS 格式和 Beta 格式的竞争中,为了缩小体积,提高图像和声音质量,在家用录像机领域先后推出了不少新型机种。JVC 公司 1982 年在开发成功 VHS-C 型盒式磁带和小型磁鼓的基础上,推出了小型轻量化的 VHS-C 录像机,VHS-C 型磁带在使用磁带适配器后可与 VHS 录像机具有完全互换性。为了进一步巩固 VHS-C 的地位,以便与 SONY 公司后来推出的 8 mm 录像机相抗争,JVC 公司于 1989 年推出了 VHSF/C 录像机,该机可兼容 VHS 和 VHS-C 磁带,即 VHS-C 磁带在不使用磁带适配器的情况下可直接在 VHSF/C 机上记录和重放。为了解决家用录像机因提高记录密度而降低带速,使其音质变差的问题,1983 年 SONY 公司和松下公司分别推出了 Beta-HiFi 和 VHS-HiFi 录像机。这两种录像机虽然均将音频信号调频后和图像信号记录在同一条磁迹上,但其记录方法并不相同,HiFi 音频虽然频响宽,动态范围大、音质好,但不能后期配音。在家用录像机的音频质量提高后,永不满足的使用者又对其图像质量提出了更高的要求。为了提高图像质量,1985 年 SONY 和 JVC 公司又分别推出了高画质(HQ)录像机,SONY 公司的 HQ 录像机实际上是 SuperBeta 即高带 Beta 机,其采取的主要措施是提高亮度信号的调频载波频率,展宽亮度信号记录带宽,从而提高图像的清晰度。JVC 公司为实现与 VHS 录像机的兼容,其 HQ 录像机主要通过改进电路性能的办法来提高图像的清晰度和信噪比。[②]

SONY 公司的 Beta 格式录像机在竞争中失败之后,便将力量集中到开发小型 8 mm 录像机上。8 mm 格式是 1983 年由世界上 127 家公司讨论通过的国际统一格式,1985 年由 SONY 公司推出实用化的产品。由于 8 mm 录像机是一种新格式,而且它诞生于视频技术较为成熟的 20 世纪 80 年代中期,这使得 8 mm 录像机在设计上可不受任何传统规格的限制,可以按照最新的技术和水平进行设计。8 mm 录像机的出现,向 VHS(包括 VHS-C)录像机提出了挑战。[③]

在保持录像机原有格式基本不变的情况下,充分挖掘格式潜力和广泛采用

[①] 杨晓宏,刘毓敏.电视节目制作系统[M].北京:高等教育出版社,2005:52~53.
[②] 杨晓宏,刘毓敏.电视节目制作系统[M].北京:高等教育出版社,2005:53.
[③] 同上。

各种新技术,是提高录像机技术质量的一条有效途径。在借鉴 U 型机实现高带化所采取的技术经验的基础上,1987 年 1 月,日本 JVC 公司率先推出了 S-VHS 录像机,实现了 VHS 录像机的高带化。面对 S-VHS 录像机的挑战,SONY 公司于 1987 年 3 月推出了清晰度更高的 ED-Beta 格式录像机,即扩展清晰度 Beta 录像机,实现了 Beta 录像机的高带化。为了与 S-VHS 格式相竞争,1988 年春季,SONY 公司等 10 家 8 mm 录像机代表厂商,就高带 8 mm 格式达成了一致协议,1989 年 4 月,SONY 公司推出了高带 8 mm 录像机的实用化产品。

随着电子技术、超大规模集成电路技术、数字控制技术和数字压缩技术的日益进步,家用录像机技术也在不断地发展,产品不断推陈出新。家用录像机的发展经过了磁带式录像、光盘式录像和硬盘式录像三个阶段,而硬盘式录像是目前最为流行和先进的录像模式。

2. 硬盘录像机的发展

数字硬盘录像机简称 DVR(Digital Video Recorder),是一种以计算机硬盘技术为存储介质的新型图像记录设备。DVR 的出现并能够迅速发展的主要原因有:一是全球数字化浪潮的推进,尤其是数字压缩技术的不断发展(从 M-JPEG、MPEG-2 到 MPEG-4、H.264 等);二是硬盘容量的增大及价格的下降。目前单体硬盘容量已达到数 TB,而其价格却大幅度地下降,还可以挂接硬盘阵列以记录更多的图像信号,这就为 DVR 提供了生存空间。[1]

数字硬盘录像机按系统结构的不同可以分为两大类:PC 式 DVR 和嵌入式 DVR。

(1) PC 式 DVR。其硬件系统是以传统的多媒体计算机为基础,再配备专用的图像采集卡或图像采集压缩卡及声音采集卡,软件系统是以 Windows 操作系统(Win98、Win2000、WinXP 等)为基础,再加上视频编辑软件而构成的一套完整的系统,实质上就是电视节目制作领域常用的非线性编辑系统。由于 PC 机是一种通用的平台,其软件和硬件升级换代容易实现,这就意味着 PC 式 DVR 的产品性能可以在设备的使用期间得到不断提升。另外,可以通过更换大容量硬盘或挂接硬盘阵列等方式简单地提高 PC 式 DVR 的存储容量。因此,这种 PC 式 DVR 除了在电视节目制作领域得到广泛应用外,还常用于视频服务器、工程等行业。

(2) 嵌入式 DVR。它是将系统的应用软件与硬件融于一体的一种专门用于图像信号录放的录放像设备。由于嵌入式 DVR 脱离了计算机平台,具有操

---

[1] 杨晓宏,刘毓敏.电视节目制作系统[M].北京:高等教育出版社,2005:54.

作简单、稳定性强等优点。因此,这种数字硬盘录像机常常被用于金融、交通、安全等各种监控场所的信号记录与重放。

3. 光盘和存储卡式录像机的发展

CD、VCD、DVD等光盘播放设备一出现,便以其信号质量高、使用方便、价格低廉等优点迅速进入工业、教育及家庭领域,且大有取代磁带录像机之趋势。但这些设备存在的一个共同问题就是不能像磁带录像机一样随意进行记录。长期以来,人们一直期盼着出现一种具有记录功能的光盘播放设备。光盘录像机便是这种和磁带录像机一样既可以记录又可以重放的视频录放设备。

光盘录像机的工作原理是首先将输入的模拟信号转换成数字信号,然后进行压缩编码,最后再以一定的格式"刻录"在光碟上。与数字硬盘录像机一样,光盘录像机也有基于多媒体计算机的 PC 式和专用的光盘录像机,前者是给多媒体计算机配置光盘刻录机、视频采集卡或压缩卡及相应的编辑软件而构成的,主要用于专业及家庭视频制作;后者是将有关软件及硬件集成在一起的一体化设备,也就是传统意义上的录像机。

近年来,随着光盘技术的发展,尤其是蓝光技术的普及,蓝光碟片和蓝光机的数量增长,专业级蓝光录像机,已成功应用于广播电视专业领域。SONY 公司已将专业级蓝光录像机产品(XDCAM)投放市场。在 SONY 公司推出专业级蓝光录像机产品的同时,松下公司推出了与磁带和光盘完全不同的 P2 系列产品,P2 系列产品的核心是固态的半导体存储卡,这是一种基于 PCIM-IC 接口的固态的半导体存储卡,称作"Professional Plug in"专业插卡式,命名为 P2 卡,内部由 4 张 SD 卡集成,配置了 5 个 P2 卡插槽,并支持热插拔模式,可以记录 DVCPRO50/DVCPRO/DV 数据。采用 P2 卡记录可以大大地减少设备受环境温度和湿度的影响、提高抗震性、克服机械磨损,并经久耐用。更重要的是,P2 把专业视音频和 IT 完美地融合在一起,实现了 IT 技术的新闻采集,使新闻采集的机动性进入了一个新时代。P2 系列设备采用 MXF 格式进行记录,MXF (Material Exchange Format)是一种可以在服务器、流式磁带机之间交换节目素材,并使其转成数字档案的文件格式,MXF 可以完全自主地处理全部内容、不必借助外部素材,允许与流媒体之间进行无缝的互操作,通过这种文件格式可以利用 PC 机进行后期编辑和制作。P2 卡可以直接插入到 PC 机的 PC 卡槽中,进行非线性编辑和数据传送,这就给 P2 的开放性提供了强有力的支持。①

---

① 杨晓宏,刘毓敏.电视节目制作系统[M].北京:高等教育出版社,2005:54~55.

二、录像机的分类

目前各国生产的录像机,机型繁多,规格各异。录像机的分类方法很多,主要有:①~③

1. 按用途分

(1) 电视广播用录像机。这类录像机主要用于广播电视系统中,技术指标高、图像质量好、机器精密、功能齐全、性能稳定,但体积大、价格昂贵。如数字 Betacam 系列、Digital-S 系列、HDCAM 系列、DVCPROHD 系列和 D9HD 系列等。

(2) 专业用录像机。这类录像机主要用于电化教育、工业、医疗、交通等领域,体积较小、重量较轻、价格便宜,但图像质量不如广播用录像机。如 DVCAM 系列、DVCPRO 系列等。

(3) 家用录像机。这类录像机主要用于家庭娱乐,小巧灵活、价格低廉、功能齐全、品种多、使用方便、录制时间长,图像质量比广播和专业用录像机差,但能满足一般非专业需要。如 DV 系列等。

(4) 特殊用途用录像机。这类录像机主要用于航天探测、商业监视、图像通信等领域。

2. 按磁带宽度或带盒形式分

(1) 2 英寸磁带录像机。如 Ampex 的 VR-1500、JVC 的 9000 系列。

(2) 1 英寸磁带录像机。1 英寸录像机又称开盘式录像机,如 Ampex 的 VPR-2B、VPR-20B 等。

(3) 3/4 英寸磁带录像机。如 SONY 的 VO-585OP、BVU-150P(背包机)、D-1、D-2 数字格式录像机也用 3/4 英寸带。

(4) 1/2 英寸磁带录像机。使用 1/2 英寸磁带的录像机有以下几类:

① VHS 系列大 1/2 录像机,代表机型有松下 HD-500、SD-50、PD-92 等;

② Betamax 系列小 1/2 录像机,代表机型有 SONY SL-C5CH 等;

③ S-VHS 系列录像机,代表机型有 JVC SR388 等;

④ Betacam 系列,如 SONY BVW-75、PVW-2800、UVW-1800 等;

⑤ MⅡ系列,有松下的 AU-650、AU-400 等;

---

① 杨晓宏,刘毓敏.电视节目制作系统[M].北京:高等教育出版社,2005.
② 梁小山,刘元春,王凤梅.电视节目制作(技术类)[M].北京:中国广播电视出版社,2000.
③ 杨晓宏.数字电视节目制作技术[M].北京:国防工业出版社,2013.

⑥ D-3、D-5 数字格式录像机。

(5) 8 毫米磁带录像机

(6) 1/4 英寸磁带录像机

3. 按扫描方式分

按扫描方式分主要有横向扫描录像机和螺旋扫描录像机两大类。横向扫描是指磁头几乎垂直于磁带扫描,其视频磁迹几乎垂直于走带方向,故称横向扫描录像机,如图 3.1(a)所示;螺旋扫描是指磁鼓相对磁带做螺旋运动,其磁迹是一条倾角很小而线段较长的斜直线,由于磁带按螺旋形式绕在磁鼓上,故称螺旋扫描录像机,如图 3.1(b)所示。①

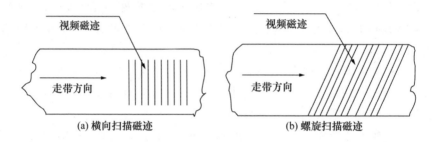

图 3.1　扫描磁迹

4. 按对信号的处理方式分

按对信号的处理方式分主要有模拟方式和数字方式。所谓模拟方式,是指把模拟信号直接调频之后记录在磁带上;而数字方式是指先把模拟信号通过 A/D 转换器,变成相应的数字信号,再经过调频之后记录在磁带上,在重放时,经过解调,再通过 D/A 转换器把数字信号重新还原为模拟信号。模拟方式与数字方式又可分为模拟复合方式、模拟分量方式(简称分量方式)及数字复合方式和数字分量方式四种。在模拟分量方式中,又包括色度直接记录方式和色度降频记录方式。如图 3.2 所示。②

---

① 梁小山,刘元春,王凤梅.电视节目制作(技术类)[M].北京:中国广播电视出版社.2000:140~141.

② 梁小山,刘元春,王凤梅.电视节目制作(技术类)[M].北京:中国广播电视出版社.2000:142~143.

第三章 数字录像机

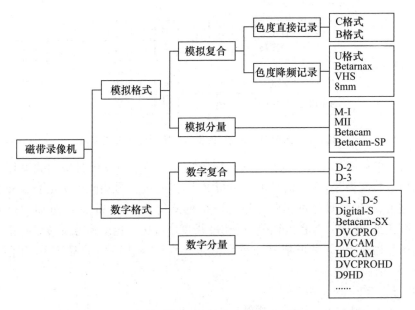

图 3.2 录像机按信号处理方式分类

(1) 模拟复合色度直接调频记录方式。是指把彩色全电视信号作为一个整体(包括亮度信号和色度信号),进行放大、滤波、预加重和调频之后,送入视频旋转磁头,记录在磁带的视频磁迹上。记录在同一条视频磁迹上的信号,既有亮度信号又有色度信号。这种记录方式对录放系统的频带要求较宽,对机械系统和伺服系统的精度要求较高,所以机器的构造复杂,体积较大,价格昂贵。但由于图像质量较高,曾广泛地应用于广播电视系统。

(2) 模拟复合色度降频记录方式。这种记录方式,首先把彩色全电视信号中的亮度信号和色度信号分离开来,对亮度信号(即 Y 信号)进行调频,而对色度信号进行降频(通常为 1 MHz 以下),最后把两者混合起来送入视频磁头记录在一条磁迹上,记录在同一条磁迹上的为已调频的亮度信号和降频的色度载波信号,亮度信号调频、色度信号降频记录方式的原理如图 3.3 所示。[①] 这种记录方式,对录放系统的通频带要求不太宽,机械系统及伺服精度也要求不高,体积小,重量轻,均采用盒式磁带(Ω 绕带,两磁头,场不分段方式),价格适中,在广播、业务和家用领域中获得广泛应用。

---

① 杨晓宏,刘毓敏.电视节目制作系统[M].北京:高等教育出版社,2005:64~65.

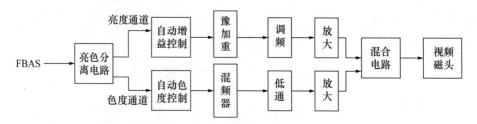

图 3.3　亮度信号调频、色度信号降频记录方式原理

（3）模拟分量记录方式。这种记录方式把彩色全电视信号中的亮度信号和色度信号分离开来,亮度信号进行调频之后,由亮度信号旋转磁头记录在亮度信号磁迹上;色度信号经过解码还原为两个色差信号 R-Y 和 B-Y,进而通过时间轴压缩变换,形成一个色度信号,再经过调频之后送入色度信号旋转磁头记录在色度信号磁迹上,即亮度信号和色度信号分别记录在不同的磁迹上,如图 3.4 所示。[①]

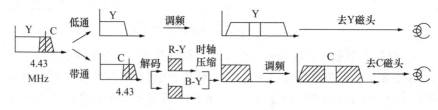

图 3.4　分量模拟记录方式

（4）数字记录方式。数字记录方式分为数字复合记录方式和数字分量记录方式两种。有压缩的和非压缩的,其格式也是多种多样,各有特点;在亮、色信号的处理上有 4∶2∶2、4∶2∶0、4∶1∶1 之分;压缩方式上有场内 DCT、帧内 DCT 和 MPEG-2 等。

5. 按视频录放磁头的数目分

按照视频录放磁头的数目分主要有单磁头、1.5 磁头、双磁头、三磁头、四磁头等几种形式。有些录像机也有采用六磁头甚至八磁头式的,但都是为了实现"静像"或"慢放"时加强跟踪效果而增加的磁头,与这里讲的专用视频录放磁头是完全不同的。

6. 按绕带方式分

录像机按照绕带方式分主要有 Ω、α、β 及 M 等几种形式。

---

① 孟群.电视节目制作技术[M].北京:高等教育出版社.2005:91～92.

7. 按功能分

按功能分主要有放像机、录放像机、编辑录像机等。另外，根据使用环境的不同，人们还把录像机分成台式和便携式录像机等。为了与摄像机实现一体化，还专门生产了能与摄像机组成摄录机的录像机（又称录像头）。

8. 按电视制式分

按电视制式分主要有 PAL、SECAM、NTSC3.58、NTSC4.43 等。高清录像机有 1080/60i、1080/60P、1080/24P、1080/50i、1080/50P、1080/30P 等多种格式，部分录像机属于多制式或多格式的。

9. 按清晰度等级分

按清晰度等级分主要有标准清晰度录像机和高清晰度录像机两大类。标准清晰度录像机主要指清晰度一般在 250～550 电视线之间的录像机；高清晰度录像机是指高清晰度电视体制下的录像机，如 SONY 公司的 HDW-F500 高清多格式演播室录像机等。

10. 按信号记录载体分

（1）数字磁带录像机。采用数字录像带作为存储介质的视音频记录设备。

（2）光盘录像机。用光盘来代替数字录像带作为存储介质的视音频记录设备，光盘又分为 CD-R 和 CD-RW 两种：CD-R 只能记录一次，不能再擦写；而 CD-RW 则可以多次重复擦写，每张 CD-R 光盘的记录容量为 650 M，DVD 是在光盘的基础上发展而成的，其容量为 4.7 GB。

（3）硬盘录像机。以计算机硬盘作为存储介质的视音频记录设备，与光盘相比，硬盘可擦写次数多、读写速度快、容量大。

11. 按记录格式分

（1）全数字记录录像机。全数字记录录像机是以原有码率直接记录输入信号，保持了信号的原有水平，为无损记录。在全数字记录格式中，最早诞生的专业数字录像机 D-1 格式最具有影响力，除 D-1 格式外，还有 D-2、D-3、D-5 格式的数字录像机，其中 D-2、D-3 为复合记录格式，D-5 采用了分量记录格式。全数字记录的录像机，图像质量很高，信号损失最小，但由于图像信息数据量很大，对机器硬件的要求极其苛刻，价格非常昂贵，因而未得到广泛应用。

（2）码率压缩记录录像机。码率压缩记录数字录像机采用了数字压缩技术，大大减少了记录的数据量，降低了设备成本，从而被广泛接受。采用码率压缩记录格式的数字录像机，主要有数字 Betacam 格式、Digital-S 格式、Betacam-SX 格式、MPEG-IMX 格式、DVCPRO 格式、DVCAM 格式和家用 DV 格式等。

第二节 数字录像机的记录格式

随着数字视频压缩技术的发展,使得录像机在图像和声音的录放质量、多代复制性能、体积和记录密度等指标方面得到了很大的提高,先后出现了不同格式的录像机,下面对常用的数字录像机记录格式作一简要介绍。

一、标清数字录像机记录格式

1. 全数字记录格式

(1) D-1 格式数字录像机

D-1 格式录像机是 SONY 公司 1987 年推出的数字分量格式录像机,可以直接记录符合 CCIR 601 建议书中规定的分量数字视频信号和 AES/EBU 格式的数字音频信号。因此,它是根据节目制作和广播电视部门的高画质要求而开发的第一代数字录像机,数据率高,磁带和整机价格昂贵。在此之前,高质量的节目制作大都使用 1 英寸 C 格式开盘录像机。D-1 格式录像机采用 3/4 英寸氧化物磁带,视频信号采用 4∶2∶2 取样,8 bit 量化,取样频率为 13.5 MHz,码率为 173 Mb/s,总码率为 225.3 Mb/s。D-1 格式的音频有四个独立的通道,采用 48 KHz 取样、24 bit 量化的数字声音信号及其他数据信号,数据码率为 3.072 Mb/s。视频信号的编码采用全比特方式,记录的信息量很大,每秒需要记录 600 条磁迹,这样每场信号要记录到多段磁迹上,磁带的消耗量大,但图像质量好,多次复制后图像质量也不会下降。D-1 格式的录像机体积大、耗电量高、价格昂贵,在我国没有推广使用。D-1 格式盒式录像带分大、中、小三号。

(2) D-2 格式数字录像机

D-2 格式录像机是由美国 Ampex 公司和日本 SONY 公司联合制定的数字复合格式录像机标准,其数码率仅为分量数字录像机的一半,磁带消耗量也较小,可以用来取代模拟复合 C 格式录像机,它具有 C 格式录像机所有的功能,同时又具有复制多代不会出现明显质量下降的优点。为了减少机械结构的复杂性并降低价格,D-2 格式采用两个记录通道方式,而不是像 D-1 格式那样采用 4 个记录通道方式,磁迹包括 1 段视频磁迹和 4 段音频数据磁迹,另外还有三条纵向磁迹,分别为控制磁迹、时码磁迹及参考磁迹,但仍采用 3/4 英寸盒式带,记录时间为 208 分钟、94 分钟和 32 分钟,采用 4∶0∶0 采样,8 bit 量化,数据率为 14.3 Mb/s,总的记录码率为 127 Mb/s,音频信号每路的取样频率为 48 KHz,20 bit 量化。设计过程中,还尽量使 D-2 格式的信号处理与 D-1 格式相类似,以减少对新集成电路的需求,但 D-2 格式不能与 D-1 格式兼容,它以经济实用为第一目的。

(3) D-3 格式数字录像机

D-3 格式录像机是 1991 年由松下公司推出的 1/2 英寸数字复合录像机,由于采用了 1/2 英寸金属磁带,从而实现了小型化及与摄像机的一体化。D-3 格式也用在取代 1 英寸 C 格式录像机。D-3 格式数字录像机与 D-2 格式相似,采用数字复合方式记录 8 bit 量化的视频,视频录放带宽 6 MHz,码率为 94 Mb/s,总记录码率为 125 Mb/s。视频信号记录过程是经过 A/D 转换成为数字信号,在记录前进行各种数字处理,包括交织、误码校正和掩错,然后和音频信号混合,再进行并(串)转换后送到记录放大器,具有 4 声道 20 bit 量化、48 KHz 采样的数字音频。另外,D-3 格式具有非常好的慢动作功能、低功耗及体积小等优点,在转播车中得到了广泛应用。

(4) D-5 格式数字录像机

D-5 格式录像机是 1993 年由松下公司推出的高质量和高性能的数字分量录像机,记录码率最高达 300 Mb/s。D-5 也保持了 D-3 的一些优点,如使用旋转消磁头、在编辑点加保护带等。D-5 格式有 4∶3 和 16∶9 两种模式,在 4∶3 模式中视频信号采用 4∶2∶2 取样标准,取样频率为 13.5 MHz,10 bit 量化;在 16∶9 模式中,视频信号采用扩展的 4∶2∶2 取样标准,取样频率为 18 MHz,8 bit 量化。由于 D-5 格式采用的带盒、走带机构、磁鼓转速、磁迹宽度、数据处理系统、通道编码方式和纠错编码方式与 D-3 格式相同,因此,D-5 格式在设计上保留了与 D-3 格式的兼容性,即 D-5 格式通过将带速降低一半,可兼容重放 D-3 格式的节目带。D-5 格式具有可记录压缩比为 4∶1 的 HDTV 信号和 16∶9 宽屏幕信号的能力。

2. 码率压缩记录格式

(1) 数字 Betacam 格式录像机

数字 Betacam 格式录像机由 SONY 公司于 1993 年研制成功,主要用于电视台的节目制作,它与 Betacam-SP 模拟分量格式录像机兼容,使用 1/2 英寸磁带。视频信号取样频率为 4∶2∶2,其中亮度信号 Y 取样频率为 13.5 MHz,两色差信号 U 和 V 取样频率均为 6.75 MHz,视频采用 DCT 的帧内压缩方式,压缩比为 2∶1,记录码率为 88 Mb/s,10 bit 量化数字分量,信噪比可达 62 dB;音频信号具有 4 通道,取样频率为 48 KHz 采样,20 bit 量化。与 D-1 格式相比记录的信息量较少,磁带消耗量也少,价格仅相当于数字分量录像机的一半,也比 D-2、D-3 更加便宜。

(2) DV 格式录像机

DV 格式是由索尼、松下、JVC、飞利浦等世界知名公司于 1993 年共同制定的家用数字录像机格式,该格式视频信号采用 4∶2∶0 取样、8 bit 量化和 DCT 帧内压缩方式,压缩比为 5∶1,记录码率为 25 Mb/s,信噪比可达 54 dB。音频可采用 48 KHz、32 KHz 或 44.1 KHz 采样、16 bit 量化的双声道立体声方式,也可采用 32 KHz 采样、12 bit 量化的四声道立体声方式。DV 格式录像机采用 1/4 英寸金属磁带,同时设有 IEEE1394 接口,可将音频信号输出到其他 DV 摄录机、编辑机和非线性编辑机中;DV 格式磁带可在 DVCAM、DVCPRO 格式机上重放。DV 格式的特点是带盒小、机芯小、记录密度大、电路集成度高,便于生产体积小、机动灵活的一体化摄录机。松下公司和 SONY 公司先后在民用 DV 格式的基础上,分别开发出用于专业级的数字录像机格式 DVCPRO 和 DVCAM。

(3) Digital-S 格式录像机

Digital-S 是日本 JVC 公司于 1995 年 4 月推出的一种新型广播专业级数字分量录像机,它是在 S-VHS 技术的基础上,开发的具有高效编码技术的录像标准,它可以重放 S-VHS 的图像信号,1998 年 Digital-S 格式被正式命名为 D-9 格式。视频信号采用 4∶2∶2 取样标准,图像信号取样频率为 13.5 MHz,8 bit 量化,记录码率定为 50 Mb/s,使用 DCT 帧内压缩方式,压缩比为 3.3∶1,音频信号的取样频率为 48 MHz,16 bit 量化,可记录 4 路数字音频信号。可以保证经过多代编辑、特技,以及各种视频处理后,图像依然清晰。同时由于使用了 VHS 走带机构,具有较低的价格及与 S-VHS 兼容重放的特点。

(4) DVCPRO 格式录像机

DVCPRO 是松下公司在 DV 格式基础上于 1996 年推出的专业用数字分量录像机格式。DVCPRO 格式用于标清广播电视系统的模式有两种:DVCPRO25 模式和 DVCPRO50 模式。1999 年推出了更高级的产品 DVCPRO100,又称为 DVCPROHD,向高清晰度电视领域发展,DVCPRO 系列录像机可满足广播级和专业级应用的需要。

在 DVCPRO25 模式中,视频信号采用 4∶1∶1 取样,8 bit 量化,采用 DCT 帧内压缩,压缩比为 5∶1,记录码率为 25 Mb/s,使用 1/4 英寸磁带,信噪比大于 54 dB,具有 2 通道 48 KHz 采样、16 bit 量化的数字音频信号。

在 DVCPRO50 模式中,视频信号采用 4∶2∶2 取样,8 bit 量化,采用 DCT 帧内压缩,压缩比为 3.3∶1,记录码率为 50 Mb/s,使用 1/4 英寸磁带,信噪比大于 54 dB,具有 4 通道 48 KHz 采样、16 bit 量化的数字音频信号。

DVCPRO 能提供 4 倍正常速度的数据传送到其他设备,并提供远比模拟分量录像机更好的图像质量、声音质量和多代编辑能力。DVCPRO 重量轻,小型,具有超级可移动性,采用 IEEE1394 接口,可与其他视频设备及非线性编辑设备连接,特别适用于新闻采集,能实现现场编辑或移动编辑。

(5) DVCAM 格式录像机

DVCAM 也是在 DV 格式基础上,由日本 SONY 公司于 1996 年推出的专业用数字分量录像机格式。和 DVCPRO 一样,其目标是高画质、小型、轻便和低价格。DVCAM 不仅是一种专业级录像格式,也是一种非线性摄录编系统。数字摄像机、DVCAM 格式录像机及非编工作站之前的信号传输,采用专为 DVCAM 开发的用 4 倍速传送的数字接口 QS-DI,输送中不需要解压和再压缩,不需要模/数、数/模转换,大大减少了信号在转换过程中造成的劣化,并能够兼容民用 DV 摄录机拍摄的磁带,方便搜集新闻素材。DVCAM 视频采用基于 DCT 的 5:1 帧内压缩,4:2:0 取样,8 bit 量化,记录码率为 25 Mb/s,信噪比大于 54 dB,具有 2 通道 48 KHz 采样、16 bit 量化的数字音频信号。使用 1/4 英寸金属微粒磁带,与家用 DV 格式双向兼容。

(6) Betacam-SX 格式录像机

Betacam-SX 是 SONY 公司推出的一种专业级数字录像机格式,它采用了 MPEG-2 4:2:2P@ML 的帧间压缩算法,8bit 量化,在保证高图像质量的同时有较高的压缩比(10:1),配合硬盘的机型可以现场进行非线性编辑,配备 SDDI (Serial DIGITAL Data Interface)接口的录像机可用同轴电缆以四倍重放速度传送记录的数据。Betacam-SX 格式的录像机向后兼容性较好,但开放性较差,价格也较高。Betacam -SX 采用的磁带尺寸与 Betacam-SP 一样是 1/2 英寸。Betacam-SX 可以重放模拟 Betacam 氧化物带和金属带上的素材,并将其数字化,以进行非线性编辑。采用 4 通道 48 KHz 采样、16 bit 量化的数字音频。

(7) MPEG-IMX 格式录像机

MPEG-IMX 格式是 SONY 公司为满足对 MPEG-2 视频制作不断增长的需求而推出的一款录像机产品,它采用 MPEG-2 的 4:2:2P@ML 帧内压缩方式,视频数码率为 50 Mb/s。它通过 SDTI-CP 接口传输 MPEG 比特流数据,以确保较高品质的数字后期制作。MPEG-IMX 格式采用 4:2:2 采样,8 bit 量化,MPEG-I 帧内压缩,磁带采用 1/2 英寸金属带,MPEG-IMX 格式可记录八通道数字声音,取样频率为 48 KHz,16 bit 量化,或者记录四个通道,取样频率为 48 KHz,24 bit 量化。MPEG-IMX 格式录像机有输入和输出 MPEG 基本流的接口(SDTI-CP 接口),能和其他的 MPEG 设备,如非线性编辑、服务器,直接传输数据。

3. 数字录像机格式比较

常见数字录像机记录格式的主要技术参数,如表 3.1 所示。[①]

表 3.1　常用数字录像机格式参数比较表

格式参数	Betacam-SX	数字Betacam	DVCPRO 25	DVCPRO 50	DVCAM	数字-S	MPEG-IMX	DV
亮度信号取样频率/MHz	13.5	13.5	13.5	13.5	13.5	13.5	13.5	6
Y/R-Y/B-Y 取样比	4:2:2	4:2:2	4:1:1	4:2:2	4:2:0	4:2:2	4:2:2	4:2:0
量化比特/bit	8	10	8	8	8	8	8	8
压缩方式	帧间压缩	帧内压缩	帧内压缩	帧内压缩	帧内压缩	帧内压缩	帧内压缩	帧内压缩
压缩比	10:1	2:1	5:1	3.3:1	5:1	3.3:1	3.3:1	5:1
数据率/(Mb/s)	18	88	25	50	25	50	50	25
磁带兼容	BetacamSP	BetacamSP	DV	DV DVCPRO	DV	S-VHS	Betacam 各系列	
磁带宽度/mm	12.65	12.65	6.35	6.35	6.35	12.65	12.65	6.35
磁迹宽度/μm	32	26	18	18	15	20	21.7	10
音频参数	16 bit 48 KHz 4 通道	20 bit 48 KHz 4 通道	16 bit 48 KHz 2 通道	16 bit 48 KHz 4 通道	16 bit 48 KHz 2 通道	16 bit 48 KHz 4 通道	16 bit 48 KHz 8 通道	16 bit 32 KHz 2 通道

(1) 图像质量

对电视制播系统来说,图像质量放在首位。数字录像机的图像质量要达到 ITU-R BT.601 建议所规定的演播室数字视频标准。从表 3.1 可以看出:

① 取样频率。作为数字视频信号(亮度信号),其取样频率标准应该为 13.5 MHz,这是 CCIR 601 所规定的取样频率,基本上是色副载波的 4 倍,上述录像机都符合要求。

② 量化比特。作为数字视频信号,其量化比特至少为 8 bit,CCIR 601 最后修改为 10 bit,上述录像机除数字 Betacam 之外,其余都是 8 bit,但它们可以修改为 10 bit。

③ 取样比。ITU-R BT.601 规定亮度信号 Y 与色度信号 R-Y、B-Y 的取样比为 4:2:2,这是衡量数字视频信号是否达到广播级的重要标准,DVCPRO25、DVCAM、DV 不符合广播级的要求,且与大多数数字切换台和特技机不兼容。

---

① 杨晓宏.数字电视节目制作技术[M].北京:国防工业出版社,2013:112～113.

④ 压缩标准、压缩率和数据率。Digital-Betacam 的磁带记录性能最好,压缩比最小,数码率最高(88 Mb/s),具有最佳的图像质量和多代复制能力,MPEG-IMX、DVCPRO50、Digital-S 也有较高的码率,图像质量较好,而 Betacam-SX 和 DVCAM 稍差。

(2)兼容性

MPEG-IMX 的兼容性最强,可以兼容 Betacam-SP、Betacam-SX、Digital-Betacam 格式,松下公司的 DVCPRO50、DVCPRO25 和 DV 格式之间的兼容性也较好。

二、高清数字录像机记录格式

2003 年 9 月,佳能、夏普、索尼及 JVC 四家公司联合宣布了 HDV 标准。HDV 是一种视频格式,用于在标准 DV 媒体上记录高清晰度的 MPEG-2 的视频,HDV 格式包含两种规格,一种是逐行扫描的 720P(1280×720),另一种是隔行扫描的 1080i(1440×1080),通过 1394 接口传输的 HDV 数据流格式为标准的 MPEG-2TS,使用一个足够小的数据流来适应标准的 DV 磁带。HDV 格式的摄录机主要机型有索尼的 HDR-FX1E、HVR-Z1C 和 HDR-HC1,JVC 的 GY-HD101EC,佳能的 XL-H1 等。[1]

高清晰度电视与标准清晰度电视相比,由于图像分辨率成倍地提高,可采用 16:9 的大屏幕播映,再加上彩色色域的扩展,立体声或环绕声的伴音,使电视节目具有更强的感染力,可视性大大增强。高清数字录像机记录格式同样有非压缩和码率压缩之分。

1. 非压缩高清数字录像机记录格式

非压缩的 HD 录像机非常少,1993 年德国 BTS 公司推出了第一台全带宽 HDTV 录像机 DCR-6000,采用磁带记录无压缩信号。随后菲利普和东芝公司合作推出了 Voodoo HDTV 录像机,Voodoo HDTV 录像机使用 D6 格式,8 bit 量化,4:2:2 格式采样,同时有 10 声道音频,数据率超过 1 Gb/s。SONY 公司推出的全带宽非压缩 HD 录像机 HDD-1000,码率为 1.2 Gb/s,采用 1 英寸金属离子磁带,这种磁带的价格非常昂贵(1 500 美元/小时)。

2. 码率压缩高清数字录像机记录格式

目前流行的高清数字信号记录格式有三种:SONY 的 HDCAM、松下的 D5-HD 和 DVCPRO HD。

---

[1] 杨晓宏. 数字电视节目制作技术[M]. 北京:国防工业出版社,2013:114~115.

HDCAM 采取 4∶2∶2 采样、8 bit 量化、帧内压缩,压缩比 4.4∶1,码率 140 Mb/s(1080i/60i)。具有 4 声道 48 KHz 采样、20 bit 量化的数字音频。HDCAM 格式采用 1/2 英寸金属磁带,最长记录 124 分钟,是高清版本的 Digital-Betacam。HDCAM 格式以其优异的图像质量、稳定可靠的性能、兼容性好以及合理的价格成为高清格式中最普及的格式,主要用于演播室和节目的后期制作。2002 年 SONY 又推出 HD-CAM SR,与 HDCAM 相比,HD-CAM SR 采用 4∶2∶2 分量或 4∶4∶4 全带宽记录、10 bit 量化,码率达到了 440 Mb/s 或 880 Mb/s,采用 4∶2∶2 取样时视频压缩比只有 2.7∶1,4∶4∶4 RGB 取样时其压缩比为 4∶1。

D5-HD 是松下公司在 D-3 格式的基础上开发而成的,记录码率最高可达 300 Mb/s。D5-HD 格式采用 4∶2∶2 采样和全带宽(Y 信号 30 MHz、PR、PB 信号各 15 MHz)10 bit 量化,基于场内 DCT 压缩,总视频码率约 235 Mb/s。

DVCPRO HD 视频采用 4∶2∶2 采样、8 bit 量化、帧内压缩,码率 100 Mb/s。压缩比为 6.7∶1。具有 8 声道 48 KHz 采样、16 bit 量化的数字音频。DVCPRO HD 格式采用 1/4 英寸金属磁带,标准磁带最长记录时间 46 分钟,可使用 DVCPRO 系列磁带。

除了这三种高清格式以外,JVC 公司也推出了基于 D-9 格式的高清记录格式 D9-HD。高清数字录像机的主要性能参数,如表 3.2 所示。[①]

表 3.2 高清数字录像机主要性能参数

记录格式	DVCPRO HD (D7-HD)	D5-HD	D9-HD	HDCAM	HDD-1000	D6
格式	1080i,1035i	1080i,720P,1080P24	1080i,720P,1080P34	1080i,720P,1080P24	1125i	1080i,1080P24
码率	100 Mb/s	235 Mb/s	100 Mb/s	135 Mb/s	1.2 G/s	1.5 G/s
采样结构	4∶2∶2 Y=1 280 C=640	4∶2∶2 Y=1 920 C=960	4∶2∶2 Y=1 280 C=640	4∶2∶2 Y=1 440 C=480	4∶2∶2 Y=1 920 C=960	4∶2∶2 Y=1 920 C=960
压缩比	6.7∶1	4∶1(8 bit) 8∶1(10 bit)	6.6∶1	4.4∶1	无压缩	无压缩
磁带宽度	1/4 英寸	1/2 英寸	1/2 英寸	1/2 英寸	1 英寸	3/4 英寸

---

① 杨晓宏.数字电视节目制作技术[M].北京:国防工业出版社,2013:114.

第三节　数字磁带录像机的基本组成及工作原理

一、数字磁带录像机的基本组成

数字磁带录像机主要由磁头系统、视频信号处理系统、音频信号处理系统、机械与控制系统以及伺服系统等几部分组成,如图 3.5 所示。[①]

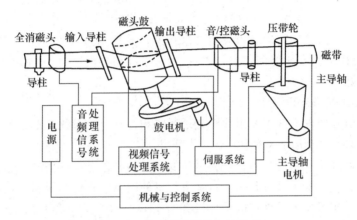

图 3.5　数字磁带录像机的组成

1. 磁头系统

数字磁带录像机的磁头系统包括:磁头鼓组件、音频/控制磁头组件、全消磁头组件,其中最重要的是磁头鼓组件,视音频信号的记录和重放必须通过它来实现。数字磁带录像机的磁头系统包括:

(1) 视频磁头。实现磁记录的电磁能转换器件叫视频磁头。由于磁头记录和重放的视频信号属于短波长记录,故视频磁头工作缝隙宽度非常窄,磁头与磁带的相对速度为每秒几米到几十米。在这样高频、高速的使用条件下,磁头材料必须选用具有高导磁率且导磁率的高频特性好、饱和磁感应强度大、剩磁强度小、矫顽力小、高频损失小、耐磨性好的软磁性材料。

(2) 音频/控制(A/C)组合磁头。A/C 组合磁头具有音频录放与控制信号录放功能的组合式磁头,组合在同一垂直位置,两个音频磁头在上部,分别录放左、右音频信号(立体声)或不同的音频信号;控制磁头在下部,专门用来录控制信号(简称 CTL 信号)。录制的磁迹分布在磁带的上下两边缘。

---

① 杨晓宏,刘毓敏. 电视节目制作系统[M]. 北京:高等教育出版社,2005:63.

为了提高音频信号的质量,有的录像机除安装固定音频磁头外,还配有旋转音频磁头,即把音频磁头安装在视频旋转磁鼓上,以提高录音磁头的记录速度,进而提高音频的录制质量。

(3) 垂直全消磁头。录像机的磁迹是平面分布的,整个磁带面上录满了各种信号的磁迹。采用全消磁头,当磁带经过磁头时,以垂直于磁带行走的方向消除已记录的全部磁迹(包括上边缘的音频磁迹和下边缘的 CTL 磁迹)。

(4) 旋转变压器部件。旋转变压器是将变压器的次级线圈包括一半磁芯与上磁头鼓一起旋转,另一半初级绕组则固定在下磁头鼓上与电路连接,信号通过变压器初级与次级之间的磁力线耦合来传递。虽然变压器被分为两部分,不直接接触,但磁力线在磁路间仍然往来自如,由于没有机械接触,因而无接触噪波,可靠性很好。

2. 视频信号处理系统

视频信号处理系统主要由视频记录系统和视频重放系统两部分组成。

(1) 视频信号记录系统

视频信号记录系统的主要任务是将要记录的彩色全电视信号经过必要的变换和处理后馈入视频录放磁头。数字录像机的记录方式有非压缩格式和压缩格式两大类。非压缩记录格式的录像机有 D-1、D-2、D-3、D-5 等系列,它对原有信号码率直接记录,保持了信号的原有水平,为无损记录。其中 D-1、D-5 为数字分量格式,D-2、D-3 为数字复合格式。它们代表了录像机的最高标准,图像质量最高,信号损失最小,但由于图像信号数据量很大,对机器硬件的要求极其苛刻,因此价格非常昂贵,产品问世后仅有少数对画质要求极高的广告公司等单位少量使用,在国内各电视台未能推广。

压缩记录格式的基本思想是,在保证图像质量没有明显降低的前提下,采用压缩技术来降低码率,从而降低信号处理、记录的难度及成本,在此基础上实现了全数字化的处理,极大地提高了节目的制作质量,为电视台设备由模拟向数字过渡提供了技术上和经济上的可能性。目前,采用压缩记录格式的数字录像机均采用分量处理方式,主要机型有 SONY 的 Digital-Betacam、Betacam-SX、MPEG-IMX、DVCAM,松下的 DVCPRO、DVCPRO50 和 JVC 的 Digital-S 等。

输入信号首先根据 ITU-R BT.601 标准,进行 A/D 转换,变换为亮度分量信号 Y、色差分量信号 Cr、Cb,然后对数据进行压缩编码。不同格式码率的数字录像机采用不同格式的压缩编码方式,但它们均是以 DCT(离散余弦变换)为基础进行的。经压缩后的数据流再送到纠错编码电路进行纠错处理,以降低误码率。由于数字基带信号包含有频率过高和接近于直流的过低频率分量,不能直接馈送到视频磁头进行磁性记录,因此需要将其频率成分处理到中频范围内,以适合于磁性记录,通道编码电路正是为此目的而设置。经过以上环节处理的数字信号再进入记录放大器放大到规定的幅度后反馈给视频录放磁头进行磁性记录。

(2) 视频信号重放系统

重放是记录的逆过程,无论哪种记录方式所记录的磁带,在重放时都要首先经过视频录放磁头将其转换成为电信号,然后按照记录的相反程序进行必要的放大、解码、还原、补偿和校正,最后输出符合要求的彩色全电视信号、分量信号或数字信号。

3. 音频信号处理系统

由于录像机的带速较低,音频信号纵向记录方式不能保证良好的音质,因此,一些高保真录像机采用了旋转磁头记录音频信号,如调频录音(AFM)和脉冲编码调制(PCM)录音,它们是把音频信号经过频率调制或脉冲编码调制等处理后,用旋转磁头对音频信号进行录放,以改善音频信号的录放幅频特性,从而达到提高音质的目的。

4. 机械及控制系统

数字磁带录像机的机械及控制系统是由磁头鼓组件、主导轴组件、音控磁头组件、带盘机构、穿带机构及其驱动与控制电路等部分组成,其主要任务是驱动磁带按规定的速度和路径运行,并能对各种运行状态进行控制和切换。①

(1) 磁头鼓组件。为了能让视频磁头高速旋转,一般是将视频磁头安装在一个圆形的鼓上,称之为磁鼓。磁鼓分为上下两部分,视频磁头安装在上磁鼓上并能在磁鼓电机的驱动下高速旋转,下磁鼓固定不动,上下磁鼓之间的信号耦合通过旋转变压器来完成。记录时,磁带包绕在磁鼓上低速运行,从记录放大器输出的记录电流通过旋转变压器耦合到视频磁头,视频磁头随着上磁鼓高速旋转并扫描磁带,从而在磁带上留下视频磁迹。重放时,磁带以与记录时同样的速度和方式包绕在磁鼓上低速运行,视频磁头也同样随着上磁鼓高速旋转并扫描磁带上的视频磁迹从而取得重放电信号,再将视频磁头取得的电信号通过旋转变压器耦合到下磁鼓并送往信号处理电路。

(2) 主导轴组件。主导轴组件主要由压带轮、主导轴及驱动电机等几部分组成,其主要任务与磁带录音机的主导轴组件相同,就是拉动磁带按规定的速度运行。无论是记录或重放,主导轴都在主导电机的驱动下按规定的速度旋转,与

---

① 杨晓宏,刘毓敏.电视节目制作系统[M].北京:高等教育出版社,2005:67~68.

此同时，由橡胶材料做成的压带轮将磁带紧紧压贴在主导轴上，随着主导轴的旋转，压带轮与磁带因摩擦力而被带动，从而拉动磁带按规定的速度运行。

（3）音控磁头组件。对于音频信号纵向记录的录像机来说，音频磁迹按纵向的方式分布在磁带的一个边沿，音频磁头是一个与录音机类似的固定磁头，由于录像机的伺服电路需要控制磁迹（CTL）作为基准信号，该磁迹也按纵向的方式记录在磁带的另一个边沿，因此控制磁头也是一个与音频磁头类似的固定磁头。实际上，人们往往将控制磁头与音频磁头做在一个支架上，从而构成了音控磁头组件。

对于具有编辑功能的录像机来说，为了配音的需要，音控磁头组件上还安装有音频消磁头。对于具有调频录音（AFM）和脉冲编码调制（PCM）录音功能的录像机来说，其声音信号的录放采用了旋转磁头。

（4）带盘机构。带盘机构的主要任务是为磁带带盘的运行提供动力，使录像机完成快进、倒带以及录放时的供带与收带工作。与此同时，带盘机构还要为磁带提供一定的反向转矩，使磁带保持一定的张力，并在停止运行时对带盘进行刹车，以防磁带从带盒内溢出。带盘机构主要由供带盘、收带盘、带盘电机以及必要的靠轮和刹车装置构成。

（5）穿带机构。穿带机构的主要任务是在录像机进入记录与重放等正常的工作状态之前，将磁带从带盒中拉出并送到指定位置，以建立正确的走带路径。穿带机构主要由导柱以及有关传动装置构成，其动力一般由主导电机提供。

（6）控制系统。控制系统主要由微机芯片及外围电路组成，它的主要作用是根据使用者的操作指令对录像机进行电路和机械状态的转换。控制系统包括：

① 操作面板的按钮指令，如放像、录像、暂停、停止、搜索等。

② 遥控盒操作按钮指令输入。

③ 带盒位置检测输入。为了检测带盒的位置，录像机通常用 1～3 个微型开关或光电检测器，分别安装在盒仓周围或下方，检测带盒是否插入带仓的上下位置，检测到的信号作为带仓升降电机的启动、停止与穿带电机起动的指令。

④ 磁带位置检测输入。通常用两个（或三个）光电检测器或一个状态开关来检测穿带和退带是否到位。

⑤ 带头带尾检测信号输入。盒式磁带的带头和带尾分别固定在收带盘和供带盘卷轴上，从快进、记录、正放到带尾，或者从倒带、倒放到带头时，录像机必须能自动检测，以停止运行或自动卷回到带头，防止损坏磁带和电机。一般在磁带的带头、带尾各接一段透明带，并在录像机内安装光电检测装置，利用磁带和

透明带的透光性能不同加以检测。

⑥ 磁带松弛检测信号输入。当控制电路或传动机构发生故障而引起收带盘的转速低于某数值时,使磁带不能及时收入带盒而落入机内,出现磁带松弛,造成损伤。为此,录像机中都设有磁带松弛检测装置,一般是通过检测带盘转速来判断磁带是否松弛。

⑦ 结露检测输入。大多数录像机都设有结露检测电路,微电脑接收到这个检测电路的信号后,就发出停机的控制信号,以保护磁带与磁头。

⑧ 防误抹检测信号输入。当带盒上的防误抹片没被掰下时,按下记录钮,录像机可以进行正常记录,当掰下防误抹片时,不能接通防误抹片开关,微电脑得不到这一低电位,即使按下记录也不能进入记录状态。

⑨ 磁鼓旋转信号和主导轴旋转信号输入。这两个信号来自伺服系统的磁鼓电脑和主导轴电机的测速信号,它们的频率可反映磁鼓和主导轴的实际转速,这两个信号分别送入微电脑,当机械出现故障或者控制电路有毛病引起鼓磁或主导轴旋转不正常与停转时,微电脑就通过对这两个信号的判断,发出相应的控制信号使录像机立即停止运行。

⑩ 带仓升降电机的控制。当磁带盒插入面板的入带窗口时,微电脑要控制盒仓电机工作,将带盒降下进入仓内,同样,当按下"弹出"(EJECT)钮时,微电脑也要启动盒仓电机工作,将带盒送出机外,这两个过程是由微电脑根据带盒开关探测到带盒所在位置来控制盒仓内电机工作的。

⑪ 穿带电机的控制。当录像机从停止状态转到放像状态时,需启动穿带电机将磁带由带盒中勾出并包在鼓磁上;而由放像状态到停止状态,则应将磁带送回带盒,磁带的装、卸载均由微电脑控制;当按下"放像"按钮时,微电脑接收到这个信号后,就由相应脚输出高电平信号,送到电机激励电路,输出电流启动穿带电机旋转,带动穿带机构将磁带从带盒勾出并包在磁鼓上,并且也带动状态开关的滑动片移动;当按下"停止"按钮时,微电脑发出磁带卸载控制信号,启动穿带电机,将磁带送回带盒,卸载过程完成后,微电脑发出磁鼓停止控制信号,使机器处于停止状态。

⑫ 电源的控制。当录像机的电源插头接电后,机内部分电源接通,例如供微电脑、显示器的电源,使其进入工作状态,但录像机的主要电源,如供给电机、操作系统、信号处理系统等的电源仍未接通;当按下面板上的"电源"按钮后,微电脑收到这个信息便由相应的脚输出高电平的控制信号送入稳压电源控制端,使稳压电器进入工作状态输出各种稳定电压,供全机使用。

⑬ 视频系统、音频系统的控制。当录像机在不同的工作状态时,需由微电脑发出相应的控制信号,对视频系统、音频系统进行控制。如在记录状态时,需发出切换信号,使录放开关置于录像位置;在搜索状态时,就需要发出音频输出抑制信号将音频信号通路切断;等等。①

5. 伺服系统

所谓伺服,就是指使某一机械参数(如电机的旋转速度与相位等)保持固定不变或按一定的规律变化的自动控制系统,其目的是让控制对象的某一机械参数保持固定不变或按一定的规律变化,为此,伺服系统必须由一个类似于锁相电路的环路控制系统构成。

录像机采用伺服系统的主要目的是控制磁鼓和主导轴的旋转速度与相位,并使磁带在运行时保持一定的张力,使录像机在记录状态时磁头能按规定的轨迹扫描磁带,重放时磁头能够正确跟踪扫描磁迹。录像机的伺服系统主要包括磁鼓伺服、主导伺服和张力伺服几部分。磁鼓伺服系统主要是由磁鼓电机及其驱动电路、测速装置等部分组成,其主要任务是保持磁鼓电机的旋转速度与相位和基准信号同步;主导伺服系统主要是由主导电机驱动电路、主导电机、测速装置等部分组成,其主要任务是让主导电机的旋转速度与相位和基准信号保持同步;张力伺服系统的控制对象是带盘机构,其主要任务是使磁带在运行时保持一定的张力。

6. 电视接收系统和射频调制器

电视接收系统相当于电视机的调谐器,可使录像机直接接收电视台播出的电视信号。射频调制器可以将录像机内的视频、音频信号调制为射频信号输出,因而方便电视机监视录放像。

二、数字磁带录像机的工作原理

数字录像机的结构原理如图 3.6 所示。②

由图 3.6 可见,数字磁带录像机在记录/重放视频信号时,一般对数字输入信号(PCM 基带信号)进行如下处理:

1. 信源编码

信源编码模块的主要功能是利用高效编码技术降低视频 PCM 基带信号的码率。

---

① 杨圭南.教育电视系统[M].北京:高等教育出版社,1998:184~187.
② 翁志清,陈伟平.数字电视制播系统[M].上海:上海大学出版社,2009:136.

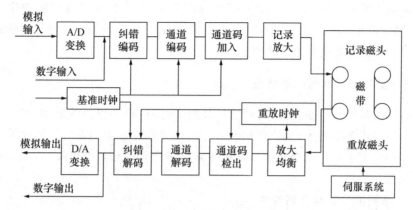

图 3.6 数字录像机结构原理

2. 纠错编码（或信道编码）

受磁带本底噪声、磁粉脱落、头带传输带宽相对于数字视频的码率过窄引起的码间干扰、时钟脉冲抖晃等因素的影响，视频信号在录放过程中会出现误码。纠错编码的主要作用是降低因上述因素导致重放信号在恢复数据序列时出现的误码，从而提高重放信号的信噪比。降低误码率的方法有两类：一是误码较少时，利用纠错码进行直接纠错，即找出错误予以纠正，一般数字录像机采用 RS 码，能有效地校正随机误码和连续误码；二是误码很多、超出纠错码的纠错能力时，利用数字视频信号相邻点的相关性，通过对周围像素内插运算得到预测值来代替出错样点。

3. 通道编码（或信道调制）

通道编码的主要目的是针对磁记录介质的特性，通过对基带 PCM 信号进行码型交换，以适应头带系统的传输特性。数字录像机中视频基带信号通常采用不归零（NRZ）码进行编码。这种码包含有极高频成分和极低频成分，甚至有直流分量。如果直接记录这种码，将会导致频谱的高低端失真。因此，数字视频在记录之前要进行通道编码，将其变成适合于磁性记录的信号码型，以减小记录信号中的高、低频分量，使能量集中在中频范围，满足数字录像机磁性记录的要求。

4. 记录放大和重放均衡

该模块的主要作用是用来精确地形成所需要的脉冲波形以便在重放端消除码间干扰，减少系统的误码率。在高密度数字记录中，为了得到信噪比高的识别波形，精确地形成所需要脉冲波形也是很重要的。记录放大是为了获得最佳记录电流 I_R。在某一固定记录波长下，若 I_R 减小，重放脉冲半幅值宽度 W_{50} 变窄，有利于减小码间干扰;但I_R减小,磁化深度减小,又会使重放输出脉冲高度降低,信噪比降低,失真增大。所以I_R有一最佳值,一般应根据重放信号均衡后能取得最大的信噪比为标准来选择。

三、数字磁带录像机的特点

数字磁带录像机在视频/音频信号处理系统、伺服和控制系统、时基校正等电路中均采用数字技术,其记录在磁带上的信号是数字编码信号。数字技术的特有本质决定了数字磁带录像机具有优异的图像质量和声音质量,主要表现为以下几点:[1]

1. 卓越的录制与复制特性

借助于 8 bit 乃至 10 bit 量化处理以及误码纠错和掩错技术,数字磁带录像机可以得到透明记录和极好的多代复制(非压缩方式 50 代、压缩方式 20~30 代)效果,使节目制作过程中的信号质量得以保持。由于具有优异的多代复制性能,多次制作仍可以保持极高的画面质量。

2. 良好可靠的工作性能

在信号处理、伺服、系统控制等方面,由于采用数字技术,使得数字录像机可以工作在高度稳定、可靠的状态,可以进行无调整操作和故障自我诊断,有利于机器的设计制造和实现标准化,具有耐冲击、耐震动、易于维护和互换性能好等优点。

3. 具有扩展新功能的能力

开发的四倍速数字接口技术(QSDI)可以实现视频、音频数据的高速传输复制,提高效率。编辑录像机的预读磁头技术可以实现单机编辑,与一台编辑放像机组合可以实现 A/B 卷编辑,与具有 QSDI 接口的非线性编辑系统组合可以实现高速数据上传和下载。

第四节　数字录像机的使用、保养及维护

一、数字录像机的使用

数字录像机的种类繁多,结构各异,但使用都大同小异,这里我们对专业标清数字录像机的使用作一介绍,其他机型可以此做参考。

---

[1] 杨晓宏.数字电视节目制作技术[M].北京:国防工业出版社,2013:117.

1. 数字录像机的面板功能和作用

（1）功能操作钮

为了控制磁带运行，录像机面板上有很多相应的操作按钮，例如重放钮（PLAY）、录制钮（REC）、快进钮（FFWD）、倒带钮（REW）、暂停钮（PAUSE）、停止钮（STOP）、弹出钮（EJECT）、编辑钮（EDIT）、组合编辑（ASSEMBLE）、插入编辑（INSERT）、耳机插孔（PHONES）、耳机电平控制旋钮（PHONE LEVEL）、音频输入电平控制旋钮（AUDIO INPUT LEVEL）、计数器复位键（COUNTER RESET）、复制键（DUB）、输入选择键（INPUT SELECT）、计数器选择开关（COUNTER SELECT）、音频监听选择开关（AUDIO MONITOR）、定时器开关（TIME）、遥控/本机开关（REMOTE/LOCAL）、菜单键（MENU）等。

为了使图像的搜索更加灵活，许多录像机都设有一个搜索圆盘，按顺时针或逆时针方向旋转可以控制录像机正向放像或倒放。调整搜索盘的偏转角度，可得到不同的重放速度。圆盘偏转角越大，带速越快，角度越小，带速越慢；圆盘标记处于中间位置时，带速为零——录像机处于放像暂停状态。

（2）输入、输出接口

① RF（输入/输出）接口。许多录像机都有射频输入/输出（RF IN/OUT）插口，RF 信号是视频信号（CVBS）和音频信号（Audio）混合编码生成的一种高频调制信号，采用同轴电缆传输。由于音视频信号之间相互干扰较大，它的视频清晰度是视频信号中最低的，但采用 75Ω 阻抗的线材减少了阻抗不匹配和信号反射对于图像质量的影响，适合于长距离传输。

② AV（输入/输出）接口。又称 RCA 接口（俗称莲花头）。AV 信号是对 RF 信号的改进。一般来说，传输 AV 信号用三根信号线。传输 Video 信号的线头接口用黄色表示，音频信号分为左、右声道，分别用红色和白色表示。由于 Video 信号依旧是将亮度信号和色度信号进行混合传输，因此，也称 Composite 复合视频端口，需要在终端显示设备上对亮度和色度信号进行分离，色度、亮度的相互干扰以及分离过程造成的信号损失使得画面质量受到影响。

③ S-video（输入/输出）接口。称为 S 端子，S-video 接口分别用两条 75 欧的同轴电缆传输模拟视频信号，一条电缆传送亮度信号，另一条电缆传送色度信号。S-video 与 Video 不同的是将亮度和色度信号分开传输，减少了影像在"分离""合成"转换过程中的信号损失，减少了设备内信号干扰而产生的图像失真，能够有效地提高画质的清晰程度。常见的 S-video 接口有 4 针、7 针和 9 针三种。

④ Component 分量（输入/输出）接口。分量端子也叫色差端子，一般利用 3 根信号线分别传送亮色(Y)和两路色差信号(R-Y、B-Y)，这样就避免了两路色差混合编码和分离的过程。其分辨率可达到 600 电视线以上，可以输入多种等级信号，从最基本的 480i 到倍频扫描的 480P，甚至 720P、1080i 等。

⑤ BNC 接口。BNC 电缆有 5 个连接头用于接收红、绿、蓝、水平同步和垂直同步信号。BNC 接头可以隔绝视频输入信号，使信号相互间干扰减少且信号频宽较普通 D-SUB 大，可达到最佳信号响应效果。可将数字信号传送至 150/300 M 以上，模拟可传送 300 M 以上。

⑥ 音频线路、话筒插口。录像机有两个声道(CH-1、CH-2)，可以录放两路声音信号。其线路输入接口一般使用莲花插头座(PHONO 型)，属非平衡式，电平为 $-10\sim-5$ dB。为使音频信号在传输时尽量减少噪声的引入，许多较高档的录像机采用平衡式的三芯插头座(XLR 型或称 CANNON 型)，线路电平为 $+4$ dB。台式机在前面板上还有话筒插座，可连接 6.5 mm 插头(PHONE 型)、输入 -60 dB 电平的话筒信号，话筒插入后可自动断开线路输入的信号。有些便携式录像机因为体积所限，往往话筒与线路合用输入插座，另用一个开关去选择匹配输入的电平。

⑦ 音频监听接口。录像机上有 3.5 mm 或 6.5 mm 双声道耳机插座，插上耳机便可监听声音信号，并设有音量调节旋钮调节耳机音量的大小，有些机器上，声音还可以通过一个监听(AUDIO MONITOR)插座输出。

⑧ 外同步插座。为了与时基校正器连接，一些录像机有外同步输入(EXT SYNC IN)插口以及副载波输入(SC IN)插口，用以连接时基校正器产生的同步信号。

⑨ 遥控插座。台式机都有一个多芯遥控电缆插座(有 9 芯、33 芯、20 芯等)，可连接各式遥控器及编辑控制器。

⑩ DVI 接口。DVI 接口是一种数字化接口，采用 DVI 接口可以将计算机产生的数字信号不加转换地直接传输到 LCD 等数字显示设备中，避免了通过模拟传输方式(如色差端子、RGBHV 端子、VGA 端子等模拟传输方式)传输信号的过程中的数字/模拟转换过程，提高了图像显示质量，但有效传输距离仅有 5 m 左右。

(3) 调节钮

① 跟踪调整钮(TRACKING)。跟踪调整钮又称寻迹钮。在重放录像带时，视频磁头须正确地扫描在倾斜的每条视频磁迹的中心线上，才能拾取到最大的磁信号，若扫到两条磁迹中间的保护带时，图像上就会出现水平方向的噪波

带。由于每台录像机在装配时机械调整的微小差异(控制磁头的位置)会影响到机器间的互换性,所以在重放用其他录像机录制的磁带时,最容易出现这种情况。此时应左右调整跟踪钮,相当于调整主导轴相位伺服电路的相位,直到把噪波带移出屏幕,使图像信噪比最好。如果在这个钮的调整范围中有两个点出现较明显的噪波带,则调在这两点的中间位置时图像的信噪比应是最好的,若机上有跟踪指示表,则调到表针向右的偏转最大时就获得了最合适的跟踪。但是要注意,当这盒磁带重放完毕后以及在录制状态时,跟踪钮都应调回到中心位置。

② 弯曲(歪斜)失真调整钮(SKEW)。一般当录像机正常工作时很少调整SKEW 钮,只有当重放磁带在屏幕上出现弯曲时,或在带头、带尾处图像跳动、同步不稳定时,才调整该钮,以改变所重放磁带的张力,减轻或消除这些现象。录制时应把该钮恢复到中间位置。许多机器在普通录制时该钮可自动复位,但在编辑录制时不能自动复位,还需手动。

③ 彩色锁相调整钮。随机器不同,此钮有旋钮式和三位置拨动式,一般在后面板上。当放像时屏幕上的图像失去彩色或不能保持正确的色调而出现垂直带状的偏色时,需调整彩色锁相钮使图像恢复正确的颜色。当磁带重放完毕时也要将此钮调回中心位置。从录像机的复制(DUB)接口输出的信号不受彩色锁相调整钮的影响。

④ 音频电平调节钮。该钮可用来对输入的信号电平大小进行手动调整,以达到合适的录音电平。应参考音频电平进行调节。在业务级的录像机中,这个钮只对录制起作用,重放时则不起作用,原先录的信号是多大,播放时的声音就是多大,而在广播档级的录像机中,一般还有重放音量的调节钮以对输出的音频电平进行调节。

⑤ 耳机音量调节钮。录像机上若有耳机插口,一般就有耳机音量调节钮,用于监听耳机的音量。

(4) 开关选择

① 输入选择开关(INPUT SELECT)。这类开关是为了从几个输入信号中选择一个进行录制。在"线路"位置可选择视频输入插口和音频输入插口送入的信号;在"复制"位置可选择来自复制电缆输入插口的信号及音频输入插口的信号。一些台式机上的输入选择开关中还有一个是 TV(电视)开关,这是选择从 8 芯插座输入的电视视频、音频信号。对便携式录像机来说,输入选择开关通常可分为视频和音频,一般各有"线路"和"摄像机"两个位置,分别选择视频输入(或音频输入)插口和摄像机多芯电缆插口的信号,从后者送入的音频信号也录在 2 声道上。

②监听选择开关(AUDIO MONITOR)。这个开关控制了音频监听插座、8芯插座、耳机插口的音频输出。当开关置于"Ch-1"时,这些插口只输出1声道的声音;当开关置于"Ch-2"时,仅输出2声道的声音;开关置于中间的"MIX"位置时,可将两个声道的声音混在一起输出。

③音频限幅开关(AUDIO LIMITER)。这个开关打开时,可对音频输入信号超出一定电平的部分自动进行限幅压缩,即降低放大量,使之不致过幅引起失真,主要在录制含有不可控制的现场背景音的场合使用。这个开关应与音频输入电平调节钮正确配合使用,录前需先关掉此开关,用调节钮调整好输入电平,然后把限幅开关打开;在正式录制时调节钮一般不再转动,若偶尔有音量过幅,也会被限幅电路自动限幅,应避免先开限幅开关后调音量,因为这样即使音量电平钮拧得再大,音量都不会超过+2 dB,这虽然不会造成过幅,却会引起另一种失真。例如人讲话时,其语言信号是一种断续性、突发性的音频信号,吐字发音时音量较大,而在句与句之间的间歇时音量可能极小或无声,倘若限幅开关打开,音量电平调得过大,会使间歇时的噪声加大;而在句首发音的瞬间,限幅电路来不及动作,电路放大倍数还很大,音量录出来的声音听起来有一种刚发出又被噎回去的感觉。所以,应注意音频限幅开关的正确使用。

④时基校正器开关(TBC)。当录像机输出接时基校正器,外同步信号也取自时基校正器的超前同步信号时,此开关置于"ON"的位置,录像机可跟随时基校正器送入的同步信号工作。

⑤与计数显示器有关的开关。记忆开关(MEMORY),可在磁带倒带状态下运行到计数为0000或指定位置(MARK. IN)时自动停止;循环开关,可从磁带始端(或指定位置A)开始放像,到计数为0000(或指定位置B)时自动倒带,在这两点间循环往复,反复重放某一段内容;CTL/时间码转换开关,可在CTL计数显示和时间码显示这两者间转换。

⑥制式选择开关。有些录像机加有此开关,可选择 PAL、SECAM 或者 NTSC 等不同的制式,便能录制或重放相应的彩色制式的视频信号。

⑦录制方式选择开关。对于高带、低带均可录制的录像机,用此开关选择录制方式。

⑧定时开关(TIMER)。这个开关平时放在关的位置。如果放在重放或录制位置,当整机电源接通并且机内有磁带时,机器自动进入重放或录制状态。若电源接在专用的定时器上,即可定时重放或录制节目。

2. 数字录像机在节目制作中的应用

(1)数字录像机在数字非线性编辑系统中的应用

在数字非线性编辑系统中,数字录像机可以同编辑站连接,组成一个数字非线性编辑系统,如图 3.7 所示,①实现素材的上载和编辑好的节目的下载。

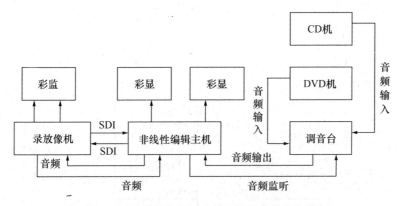

图 3.7　数字录像机与非线性编辑系统的连接

(2) 数字录像机在磁带编辑系统中的应用

① 一对一编辑系统。一对一编辑系统包括一台编辑放像机、一台编辑录像机、两台监视器和一台编辑控制器,如图 3.8 所示。② 编辑放像机用来重放原始素材,编辑录像机内放空白带,用来选择和编辑素材。两台监视器中的一台用来监看编辑放像机中输出的素材,另一台则显示编辑录像机中编辑后的节目内容。编辑控制器用来设定编辑点并执行编辑操作命令。该系统是最普通、最常用的一种简单编辑系统,操作容易,可以由编导直接操作,但一般情况下,画面组接只能实现无技巧切换编辑。

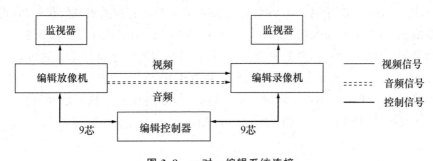

图 3.8　一对一编辑系统连接

② 二对一 A/B 卷编辑系统。二对一 A/B 卷编辑系统包括两台编辑放像

---

① 杨晓宏.数字电视节目制作技术[M].北京:国防工业出版社,2013:128.
② 杨晓宏,刘毓敏.电视节目制作系统[M].北京:高等教育出版社,2005:186.

机、一台编辑录像机、一台具有A/B卷功能的编辑控制器、一台调音台、三台监视器。典型的二对一A/B卷编辑系统,如图3.9所示。①

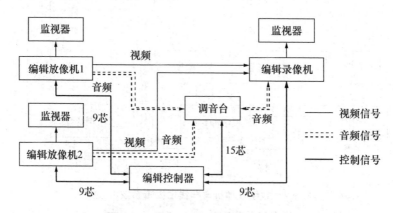

图3.9 二对一 A/B卷编辑系统连接

该系统具有一对一编辑系统的全部功能,与一对一编辑系统的主要区别在于能同时处理两盘素材带,并可由两台放机(分别称为放机A和放机B)交替放像,录机连续记录,实现轮流编辑或A/B卷编辑。将编辑放像机1定为A带,放像机2定为B带,分别在两台放像机上寻找镜头的出点和入点,就可以进行编辑。放像机1先与录像机共同工作,编入A带画面,然后,在A带画面的出点转为放像机2与录像机共同工作,编入B带画面。利用A/B卷功能可一次自动完成所有镜头的编辑,因而工作效率大幅度提高。

③ 二对一A/B卷特技编辑系统。二对一A/B卷特技编辑系统包括两台编辑放像机、一台编辑录像机、一台具有A/B卷功能的编辑控制器、一台调音台、一台特技机(切换台)、四台监视器。典型的二对一A/B卷特技编辑系统,如图3.10所示。② 该系统可实现二对一A/B卷编辑系统的所有功能,与二对一A/B卷编辑系统的主要区别在于增加了一台特技机,通过该特技机可以对两盘素材带的素材内容及编辑点的过渡做叠化、淡入淡出、划像等特技处理。

---

① 杨晓宏,刘毓敏.电视节目制作系统[M].北京:高等教育出版社,2005:186~187.
② 杨晓宏,刘毓敏.电视节目制作系统[M].北京:高等教育出版社,2005:187.

第三章 数字录像机

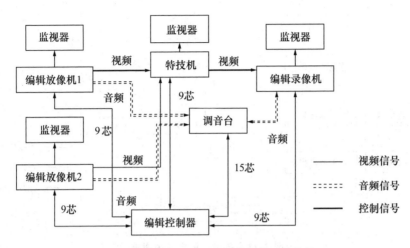

图 3.10 二对一 A/B 卷特技编辑系统连接

该系统通常将两台放像机的输出视频信号,先接到一台具有自动执行功能的特技切换台上,在特技切换台中完成 A 镜头素材和 B 镜头素材的特技组接后,再输出至录像机记录。若特技切换台带有下游键功能,还可以同时叠加计算机图文字幕。在编辑过程中,系统的同步可以是通过特技切换台输出的黑场信号,分别馈送到放像机、录像机、编辑控制器等视频设备的"基准视频输入"(REF VIDEO IN)端口,为这些视频设备提供同步基准,从而实现系统的同步锁相。

④ 多对一编辑系统。多对一编辑系统是指由两台以上的编辑放像机、一台编辑录像机、一台具有 A/B 卷或 A/B/C 卷功能的编辑控制器、一台调音台、一台特技机(切换台)、两台以上监视器组成的编辑系统,如图 3.11 所示。多对一编辑系统是对二对一编辑系统的扩展,它的自动编辑性能很强,通常由带微机功能的编辑控制器控制。通过微机程序的设置,可以操纵多台录像机,自动寻找编辑的入点、出点,自动预卷和自动编辑,还可以控制特技画面的实施及声音的编辑,是一种由自动程序控制的编辑系统。这种具有特殊效果处理、配音和微机预编程序等功能的编辑系统,由于操作复杂,一般需由专职人员操作,其性能发挥程度主要取决于操作人员的操作技能和艺术修养。

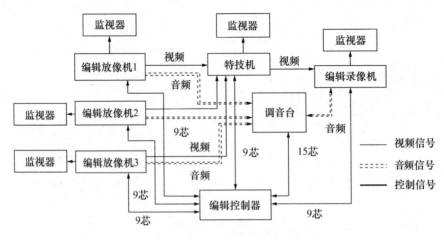

图 3.11　多对一编辑系统连接

(3) 数字录像机在磁带复制系统中的应用

复制录像节目需要两台录放像机,即一台放像,一台录像,连接方法如图 3.12 所示。

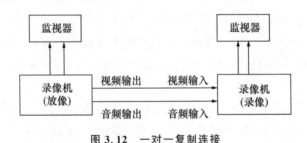

图 3.12　一对一复制连接

若要同时复制多套节目,则可按照图 3.13 所示的方法连接。但若超过五台,就会影响图像质量。需要的设备有放像机、视音频分配器、录像机、监视器等。

3. 数字录像机在节目播出中的应用

(1) 数字录像机。它在播出系统中主要采用硬盘录像机,是一种很好的高速缓冲存储器,用来存放广告等较短但需反复播出的节目,包括直播节目的片头、片花、广告播放及应急备播内容播放。目前大多数直播节目均采用将播出内容导入硬盘录像机播放的方法,既可提高效率又可保证安全。

(2) 数字硬盘录像机的循环播放。此功能使它很适合作为抠像录制时的背景和大屏幕的图像。例如少儿频道可以把大量简洁、生动、活泼的卡通素材导入

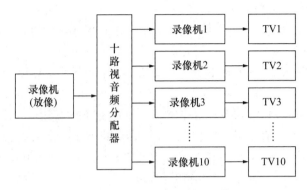

图 3.13 一对五以上复制连接

硬盘录像机,作为动画节目的背景。新闻节目的 SNG 连线通常将硬盘录像机播放的循环影像作为背景,配合开窗等特技,突出强烈的现场感。另外,节目现场大屏幕也可使用硬盘录像机循环播放特定影像或 LOGO。

(3) 数字硬盘录像机可实现诸如体育赛事直播的信号剪辑。通过切换台辅助母线选择赛事的源信号而非 PGM 进行录制,把一路空闲的播放通道更改为播放列表进行剪辑,避免了 PGM 信号中字幕、演播室主持人等对原始素材的干扰。由于是对源素材的副本进行操作,因此可以随时查阅已经录制的内容,不会漏掉任何有价值的信息。

(4) 数字硬盘录像机可作为节目的衔接过渡。在多个直播节目相连时,录像机,尤其是放像机的资源很紧张,这时硬盘录像机的两个播出通道无疑是最好的补充,缓解了系统的设备压力。

二、数字录像机的保养与维护

1. 数字录像机使用的注意事项

数字录像机是精密电子、机械设备,为保证良好运行,延长使用寿命,必须注意以下几点:

① 操作前必须认真阅读使用说明书,了解和掌握其特点和操作规程,避免由于错误操作而导致录像机工作不正常。

② 使用环境对录像机的性能和寿命有直接影响,因而过热、过冷、空气潮湿、尘埃较多、有腐蚀性气体、强磁场或震动等都易损坏磁头、磁带和其他精密零件,所以工作环境越清洁越好,并且应该通风、保持干燥、防止潮湿,特别是低温、高湿度易在机内金属器件上产生水汽凝聚,使磁带易黏在磁鼓上或引导轮上,引起损伤;环境温度一般应在 5~40℃ 的范围,相对湿度保持在 30%~60% 范围

内;工作环境要远离强磁场。

③ 应尽量减少不必要的录放次数和搜寻像次数,尽量缩短不必要的机器运行时间,延长使用寿命。

④ 防尘、防污染,录像机不用时要加防护罩,使用时要拿掉,使用完毕必须等机器冷却后再加上。

⑤ 录像机不要长时间处于暂停状态。因为在这种状态下,磁带的运行虽然已经暂停,但还紧绕在磁鼓上,而带有磁头的磁鼓仍在以高速旋转,时间过长势必导致磁头对磁带磨损过重,使暂停位置上的磁粉脱落,甚至造成磁带永久性的损伤。脱落的磁粉也易堵塞磁头缝隙,污染磁带运行通道。为了保护磁头和磁带,有些录像机加有自动保护定时装置,若暂停时间超过一定时间(通常为 5～8 分钟),机器会自动脱离暂停状态,使磁带从磁鼓上松开或处于慢速寻像状态。使用时还要注意尽可能缩短暂停时间。

2. 录像机的定期维护保养和调整

录像机中的一些部件,如磁头、磁鼓、主导轴、压带轮、传动带或电机等,在工作时都处于高速运转状态,即使在良好的工作环境中也免不了玷污和磨损,因而要认真保养,定期维护和调整。①

(1) 定期清洁

主要对磁鼓、视频磁头、音频磁头、CTL 磁头、走带系统的磁带导柱、主导轴、压带轮,以及传动带、带盘、惰(靠)轮、刹车制动靴组件等进行擦拭清洁。这些零件平时在运行时容易被脱落的磁粉和积聚的灰尘玷污,若不及时清洁,就会影响录像机的工作性能,甚至引起某些故障。尤其是视频磁头的清洁最为重要,它能直接影响视频图像的质量。

清洁的方法有两种:一是用清洗磁带;二是用清洗剂和清洁布。清洗磁带的使用方法:按照通常装磁带的方法把清洗带装入录像机,装好后按录制键或重放键 0～5 秒后退出清洗磁带。用清洗剂和清洁布清洁时,要用鹿皮裹在手指上蘸专用清洁液(也可用石油醚、四氯化碳或无水乙醇代替)靠在磁鼓的圆柱面上不动,再用另一只手慢慢转动磁鼓,来擦拭视频磁头和磁鼓表面。要绝对防止沿磁鼓母线方向上下擦拭视频磁头;也不能用棉花、绒布等物来擦拭,因为其纤维容易挂在磁头上而引起故障。

其他部分也可用以上类似方法来清洁,操作时要小心,以防损坏机件或碰断导线。

---

① 杨圭南.教育电视系统[M].北京:高等教育出版社,1998:193～194.

(2) 定期润滑

录像机中有些部位需定期润滑,并要按规定进行。对于像带盘轴及一些中间传动轮轴,应加专用的润滑油(或用钟表油代替),油量不能多,每个部位每次最多一小滴(用直径 2 mm 的小圆棍蘸取)。若加多了,转动后甩在传动带或其他靠摩擦传动、制动的部件上,会使其打滑,造成动作失灵。穿带齿轮及带仓轮则加少量黄油或凡士林,电机轴承一般是密封的,不能加油,如转动不灵应整体更换,具体的润滑部位应参照相应的录像机维修手册,有些机型采用自润滑件则无须加油。

(3) 定期测量和调整

使用专用工具对供带、收带带盘的转矩以及磁带运行时的张力等进行测量,若不合规定值就应调整。

(4) 定期更换磨损件

一些传动部件磨损后会使机器工作不正常,严重时会卷带、轧带,所以各种传动带工作 2000 小时后、惰轮工作 4000 小时后均应更换;穿带直流电机约在 3000 小时后更换;收、供带盘组件也应在 2000~4000 小时后更换;视频磁头与磁鼓按规定在工作 1000 小时后更换。但若平时保养得好,可使用更长时间。压带轮一般应与磁鼓同时更换,更换部件后还应作相应的调整。

复习思考题

1. 简述录像机的发展历程。
2. 简述录像机的基本种类。
3. 简述磁带录像机的基本组成。
4. 分析数字录像机的记录格式。
5. 举例说明数字录像机的具体应用。
6. 数字录像机如何保养和维护？

参 考 文 献

[1] 孟群.电视制作技术(第二版)[M].北京:中国传媒大学出版社,2011.
[2] 杨晓宏,刘毓敏.电视节目制作系统[M].北京:高等教育出版社,2005.
[3] 方德葵.电视数字摄录像技术[M].北京:中国广播电视出版社,2005.
[4] 张琦.数字电视制播技术[M].北京:中国广播电视出版社,2003.

[5] 杨圭南.教育电视系统(第二版)[M].北京:高等教育出版社,1998.

[6] 三种数字录像机记录格式的综述.http://www.cdr168.com/cdrgc/index.htm

[7] 何晓林,张爱阳.数字录像机的格式及应用.http://www.cnxbgd.com/news/list.asp?id=257

[8] 罗义勇.数字录像机格式的选择.http://www.lnnu.edu.cn/xdjyjx/xsqy/xsqy-gbds/sxlxj.htm

[9] 王芳.几种主流数字磁带录像机的分析比较[J].中国有线电视,2008(08)

[10] 宋晓冬.浅析数字录像机的发展动态及应用[J].中国有线电视,1995(05).

[11] 轩献.多通道数字硬盘录像机解析及应用[J].现代电视技术,2008(05).

[12] 梁小山,刘元春,王凤梅.电视节目制作(技术类)[M].北京:中国广播电视出版社.2000.

[13] 孟群.电视节目制作技术[M].北京:中国广播电视出版社.1997.

[14] 孟群,伍建阳.数字化影视制作技术[M].北京:北京广播学院出版社,2000.

[15] 孟群.电视节目制作技术[M].北京:高等教育出版社,2005.

[16] 杨晓宏.新编电视节目制作技术教程[M].北京:国防工业出版社,2003.

[17] 刘宁生,顾建国,崔伏龙等.数字电视节目制作与播控技术[M].北京:中国广播电视出版社,2003.

[18] 翁志清,陈伟平.数字电视制播系统[M].上海:上海大学出版社,2009.

[19] 杨晓宏.数字电视节目制作技术[M].北京:国防工业出版社,2013.

第四章　数字视频特技与图文动画创作系统

【学习目标】
　　学习完本章,应该能达到下述目标:
- 掌握视频特技的种类及实现方式。
- 掌握数字视频切换台的组成及基本原理。
- 掌握数字视频特技机的组成及工作原理。
- 了解图文动画创作系统的发展。
- 掌握电视图文创作系统的功能及类型。
- 掌握图文动画创作系统的组成及工作原理。

第一节　视频特技概述

　　计算机技术与数字技术的不断发展,为电视画面的视觉表达提供了丰富的可能性。与过去的电视节目相比,现在的电视节目除了画面清晰以外,更具有独特的视觉感受和听觉冲击力,独特的画面效果来源于特殊的技巧,有的影视特技画面更是令人眼花缭乱,目不暇接,深深地吸引着观众的眼球。

　　观众所看到的电视节目,从制播形式上来说,主要有两类,即直播类节目和非直播类节目。直播类节目中使用的镜头转换和特技效果,主要是基于特技切换台完成制作的,而在非直播类节目中的镜头切换和特技效果则是基于计算机平台强大的功能实现的。

　　"特技"一词,顾名思义,就是特殊技巧的意思。① 电视特技是运用特殊的技法进行拍摄或数字视频处理技术制作得到的特殊画面效果。电视特技的应用范围相当广泛,从最简单的字幕叠加,到复杂的数字特技、计算机特技等,以实现节目的多样化,并达到一定的艺术效果。早期的视频切换与特技处理的是模拟信

---

① 孟群.电视节目制作技术[M].北京:中国广播电视出版社,1997:306.

号,但是近些年来,数字视频切换设备得到了广泛应用。

数字特技是运用数字技术将输入的视频信号在电视屏幕的二维或三维空间中进行各种方式的处理,把许多不同的图像元素组成单一的复杂图像或使画面具有压缩、放大、变形、油画、负像等效果。[①] 它与模拟特技切换不同,模拟特技切换所实现的效果主要是两路或若干路信号以不同的幅度比例进行组合,或者以各种形状和大小的分界线在屏幕的不同位置上分割屏幕,分界线尽管能沿不同方向移动,但不能对各路图像本身进行处理。数字视频特技的特点之一是能对图像本身进行尺寸、形状、位置、亮度、色度的变化处理,这是数字特技和模拟特技切换的关键区别之处。

通常在有数字切换与特技现场节目制作系统中,为了增加节目的信息传递量和增强画面艺术效果,往往还要配上一台字幕机,将事先制作好的图文字幕动画,通过与视频信号叠加后输出。字幕机是由基于计算机平台的软硬件组成的。

一、视频特技的作用

具体来说,视频特技的作用主要有以下几方面:[②]

(1) 视频特技制作能够形成一套独特的画面语言,增强画面表现力,使画面的表达更加细腻。以往在影视创作中认为不可能实现的场景、人物形象等,现在都可以借助数字特技得以实现,数字合成画面的逼真程度也已达到肉眼无法分辨的地步。例如影片《泰坦尼克号》,最为经典的男主人公教女主人公在甲板上飞翔的镜头大家还记忆犹新,它就是通过在绿色背景下运用运动控制捕捉技术进行原始素材的拍摄,然后用三维软件设计"泰坦尼克"号,通过虚拟摄像机拍摄一段轮船以及海水运动的画面,最后在合成软件中进行最终效果的合成,实现了惊人的视觉效果。

(2) 字幕和时间标志的加入,能对屏幕上的部分画面起强调作用,突出地体现主题。如许多娱乐节目,在画面上往往用手写字体字幕对现场的主持人或嘉宾的行为语言加以戏谑性质的评论;也有一些新闻类节目,对画面表现不清楚的内容(如报刊标题等)用电视特技来标明,以明示局部画面。

(3) 可以增强信息传播效果。节目中提到的重要的对比性的数据,仅靠播音给人的印象不深,如果充分利用图文动画创作系统,将有关数据制成图表、闪

[①] 刘宁生,顾建国,崔伏龙等. 数字电视节目制作与播控技术[M]. 北京:中国广播电视出版社,2003:144.

[②] 孟群. 电视节目制作技术[M]. 北京:中国广播电视出版社,1997:308.

动的数字、运动的箭头或高低变化的彩色圆柱叠印在相关画面上,就会变得直观而生动。

(4) 完成巨大的、困难的甚至危险的摄制任务。影片中的战斗场面,如炮弹纷飞的大地、硝烟弥漫的战场、战舰起火、飞机坠地、房屋倒塌、火车出轨等,自然灾祸场面,如河堤决口、地震、海啸、火山爆发等,一般摄制方法不能完成或不能很好地完成这样的摄制任务。在惊险样式的影片中或影片中的一些惊险镜头,充分利用特技方法拍摄,能赋予电影以紧张、惊险的气氛,而又不必使演员承担任何风险。

(5) 提高电影镜头的艺术质量,加强艺术效果。根据影片内容、气氛或画面效果的需要,利用特技方法可以改变被摄对象的数量,改变它们之间的比例关系,造成正常透视或使影像变形;可以平衡画面亮度,调节画面影调和反差,改变画面气氛,重新安排画面构图,修改或去除画面中的部分景物;可以改变被摄对象的动作节奏、运动方向,在一个镜头中造成多画面或在一个画面中造成多影像;还可以制作划像、淡入淡出、叠化、翻板、画面转动及虚实技巧等。

(6) 创造全新的电影镜头。在神话片和童话片中,那些被美化或被神化了的带有幻想情调的大自然和人物以及人物的行为和动作,在实际生活和自然环境中往往是不能寻找到的,那些珠光宝气的水底龙宫,金碧辉煌的天堂,神秘莫测的魔窟,飞腾、入地、劈水、开山、变化无穷、力大无比的主人公,这一切都需要视频特技。在科教片以及在科幻片中,只有充分利用特技方法,才能根据创作者的要求,摄制出一个个全新的镜头,使影片内容得到充分表现。

(7) 节约拍摄时间,降低影片成本。如利用键控特技,在夏天拍摄冬天的画面,在晴天拍摄阴雨或雪天的画面。

二、电视特技的种类

电视特技是指利用设备和特殊技巧,如摄像特技、录像重放特技、模拟电视特技、数字电视特技来处理或组接电视画面,从而产生我们所需要的特殊画面效果。

1. 摄像特技

摄像特技是用单机摄像系统产生拍摄特技,包括:镜头操作特技、镜前加工特技、特殊效果镜特技等。[1]

---

[1] 李运林,徐福荫.电视教材编导与制作[M].北京:高等教育出版社,2004:214~215.

(1) 镜头操作特技

镜头操作特技是指通过改变摄像机镜头光圈大小、聚焦虚实以及停机再拍、定时拍摄、高速拍摄等所产生的特殊效果特技。

① 光圈操作。通过改变镜头光圈大小使图像产生淡出、淡入效果。当第一个镜头结束时,光圈由正常调至关闭,图像从亮变暗;当第二个镜头开始时,光圈由关闭调至正常值,图像从暗变亮。

② 聚焦操作。通过改变镜头聚焦虚实使图像产生虚出、虚入组接。当第一个镜头结束时,聚焦由实变虚,图像从清晰变模糊;当第二个镜头开始时,聚焦由虚变实,图像从模糊变清晰。

③ 停机再拍。固定摄像机镜头位置不动,按事先设计的拍摄方案连续拍摄一段内容后停机,将某些物体从拍摄现场移入或移出后再继续拍摄,直到内容拍完为止。如《西游记》中孙悟空突然出现、消失,实验器材逐一出现等都是利用这种方法拍摄的。

④ 定时拍摄,又称延时拍摄。它是利用延时自动控制器按照预定的时间间隔进行逐帧拍摄,如种子发芽、禾苗生长、鲜花开放等。

⑤ 高速拍摄。射击、爆炸等一些动作的速度是非常快的,为了让观众看到这一过程,经常用到高速摄像。

(2) 镜前加工特技

镜前加工特技是通过在摄像机镜头前面设置卡纸、绘画、照片、模型、银幕、光具所产生的特技,包括遮挡拍摄、模型拍摄、银幕拍摄、合成拍摄等。[1]

① 遮挡拍摄。用特殊空心图案的黑卡纸遮挡摄像机镜头,将拍摄内容限于镂空的范围,用这种方法可以产生望远镜特技画面、钥孔特技画面等。

② 模型拍摄。用活动模型代替难以再现或经济损耗巨大的实景,使画面产生以假乱真的特技效果,如电影、电视中常见的洪水泛滥,楼房、汽车被炸,电视教材中机器零件模型,动物的模型等。

③ 银幕拍摄。用摄像机拍摄银幕上放映的电影、幻灯特技画面,将它们转换成电视特技画面。

④ 合成拍摄。合成拍摄是将不同的人物或景物合成在同一画面之中,包括银镜合成、半透明镜合成、绘画合成、照片合成、模型合成、放映合成等。

(3) 特殊效果镜特技

在摄像机镜头前面加特殊效果镜进行拍摄,使画面产生多像、柔光、晕光、星

---

[1] 李运林,徐福荫.电视教材编导与制作[M].北京:高等教育出版社,2004:215~218.

光、夜景等特殊造型效果。①

① 多像镜。多像镜由多棱镜组成,它可以使画面产生若干个相同形状的影像,多像镜按产生的影像个数分为2像镜、3像镜、4像镜、5像镜、6像镜、7像镜等;按影像的排列方式可分为多影镜与多排镜。

② 柔光镜。柔光镜使画面中心部位的图像清晰,周围的图像似细纱朦胧,柔化渐变,从而突出主体,使画面造型有虚无缥缈的感觉。

③ 晕光镜。晕光镜使画面中心部位图像清晰,周围晕化,从而突出主体、模糊陪体。

④ 星光镜。星光镜使画面中的灯光或光斑产生光艺效果,有十字形、米字形和雪花形光芒。

⑤ 夜景镜。夜景镜是利用白天光线拍摄到夜景效果。根据光线的强弱,可选择光学密度为0.9、0.6、0.3的夜景镜。

2. 机械特技

机械特技效果是建立在模型摄影和特技道具上的,常常只在电视剧的制作中使用,要求真实可信,制作和操作简单。最常见的是雨、雪、雾、风、烟、火、闪电和爆炸。比如雪,利用喷雪器将雪喷在镜头的前面,使演员身上披满雪花,从天棚上抛"雪"也是常用的办法,机械特技效果制作办法很多,但要视节目的内容及制作能力量力而行。

3. 录像重放特技

录像重放特技有:快动作、慢动作、倒退和静像。在电影中一般是用特技拍摄,正常放映产生这些特技。如快动作,用慢速拍摄;慢动作,用高速拍摄;倒转拍摄,人物就倒退运动;静像是反复印制同一格画面。在电视中一般是用正常拍摄录像,特殊重放产生上述特技。快动作,通过提高磁带的走带速度产生;慢动作,通过降低磁带的走带速度产生;倒退动作,倒转磁带;静像,停止磁带的走带,反复扫描同一磁迹。特技重放需要用专门的放像机。

4. 模拟电视特技

模拟电视特技是指直接利用模拟电视信号来实现特技效果,它只能是各信号之间的相互取代,整个画面的尺寸、形状、方向和位置等是不能随意改变的。最基本的模拟电视特技有切换、淡入淡出、划变、键控等,具体内容见本章4.2数字视频切换台。

---

① 李运林,徐福荫.电视教材编导与制作[M].北京:高等教育出版社,2004:219~220.

5. 数字电视特技

数字电视特技按照处理信号的方式可分为：全数字电视特技和数字处理电视特技。全数字电视特技是指输入和输出信号都是数字信号；数字处理电视特技是指输入和输出信号是模拟信号，先通过模/数转换，变为数字信号，经过各种处理实现特技效果，再经数/模转换，最后输出模拟信号。数字电视特技的具体内容见本章 4.3 数字视频特技。

第二节　数字视频切换台

彩色电视中心的节目来源很多，如摄像机拍摄的画面、录像机录制的信号、卫星接收机接收的信号、转播车回传的信号等。所有这些信号，在播出时往往需要从中选取一路或几路视频信号组成一路视频信号输出。因此，需要有一个视频信号的选通设备即视频开关来完成切换功能，完成这些功能的设备称为视频切换台，如图 4.1 所示。

图 4.1　视频切换台

为了加强电视节目的艺术效果，导演还可以利用视频切换设备，将来自不同图像源的信号通过电子处理，组合成新的图像信号，形成生动、新颖的画面，或者产生实地拍摄不容易达到的效果，因此切换设备是电视节目播出与制作中不可缺少的组成部分。随着科学技术的发展，电视特技的运用越来越普及和多样化，表现手段经常翻新，向高难度、复杂化方向发展。

视频切换台和其他设备的连接示意图，如图 4.2 所示。[1]

---

[1] 吴琼，李焕勤，赵娜. 特技——让电视艺术之花更璀璨的催化剂[J]. 科教文化，2010(16).

第四章 数字视频特技与图文动画创作系统

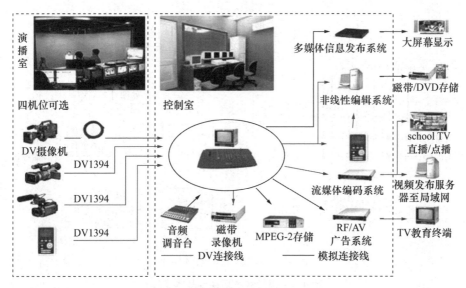

图 4.2 视频切换台与相关设备连接

一、视频切换台的组成和工作原理

根据混合/效果放大器功能的强弱、数量的多少和组合方式的变化,视频特技切换台的组成形式和规模也有很大差别,图 4.3 为最基本的视频特技切换台原理框图。[①]

图中由横线和竖线组成的阵列通常称为输入矩阵。其中竖线代表输入信号的通路,横线代表信号输出通路,称为母线(BUS)。各路视频信号经缓冲放大后输入矩阵,被选择后则该信号经交叉点入母线,然后再经缓冲放大器输出到混合/效果(M/E)放大器,M/E 放大器受不同控制电压的控制可工作于混合或效果状态。在下游键中,经过特技处理的视频信号还可被嵌入字幕或被彩场信号所替换,或与黑场信号进行淡出淡入等,下游键输出的信号便可用于录制或播出。输入矩阵由多条母线组成,每条母线都是一个"n 选 1"的开关排。母线中的每个交叉点都是一个开关。当某交叉点接通时,该路信号就被切换到母线的输出端。输入矩阵用于视频信号的切换,采用电子开关方式。

---

① 翁志清,陈伟平.数字电视制播系统[M].上海:上海大学出版社,2009:157~158.

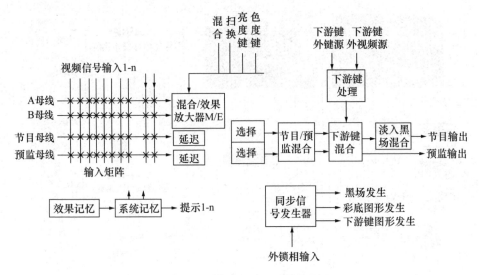

图 4.3 视频特技切换台基本原理

混合/效果放大器(Mix/Effect,简称 M/E)是视频特技切换台的核心部件。从 A、B 母线输出的视频信号经过它完成混、扫、键等各种特技处理。当控制信号为直流电平时,它是一组工作于线性相加状态的可控增益放大器,对 A、B 两路信号进行混合变换;当改变控制信号的频率和可控增益放大器的基准电平时,它可工作于键控状态,使扫换波形发生器和键处理器输出的波形键导通 A 路、关断 B 路,或与之相反,实现对 A、B 路信号的扫换、键控处理。由此可见,混合/效果放大器是进行混合/特技效果实际操作的电路单元,它直接决定了视频切换台的节目制作能力。

数字视频切换台主要由均衡补偿电路、开关矩阵电路、扫换处理电路、键处理电路、输出处理电路和锁相电路等六部分组成。[①]

(1) 均衡补偿电路。该电路主要完成对输入的视频信号进行幅度、频率、相位的均衡补偿,以达到整个电视系统的要求。

(2) 开关矩阵电路。该电路是视频切换台的核心部分之一,其母线上分别挂有输出键信号、下游键信号、数字特技的键信号、背景信号、键填充信号、下游键填充信号、下游键视频信号、数字特技信号、备用信号、检测信号等,用于完成这些信号的接收、调制和分配。

---

① 翁志清,陈伟平.数字电视制播系统[M].上海:上海大学出版社,2009:157~158.

第四章 数字视频特技与图文动画创作系统

(3) 扫换处理电路。该电路能产生各种扫换图案,并且将这些图案送至键处理电路和混合处理电路,以完成各种特技处理的要求。

(4) 键处理电路。该电路能产生色度键、亮度键信号,并能形成自键;还能将扫换信号经过数字特技处理以后,再反馈回来作为键信号使用。

(5) 混合处理电路。该电路主要完成对选中的输入信号进行加工和处理,以达到各种特技效果的目的。

(6) 输出处理电路和锁相电路。该电路能产生两路彩色背景信号,经过并串变换以后作为内部信号源送入开关矩阵电路,作为切换台的基准信号使用。

二、视频切换台的传统特技功能

1. 快切

"快切"是指一个画面瞬间变换为另一个画面的过渡方式,即画面的直接变换,如图4.4所示。[①] 两个镜头直接衔接在一起就叫"切"。一个画面被另一个画面直接替代,前一画面叫"切出",后一画面叫"切入"。这种特技在电视节目编辑中使用最多,也叫无技巧剪辑,特点是简洁明快,并能产生较强的节奏感。

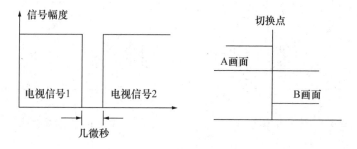

图4.4 切换效果

"快切"过程中不能出现图像的撕裂、跳变与干扰,否则观众看起来很不舒服。要实现两路信号的切换必须做到切换速度快(几微秒)而且在场逆程期间进行切换,这样两个电视信号是同步的,由切换所引起的干扰就不会出现在电视屏幕上。因此为了提高视频开关的可靠性和灵敏度,一般都不采用简单的机械开关完成视频切换,而广泛采用电子开关控制视频信号通断。由于视频切换设备中视频开关的数量很多,为了保证一致性,一般使用电子开关。电子开关具有开关特性好、速度快、输入阻抗高、输出阻抗低、可靠性强等特点。

[①] 翁志清,陈伟平.数字电视制播系统[M].上海:上海大学出版社,2009:154.

2. 混合

混合特技也称慢切换,是指一幅图像慢慢消失,另一幅图像慢慢出现,或者两幅图像重叠在一起,可以分为 X 切换和 V 切换。过渡的快慢可以人为地控制,也可以自动控制。混合特技可实现三种艺术效果:淡入淡出、化入化出和叠化。一路图像信号与另一路图像背景信号的混合,能产生淡入淡出的效果;一路图像信号与另一路图像信号的混合,能产生化入化出的效果;一路图像信号与另一路图像信号在混合时,停留于某一状态,则产生叠化的效果。

X 切换又称为叠化或混合,是指一个画面在逐渐消失的同时,另一个画面逐渐清晰,如图 4.5 所示,它是一种通过画面叠化过渡的形式,[①]前一个画面逐渐消失为"化出",后一画面逐渐显现为"化入"。X 切换也是一种缓慢的渐变过程,画面之间的转换显得非常流畅、自然、柔和,给人以舒适、平和的感觉。如果将两个画面化出化入中间相叠时固定,并延续下去就得到重叠的效果,叫作"叠"。这种特技效果在电影、电视专题片等节目中经常运用。

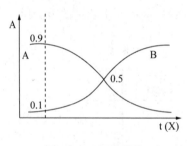 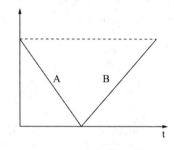

图 4.5 X 切换曲线　　　　　图 4.6 V 切换曲线

V 切换的画面过渡是一种淡入淡出形式,是指一个画面逐渐消失以后,另一个画面逐渐清晰,如图 4.6 所示。画面由亮至暗,直到完全消失叫作"淡出"或"渐隐";画面由暗至亮,逐渐显现出来叫作"淡入"或"渐显"。V 切换是一种缓慢的渐变转换,屏幕上出现的黑画面,不管长短,都会给人造成视觉上的间歇感,使人产生一种明显的段落感,常常表示时间的流逝、时代的变迁等效果。

3. 划像

划像又称扫换,或分割屏幕特技,一幅画面逐渐被划动分割出另一幅画面,直至被取代的转换过程被称为划像,如图 4.7 所示。[②]对前一画面来说是"划

---

① 翁志清,陈伟平.数字电视制播系统[M].上海:上海大学出版社,2009:154.
② 翁志清,陈伟平.数字电视制播系统[M].上海:上海大学出版社,2009:155.

出",后一画面则是"划入"。划变的方式很多,最简单的有:水平方向划变、垂直方向划变、对角划变、圈变等,划像的边界形状、虚实、速度、方向,可产生几百种划像形式。划变的转换也是一个画面渐变过程,但比"淡""化"更明显、爽快。当两个画面在划变过程中,固定在某一中间位置时,我们就能得到"分割屏幕"的效果,分割画面的大小可根据需要适当安排。

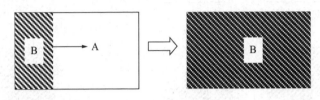

图 4.7　划像

4. 键控

键控又称抠像,键控是在一幅图像中沿一定的轮廓线抠去画面的一部分而镶入另一幅图像,最终合成一幅完整画面的特技手段,因此把这种图像合成方法叫作"键控"。正常情况下被抠的图像是背景图像,填入的图像称为前景图像,用来抠去图像的电信号称为键信号,形成键信号的信号源称为键源,如图 4.8 所示。

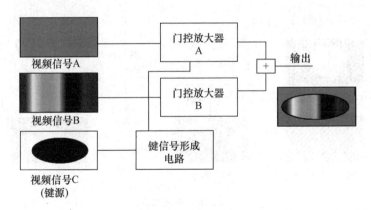

图 4.8　键控原理

键控特技按键源的性质分为内键和外键两种;按产生键信号的键源图像分为亮度键和色度键两种。[①]

---

① 翁志清,陈伟平.数字电视制播系统[M].上海:上海大学出版社,2009:156.

(1) 内键。内键也称为自键,键源视频信号取自输入端 A、B 两路信号中的任一路,形成内部键控,故这种方法称为自键,如图 4.9 所示。①

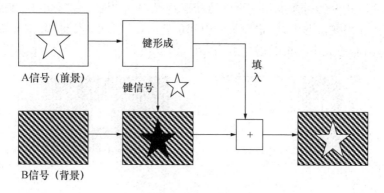

图 4.9　内键键控

(2) 外键。外键相对于内键而言,键源视频信号取自输入端 A、B 两路信号之外的第三路视频信号,因此称为外键,如图 4.10 所示。②

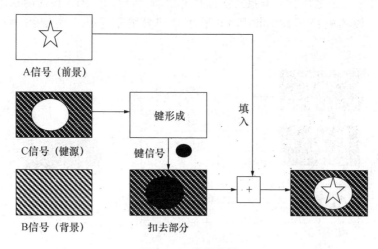

图 4.10　外键键控

(3) 亮度键。亮度键又称为黑白键,它利用键源视频信号中的亮度分量来产生键信号。按照键源视频信号的来源不同,亮度键又分为内键和外键两种方式,因此亮度键既可以用于内键,也可以用于外键。

---

① 翁志清,陈伟平.数字电视制播系统[M].上海:上海大学出版社,2009:155～156.
② 同上。

(4) 色度键。直接利用键源三基色信号或键源视频信号中的色度分量产生键信号的键控方式,又称色键。比如利用演播室内高饱和度的蓝色(或绿色)与前景图像(如演员的服装、肤色)之间的色调差别来产生键信号,从而完成抠像、填像的过程。

第三节 数字视频特技

一、数字视频特技的基本原理

数字视频特技又称数字视频效果系统(Digital Video Effect,简称 DVE)。数字特技可分为二维数字特技和三维数字特技。二维数字特技所实现的图像变化和运动仅在 $X-Y$ 平面上完成,在反映图像深度的 Z 轴上并无透视效果发生;三维数字特技实际上是具有一定立体视觉感的特技,尽管电视图像本身是平面的,但在进行三维特技变换时,会使变换的图像在屏幕上产生远近变化的透视感觉。因此,图像旋转时在 Z 轴上有无透视效果发生,是判别二维数字特技和三维数字特技的一个主要标志。

图 4.11 是数字特技的基本构成,输入的视频信号经过 A/D 变换后或将数字信号解码后写入到帧存储器中,这里写时钟与写地址发生器是从输入视频信号中导出的,以便使其具有正确的时序关系。帧存储器是数字特技机的核心,它可以将完整的一帧(两场)电视信号存储起来。存入帧存储器中的视频信号数据再经过读时钟和读地址控制,从帧存储器中读出数据,读出的数据经过 D/A 变换后输出。这里,读时钟与读地址发生器是从基准信号中导出的,以保证正确的时基。数字特技的实现是通过控制存储器的地址、存储器内的数据来完成的。[1]

(1) 解码器和 A/D 转换器。解码器的作用是将 PAL 制彩色全电视信号变换成 Y、U、V 模拟分量信号,再经 A/D 转换器得到 Y、U、V 数字分量信号,输出并存储在帧存储器中。

(2) 帧存储器。帧存储器是数字特技系统的核心部分,它由集成度高、功耗低、存储速度较快的金属氧化物半导体器件组成。它是一种矩阵排列形式,每个水平矩阵代表电视的一行,垂直矩阵则表示一场的全部电视行像素,数字特技就是通过对帧存储器中的数字信号进行各种读/写操作来实现的。

---

[1] 杨晓宏.数字电视节目制作技术[M].北京:国防工业出版社,2013:145.

(3) 存储控制和地址修改。控制图像参数的存储,通过改变图像参数写入存储器或从存储器读出地址,使得图像在画面上的几何位置有所改变,从而实现数字特技效果。

(4) D/A 转换器和编码器。将帧存储器中处理后的数字信号转换成模拟信号,然后由编码器将 Y、U、V 三个分量信号组合成彩色全电视信号重新输出。

(5) A/D 转换控制和写地址发生器。控制解码器和 A/D 转换器实现 A/D 转换并将结果写入帧存储器。

(6) D/A 转换控制和读地址发生器。控制编码器和 D/A 转换器实现 D/A 转换并将存储器中的结果正确读出。

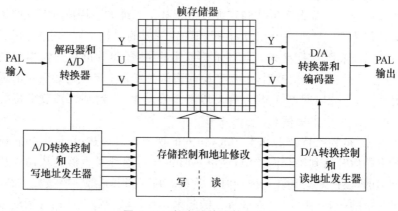

图 4.11 数字特技的基本构成

二、数字特技的基本组成

数字特技主要由 A/D 变换、空间滤波、空间内插、帧存储器、存储控制器及读写地址发生器等电路组成,图 4.12 是典型二维数字特技组成框图。[①]

(1) A/D 变换器和视频解码器。A/D 变换器将输入的模拟信号变换成数字信号。由于 PAL 制的数字彩色全电视信号直接写入帧存储器后,在读出时会因 PAL 制信号 4 行顺序 8 场循环的特点而导致读写关系的复杂,同时由于缩小系数的连续变化(每场变化一次)对取样样点的抽删和内插也随之而变,这会破坏彩色副载波的连续性,从而造成彩色失真,因此,对输入的彩色全电视信号先分解为 Y、U、V 三个分量后,再作抽删和内插处理,然后将它们分别写入帧存储

---

① 杨晓宏,刘毓敏.电视节目制作系统[M].北京:高等教育出版社,2005:105~107.

第四章 数字视频特技与图文动画创作系统

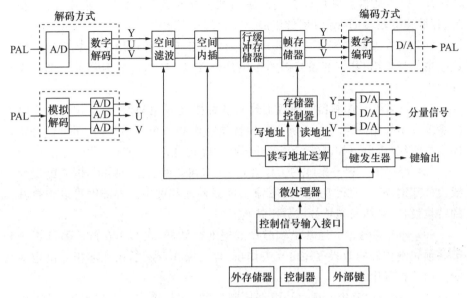

图 4.12 二维数字特技的基本组成

器。为得到 Y、U、V 三个分量,可采用两种方法:一种是将 PAL 彩色全电视信号先进行 A/D 变换,然后通过数字解码器得到 Y、U、V 的数字信号;另一种方法是将 PAL 彩色全电视信号先经模拟解码器得到 Y、U、V 模拟分量,然后再分别进行 A/D 变换。

(2) 空间滤波器。由于数字图像的压缩是通过对样点的抽删实现,它相当于取样频率的降低,当低于奈奎斯特取样准则规定的极限,就会造成混叠失真。为此,在特技机中设置了空间滤波器,使压缩的图像在写入帧存储器前,在水平和垂直两个方向上的信号带宽都随缩小系数减小到折叠频率以内,从而避免发生混叠失真。

(3) 空间内插。进行图像压缩时,通常需按缩小系数的大小对样点进行抽删,并将由原来相关的样点形成的新样点值写入帧存储器。空间内插器通过对相邻样点值的不同加权来得到新样点值。

(4) 行缓冲存储器。为了避免对帧存储器提出随机高速读写的要求,在它的前面设置了可以高速地随机读写的行缓冲存储器,即先将 Y、U、V 三路信号按水平压缩的时基高速地随机写入,然后再按帧存储器容许的时钟速率将样值信号成组地写入帧存储器。所以,实际上水平压缩在行缓冲存储器中已完成,垂直压缩才由帧存储器直接完成。

(5) 帧存储器。它可以存储两场的数字视频信号,通常由集成度高、功耗低、存取速度较慢的 MOS 器件组成。

(6) D/A 变换器和数字视频编码。D/A 变换器的作用是将数字信号转换成模拟信号输出;数字视频编码的作用是将 Y、U、V 组合成为彩色全电视信号并输出。

(7) 控制板。控制器的面板上设有各种按键开关和旋钮,操作人员通过它向系统发出控制图像尺寸变换及各种特技操作的命令。同时,它还可以对特技序列进行编程,也可控制外部键和外部存储器的输入。

(8) 外部键。这是系统的工作方式之一,在此种工作方式下,图像的变换参数由外部键决定,使得变换后的图像正好嵌入外部键中。外部键可以来自其他的特技设备(包括模拟特技或数字特技)。

(9) 外部存储器。通常是软磁盘或磁泡存储器,在其中存放一系列指令和某些预先制作好的效果程序。当工作在"自动操作"模式,由上述指令决定执行所需的特技程序。

(10) 控制信号输入接口。根据控制板的命令,接收来自控制板、外部键或外部存储器的控制信号以及各种参数,然后将它们转换成微处理器能接收的信号形式。

(11) 微处理器。它接收来自外部的控制信号,进行判别、运算、组合,然后编写出各个执行单元的控制码和数据码,每场一次地送到各个执行电路单元。

(12) 键发生器。它在微处理器的指挥下,产生与当前场图像变换结果相一致的键信号。这一键信号可使本系统的输出和另外的节目源实现正确镶嵌。

(13) 读/写地址运算器。当变换图像的几何形状时,输入图像的平面坐标位置和输出图像的平面坐标位置就不同,需要有一个一一对应的数学关系将两者联系起来。这种数学关系每场是不一样的(当特技图形连续改变时)。因此,每一场需要有几个参数来唯一确定这一数学关系。这一任务是由微处理器根据控制命令计算出的,而读/写地址运算器的任务就是在这一给定的数学关系下,计算出每点样值的映射值。由于每点运算一次,速度要求很高,需要大量的硬件和流水作业结构。

(14) 存储器控制器。它将代表空间位置的地址转换成帧存储器的实际地址,这种转换也是一一对应的。同时还产生帧存储器读/写、片选和行列地址等控制信号。

三、数字视频特技效果及实现方式

数字视频特技的种类很多,常见的数字特技有以下几种:[1]~[3]

1. 连续扩缩效果

连续扩缩效果是指画面图像的尺寸可以在水平、垂直方向随意变换,但仍然保持完整的图像,即它的宽高比不变,相当于将图像进行"推""拉"等特技处理。画面在水平、垂直两个方向上按同样的比例连续压缩和连续放大是数字特技中最常见的特技形式,类似推拉镜头的变焦效果,但本质是根本不同的,图4.13显示的是在水平方向上压缩50%的效果。值得注意的是放大效果会使图像的清晰度下降。

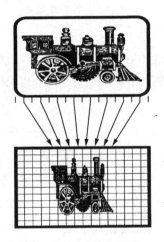

图4.13 连续压缩效果

2. 平滑移动效果

平滑移动是指整幅画面在屏幕上的移动,属位置特技形式,其图像没有大小、尺寸的变化,却沿着水平方向或垂直方向滑动,如图4.14所示。一幅图像在移动的过程中可以带出另一幅图像来,这种转换与划的形式有本质的不同。前者是一幅画面在移出的同时,另一幅画面被移入屏幕,而后者是参与转换的两个画面位置固定不动,可被任意分割。平滑移动的方向可以是任意的,除了在二维

---

[1] 杨晓宏.数字电视节目制作技术[M].北京:国防工业出版社,2013:150~152.
[2] 李运林,徐福荫.电视教材编导与制作[M].北京:高等教育出版社,2004:223~227.
[3] 杨晓宏,刘毓敏.电视节目制作系统[M].北京:高等教育出版社,2005:111~113.

空间里作上下左右各方向的移动外,还可在三维空间作前后某位置的移动,但此时要考虑透视效果,图像尺寸要作相应的变化,在 Z 轴上的前后移动也就是连续扩缩效果。这种平移式的画面镜头转换,也给人以平滑、流畅的段落感。

垂直移动

原始图像

水平移动

图 4.14　平滑移动效果

3. 多影效果

多影效果是图像的连续扩缩与平滑移动两种特技相结合的效果,使图像不断地缩小和偏移,并存入帧存储器中,使屏幕上产生图像的多影效果,如图 4.15 所示。

图 4.15　多影效果

4. 镜面效果

在正常情况下,图像的数字信号是按照从左到右、从上到下的顺序读出的,如果我们把一幅图像的数字信号按自右至左、自下而上的方向读出时,便可得到图像的反转效果。水平方向相反,画面左右倒置;垂直方向相反,画面上下倒置。若使正反两个图像分别处在画面中相互对称的位置,将产生镜面效果,如图 4.16 所示。

图 4.16 镜面效果

5. 冻结效果

所谓冻结是指画面图像由运动变化转为凝固静止,就像电影片的定格和有动态伺服电路的录像机停格效果一样。对数字特技来说,它只要把运动变化着的画面图像的最后一帧从存储器中取出,并反复读取,就能得到运动图像的冻结效果——一幅静止的图像,这种效果也可称为单画面的"静像效果"。利用冻结效果进行画面转换,或者配合其他特技功能作转换的情况是很多的。常常与连续扩缩的压缩结合使用,将原画面缩小成 4 幅、9 幅或 16 幅画面静止,实现多画面冻结。多画面冻结是控制计算机的读出与外部输入图像信号,选择开关连动,以推出一块块不同的画面图像,如图 4.17 所示。

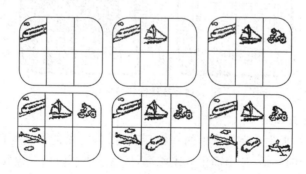

图 4.17 冻结效果——多面冻结

6. 旋转效果

让画面围绕某个轴线(X、Y、Z)作转动,称之为图像旋转效果,如图 4.18 所示。通常把绕 X 轴的旋转叫作翻滚(Tumble),而绕 Y 轴的旋转称为翻转(Spin)。其中,绕 Z 轴旋转的效果可以不考虑透视现象,绕 X、Y 轴的旋转必须考虑透视的影响。如画面绕 Y 轴的翻转相当于图像翻转时沿 X 轴方向的压缩,而且压缩的程度也是在变化的。X、Y、Z 轴的坐标原点可以不在屏幕中心,而定位在其他位置。利用旋转效果,同样可以实现画面的转换。若是和连续扩缩效果、移动效果等结合使用,便能更为自如地从一幅画面转换为另一幅画面。

X轴　　　　　　　　　Y轴　　　　　　　　　Z轴

图 4.18　旋转效果

7. 非线性特技效果

非线性特技与线性特技不同,其图像实际上是立体曲面,如柱面和球面等。图 4.19(a)描述的是利用翻页特技进行画面 A 与画面 B 的转换。图 4.19(b)描述的翻页特技中,上一页的反面又是另一幅画面图像在翻页特技中再加上光的折射效果,会使翻页的过程更加逼真。

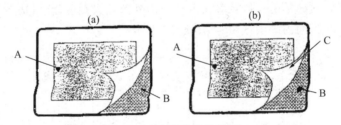

图 4.19　非线性特技效果

8. 运动轨迹效果

运动轨迹效果是数字特技里的一种高级特技,它先把画面里移动速度大的部分,如人或物的运动,从画面中取出贮存,然后按不同时间在画面中停格出现,便实现了运动轨迹描绘效果,如图 4.20 所示。

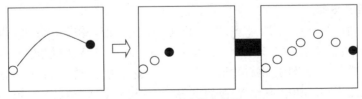

图 4.20　运动轨迹效果

利用这种特技形式还可以表现人物运动时各个瞬间的姿态和运动的轨迹。从存储器中取出的冻结部分,可以依时间先后出现,又依时间的先后消失,所以这种特技画面的效果对分解运动过程和分析动作技能是不可多得的手段。

9. 残像效果

残像效果与"运动轨迹效果"相似,它们使用的是同一种技术,只是取出的运动体随时间很快模糊,看上去就像运动体后面有一个迅速由清晰变模糊的拖尾,似彗星的彗尾一样,故这种数字特技又称为"动态拖尾"效果。

10. 马赛克效果

马赛克效果又叫镶嵌效果,是指用不同颜色的小方瓷砖镶嵌出图形来,以取代绘画的细微颗粒。数字特技就是利用这一基本思想,使电视图像由许多小方块组成,而每一方形区域内的色彩和亮度都是相同的,从而获得马赛克镶嵌效果,其图像没有清晰的轮廓,如图 4.21 所示。马赛克的大小可以连续改变,不仅整个画面可以做成这种效果,也可以只改变画面的一部分,产生局部马赛克效果。

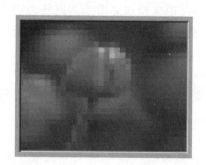
图 4.21 马赛克效果

图 4.22 油画效果

11. 油画效果

油画效果是一种涂色手段在数字特技中的运用。作为摄像机拍摄的画面,颜色和层次都是很丰富的,如果对这些画面进行数字效果处理,使得图像的色度、亮度、分辨力降低,明暗层次减少,色彩集中,画面变得粗糙,与油画艺术效果相似,称为油画效果,如图 4.22 所示。

12. 裂像效果

若使画面图像沿水平方向、垂直方向或同时在两个方向上分裂成二块或四块画面图像,并且分别向两边推移出去,在中间裂开的地方可键入另一画面图像。当被分裂的图像被全部推出后,便完成了镜头的转换,称为裂像效果,如图

4.23 所示。

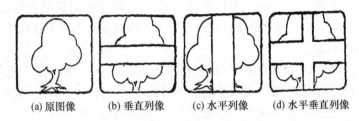

(a) 原图像　　(b) 垂直列像　　(c) 水平列像　　(d) 水平垂直列像

图 4.23　裂像效果

13. 色键跟踪效果

色键跟踪效果与普通色键效果不同,这种效果使键画面和插入画面互相跟踪相配,也就是说可以自动计算色键窗口的尺寸和位置,然后将另一图像也相应地扩缩到一定尺寸和位置,以填入色键窗口。

14. 翻转效果

翻转效果使整幅画面按水平方向或垂直方向翻转,也可以使画面做立体翻转。当翻转动作配合画面扩缩与位移效果时,翻转画面会沿复杂路线边缩小边飞逸,飘然而逝,或像翻书一样一页页地变换,它是文艺节目、体育节目中经常使用的特技。

15. 飞行效果

在飞行效果中,图像(B)从一点扩展到一定大小,并从背景图像(A)上的一处飞行到另一处,在飞行中,可以使图像(A)旋转、翻滚、盘旋等。

16. 立方体绕圈

这种旋转提供的是三维图像效果,立方体绕圈显示了一个自转的立方体,在每个可见的三面上显示了不同活动的或静止的图像。

17. 滑动效果

图像(A)横向(或竖向、斜向)平滑到图像(B)的上层,展现在屏幕上,而图像(B)被压在了图像(A)的下面,滑动效果相似于横向划,但不是图像(A)(第一幅画面)把图像(B)(第二幅画面)推向一边。滑动效果常常与压缩结合使用,使全景画面上出现分画面,且分画面可随编导人员的意图而移位。集锦式片头和文艺晚会节目常用这种效果。

当然随着数字技术的发展,其特技种类越来越多,为电视节目制作人员提供了更多的画面转换手段。

第四章　数字视频特技与图文动画创作系统

第四节　基于计算机平台的特技与图文动画创作系统

20世纪80年代后期,随着计算机技术的飞速发展,出现了集字幕、图文、动画和特技于一身的图文动画创作系统。20世纪90年代以来,图文动画创作系统的技术指标迅速提高,功能不断增强和完善。它不仅可以制作字幕,也可以进行特技和动画制作,并在电视节目制作和播出系统中发挥越来越重要的作用。目前,图文动画系统作为计算机技术与视频技术完美结合的产物,不仅运用在电视节目的后期制作,也运用在现场直播,并跻身于"非线性网络化编辑"等最新领域中。

一、图文动画创作系统的发展

图文动画创作系统发展至今,大致经历了四个发展阶段,分别被称为第一代、第二代、第三代和第四代图文动画创作系统。[①]

1. 第一代图文动画创作系统

第一代以低档计算机(PC/XT、PC/AT、80286)为硬件平台,用分辨率较低的图形卡(CGA、EGA)作为图文处理单元,采用汉字点阵字库,一般采用视频叠加输出卡或游戏机输出电路。这种图文动画创作系统有2~16种颜色,分辨率为320像素×200像素,能制作二维字幕和简单特技字幕。它操作简单、方便,但指标较低,同步锁相不完善,不能接入电视混合特技切换台,其视频信号叠加前后的颜色不一致,这种图文动画创作系统一般多用在图像质量要求不高的音像制作单位,不能用于广播电视节目的制作。

2. 第二代图文动画创作系统

第二代多以80286、80386为硬件平台,用较好的图形卡(VGA)或更高一级的图像卡(CFG)等作为图文处理单元,大多用矢量字库,字边无锯齿,美观大方。其输入、输出不仅有复合信号和键信号接口,还提供分量信号R/G/B、Y/U/V和Y/C接口。这一代图文动画创作系统可用于广播电视领域,其分辨率在640×480至768×576之间,同屏可显示16种~32768种颜色,图像质量较高,运行速度快,功能多,可制作特技字幕、二维动画和二维图像特技。

3. 第三代图文动画创作系统

第三代以80486和Pentium586为硬件平台,采用Illuminator Pro图像卡,

[①] 杨晓宏.数字电视节目制作技术[M].北京:国防工业出版社,2013:153.

内部信号处理全部采用数字分量 4∶2∶2 格式及 16 bit～32 bit 量化,备有矢量汉字库、丰富的西文字库及材质库等。这类机型采用 3D-STUDIO 软件,可实现三维数字特技,制作三维动画,它的硬件系统可扩展性强,可配接数字视频/音频压缩卡,便于实现三维动画的实时回放和非线性脱机编辑。

4. 第四代图文动画创作系统

第四代是基于 GPU+CPU 三维实时渲染的图文字幕系统,集成了计算机技术和图形处理技术,GPU 和 CPU 的合理分工实现了字幕机系统的多层、三维和子元素的渲染要求。在清晰度上已达到了高清标准,在功能上已经不再是单一的图文动画创作平台,同时具备了后期节目包装、特技制作、节目的实时播出等功能。

二、图文动画创作系统的类型

图文动画创作系统从功能上大致可以分为字幕型、特技型、动画型和全功能型四种类型。[①]

1. 字幕型图文动画创作系统

主要侧重于图文制作与播出,需要事先将图文字幕内容制作好,按照节目需要随时调出使用,主要用于电视新闻直播、体育比赛转播、文艺节目现场和后期制作。

2. 特技型图文动画创作系统

在字幕型图文动画创作系统的基础上增加了特技功能,包括对字幕图形的特技功能和活动视频图像的特技功能。除可用于字幕型图文动画创作系统的场合之外,更适合于没有切换台的简易后期制作系统。

3. 动画型图文动画创作系统

在字幕型图文动画创作系统的基础上增加了动画功能,除可用于字幕型图文动画创作系统的场合之外,更注重增强直播和后期制作的艺术效果,多用于广告和电视节目片头的制作。

4. 全功能型图文动画创作系统

在特技型图文动画创作系统的基础上增加了动画功能,能达到实时渲染,能很好地使图文制作、视频处理和三维动画无缝融合,具有最全的使用功能,可用于高质量的电视节目制作。

---

① 杨晓宏,刘毓敏. 电视节目制作系统[M]. 北京:高等教育出版社,2005:127～128.

第四章 数字视频特技与图文动画创作系统

三、图文动画创作系统的构成与工作原理

图文动画创作系统由硬件系统和软件系统两部分构成。

1. 图文动画创作系统的硬件构成与工作原理

图文动画创作系统的硬件主要由以下几个部分组成:计算机系统、图文处理卡、PAL 合成器视频监视器等,这几个部分决定了图文创作的质量、功能和档次,图 4.24 是一个典型的图文创作系统原理框图。[①]

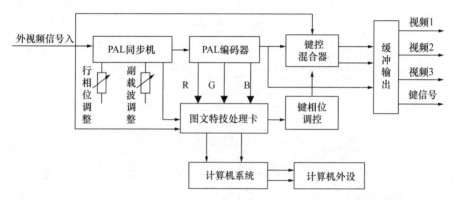

图 4.24　图文动画创作系统的工作原理

图中由 PAL 同步机、PAL 编码器、键控混合器共同构成了 PAL 合成器。它的工作过程是:背景视频信号输入经同步分离出来的行、场同步信号,副载波信号分别将 PAL 同步机产生的行、场同步及副载波信号锁定,产生出来的行、场同步信号再输出给图文处理卡作外同步源。PAL 同步机一般设有行相位、副载波相位的连续调整,以使制作系统同步工作。同步机还产生 PAL 标准编码器所需的各种同步信号输出。图文处理卡是能产生各种字符、图形的计算机插卡,它有两个特性:一是总线与计算机相连,一般插在计算机的扩展槽内;二是必须有键信号输出,以便与背景信号叠加时作键控。PAL 编码器接收计算机图文特技处理卡来的 R、G、B 图文信号并进行编码,编码后的全电视信号送给键控混合器与背景视频进行键控混合处理。图文处理卡输出的键信号经相位调整后,一路供内部键控叠加,另一路输出提供给外部视频切换台,以便在电视节目制作系统中做外键信号使用。从键控器输出的两路复合视频信号经缓冲后输出,可直接送给录像机记录。

---

① 杨晓宏,刘毓敏.电视节目制作系统[M].北京:高等教育出版社,2005:129.

(1) 计算机

计算机是处理图形、文字的硬件平台。目前广播级图文创作系统普遍采用性能更强且拥有图形处理单元的 i5、i7(带 GPU)以上中央处理器的微机,内存普遍采用 8 GB、16 GB,硬盘容量从早期的 GB 级发展到 TB 级。一般来说,主机频率越高,内存容量越大,图文创作的运行效率和速度越高,硬盘容量越大,存储图文文件的空间就越大。除主机之外,图文创作系统的计算机系统硬件还包括彩色显示器、键盘、鼠标器、软驱和光驱等,如图 4.25 所示。

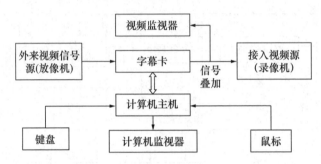

图 4.25　图文动画创作系统的硬件构成

(2) 图文处理卡

图文处理卡是能产生图形和文字的计算机插卡,是图文创作系统的心脏,它直接插在计算机的主板扩展槽上。图文处理卡一般具有视频输入与输出、解码与编码、信号处理等功能,同时还具有与微机系统的通讯和接口功能。图文处理卡决定了图文创作系统的分辨率、颜色的多少、图文的质量和处理表现形式等。因此,图文处理卡质量的好坏直接影响到输出字幕、图形质量的优劣。随着硬件技术的不断发展,图文处理卡的质量也在不断提高,种类越来越多,性能越来越好,价格却不断下降。

(3) 视频监视器

图文动画创作系统一般都使用双屏显示器,即一个计算机监视器、一个视频监视器。字幕制作监视用视频监视器,视频监视器最好是采用带有 R、G、B 分量输入的,一是使用方便,二是信号质量好,不易受干扰。当然,如果要求不高的话,使用一般的彩色电视机也是可以的。

(4) 连接线

连接线用于图文卡的输入、输出,一般采用同轴电缆就可以了,一些进口的高档图文卡配备有专门的连接线,价格较高,但其屏蔽效果、传输质量都比较高。

2. 图文动画创作系统的软件构成

图文动画创作系统的软件主要有操作系统、字幕制作播出软件、特技制作播出软件和动画制作播出软件等。①~③

（1）操作系统

操作系统是管理和控制计算机硬件与软件资源的计算机程序，是直接运行在"裸机"上的最基本的系统软件，任何其他软件都必须在操作系统的支持下才能运行。图文动画创作系统软件也不例外，常用的 PC 机操作系统有 DOS 和 Windows 两大类，它们的工作方式和性能特点都不相同。受计算机发展的影响，早期的图文创作系统因硬件档次很低，一般在 DOS 操作系统下开发，随着计算机的迅猛发展和软件的升级换代，现在一般都使用 Windows 操作系统。

（2）字幕制作播出软件

字幕制作播出软件的主要功能是完成字幕的制作和播出，是构成图文创作系统的基本核心软件，一般要求它具有较全面的功能和高质量的输出，有别于一般的通用图像处理软件，如 Paintbrush、Photoshop 等，字幕制作播出系统软件只能在某种特定的图文创作硬件系统支持下使用。字幕制作播出软件通常具有下列功能：

① 字幕制作方面。主要是对中西文字的制作和处理，如字体、字号、旋转、倾斜、立体、阴影、加边、变形、变色、色彩渐变、材质字、字色等的设置。用户可以根据自己的喜好和节目主题表现的需要将各种属性进行组合，来实现对某个字或某些字的修饰。

② 图形制作方面。包括多种图形绘制工具，主要有直线、圆、矩形、正多边形、任意多边形、五角星、曲线、填充（多种方式填充），这部分的属性和字的修饰基本相近，也可以任意组合进行修饰，其中有 Alpha 通道遮罩、亮度贴图、材质贴图、二值化、按钮、拷贝、防抖动、椭圆变形、多边形变形、勾边、浮雕、灰度、反色、零乱、增亮、锐化、柔化、透明、换色、角度刷子、凸起、彩色铅笔、油画龟裂、交叉影线、剪样、玻璃、边缘增亮、半调模式、墨水轮廓画、瓷砖、信纸、拼缀物、调料包装、水波纹、海绵、喷涂笔、着色玻璃、高斯模糊等。各种效果既可以单独使用，也可以组合使用。图像处理单元处理的是某个区域内的对象（包括图文单元、图像单元），图像处理的效果可通过调整参数而改变。此外还可以调用已经有的现

---

① 杨晓宏，刘毓敏.电视节目制作系统[M].北京：高等教育出版社，2005：128~129.
② 杨晓宏.数字电视节目制作技术[M].北京：国防工业出版社，2013：154~160.
③ http://www.doc88.com/p-2078215766447.html. http://max.book118.com/html/2016/0307/37042060.shtm. http://wenda.tianya.cn/question/251287f56ffe605e

成图像作为素材来使用,制作好的内容一般作为背景图案来使用。

③ 字幕播出方面。包括多种划像出入屏方式以及飞屏、多屏字幕向上滚动、底行信息左飞等。很多系统能够直接播放 3DS 制作的动画文件,或采用解压卡回放满屏动画。此外,高档系统一般还具有马赛克、油画、浮雕、画中画、变焦、翻滚等视频特技功能。

(3) 特技制作播出软件

特技制作播出软件主要用于制作和播出各种视频或字幕的特技。特技的制作一般有两种方式:一种是硬件方式;另一种是软件方式。其中硬件特技往往由专门的特技机或在普通图文创作系统的图文卡功能之外另加一块特技硬件板来实现,速度快而且质量高,但硬件成本高;软件特技不需要另加专门的特技硬件,特技靠普通字幕卡和软件编程实现,功能变化更加灵活,但一般速度较慢,生成的特技质量很难达到高档水平。

(4) 动画制作播出软件

动画制作播出软件主要用于制作和播出二维或三维视频动画。制作软件可以外挂如 3DS、ANIMATE 等成熟的通用动画制作软件。其中多数图文动画创作系统采用 3DS 制作的 FLIC 动画,这种动画制作效果逼真,是当前最优秀的动画软件之一。电视节目对动画制作播放质量的要求越来越高,早期的低档图文动画创作系统上一般都只能做到不满屏的 256 色动画播放,而现在要求能够达到全屏幕真彩色动画播出。

随着多媒体技术的广泛使用,图形、图像制作、编辑软件的介入极大地方便了动画的绘制,降低了成本消耗,减少了制作环节,提高了制作效率,下面简要介绍几种常用的动画制作软件。

① Gif Animator。Easy GIF Animator 软件是 Ulead(友立)公司最早在 1992 年发布出品的一款专业制作 gif 动画的软件,可以快速、专业地创建网页上的 gif 动画,创建透明、交错和活动的 GIF 文件,操作、使用都十分简单,比较适合非专业人士使用。这款软件提供"精灵向导",使用者可以根据向导的提示一步一步地完成动画的制作,同时,它还提供了众多帧之间的转场效果,实现画面间的特技过渡。该软件的输出类型是 GIF,支持 GIF 图像、动画、文字特效;支持调用外部图像编辑器;支持管理动画图像画帧;支持其他图像转换为 GIF 动画;支持调色板编辑 GIF 动画颜色;支持翻转/旋转 GIF 动画任意部分;支持生成 GIF 动画到 HTML 代码;支持输出 GIF 动画到 Flash 格式;支持 GIF、JPG、BMP 和 PNG 等众多流行的图像格式。

第四章 数字视频特技与图文动画创作系统

② Macromedia Flash。Macromedia Flash 简称为 Flash，是 Macromedia 公司出品的一款功能强大的二维动画制作软件，后被 Adobe 公司合并，现称为 Adobe Flash，通常包括 Macromedia Flash，用于设计和编辑 Flash 文档以及 Adobe FlashPlayer，用于播放 Flash 文档；支持最新的 Web 技术，包含 HTML 检查、HTML 格式控制、HTML 格式化选项、HomeSite/BBEdit 捆绑、可视化网页设计、图像编辑、全局查找替换、全 FTP 功能、处理 Flash 和 Shockwave 等流媒体格式和动态 HTML、基于团队的 Web 创作。它有很强的矢量图形制作能力，提供了遮罩、交互的功能，支持 Alpha 遮罩的使用，并能对音频进行编辑。Flash 采用了时间线和帧的制作方式，不仅在动画方面有强大的功能，在网页制作、媒体教学、游戏等领域也有广泛的应用，Flash 是交互式矢量图和 Web 动画的标准。网页设计者使用 Flash 能创建漂亮的、可改变尺寸的以及极其紧密的导航界面。无论是专业的动画设计者还是业余动画爱好者，Flash 都是一个很好的动画设计软件。

③ Ulead Cool 3D。Cool 3D 是由 Ulead 公司出品的一款专门用来制作三维文字动态效果的文字动画软件，主要用来制作影视字幕和界面标题。这款软件操作简单，它采用的是模板式操作，使用者可以直接从软件的模板库里调用动画模板来制作文字三维动画，只需先用键盘输入文字，再通过模板库挑选合适的文字类型，选好之后双击即可应用效果，同样，对于文字的动画路径和动画样式也可从模板库中进行选择，十分简单易行。

④ 3D Studio MAX。3D Studio MAX 简称为 3DS MAX 或 MAX，是 Discreet 公司开发的(后被 Autodesk 公司合并)基于 PC 系统的三维动画渲染和制作软件，功能很强大，它的光线、色彩渲染都很出色，造型丰富细腻，跟其他软件相配合可产生很专业的三维动画制作效果。这款软件采用的是关键帧的操作概念，通过起始帧和结束帧的设置，自动生成中间的动画过程，广泛应用于广告、影视、工业设计、建筑设计、三维动画、多媒体制作、游戏、辅助教学以及工程可视化等领域。

⑤ Autodesk Maya。Autodesk Maya 是美国 Autodesk 公司出品的世界顶级的三维动画软件，应用对象是专业的影视广告、角色动画、电影特技等。Maya 功能完善，工作灵活，易学易用，制作效率极高，渲染真实感极强，是电影级别的高端制作软件。Maya 软件主要分为 Animation(动画)、Modeling(建模)、Rendering(渲染)、Dynamics(动力学)、Live(对位模块)、Cloth(衣服)六个模块，有很强大的动画制作能力，许多影视作品中都能看到 Maya 制作的绚丽的视觉效果。

⑥ Poser。Poser 是 Metacreations 公司推出的一款三维动物、人体造型和三维人体动画制作的极品软件。Poser 主要用于人体建模,常配合其他软件来实现真实的人体动画制作。它的操作也很直观,只需鼠标就可实现人体模型的动作扭曲,并能随意观察各个侧面的制作效果。它有很丰富的模型库,使用者通过选择可以很容易地改变人物属性,另外它还提供了服装、饰品等道具,双击即可调用,简单易学。利用 Poser 进行角色创作的过程较简单,主要为选择模型、姿态、体态设计三个步骤,内置了丰富的模型,这些模型以库形式存放在资料板中。

⑦ 飘雪动画秀。飘雪动画秀是一套非常好的动画制作软件,它几乎拥有制作 GIF 动画所需的所有功能,无须再用其他的图形软件辅助。它可以做背景透明化处理,也可以对图片进行最佳化处理,使图片减肥。另外,它除了可以把做好的图片存成 GIF 的动画图外,还可支持 PSD、JPEG、AVI、BMP、GIF 格式输出。

四、字幕机系统的连接及使用

在电视节目制播系统中,字幕机的运用根据需要有多种连接方式。一种是将字幕机产生的字符信号作为信号源与摄像机、放像机等输出的视频信号一样,分别连接到视频切换台上,视频切换台输出的信号送入到录像机上进行记录或播出,这种方式又叫切换台联机锁相方式,即由视频切换台输出的黑场信号作为字幕机的基准信号进行锁相,字幕机输出键信号和视频信号给视频切换台,如图 4.26 所示。这种接法被广泛使用,主要由切换台来操作控制,把字幕机作为信号源或作为外键使用(抠字),比较灵活。

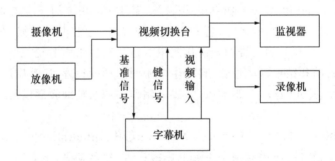

图 4.26 切换台联机锁相方式

还有一种方式是将字幕机用作视频通路主通道的一环,外部的信号(如放像机或摄像机)输出给字幕机,经字幕机锁相、键控等处理后,输出视频信号供记录,如图 4.27 所示。字幕机是主通道的一环,由于国产字幕机视频指标不是很高,用它处理后的视频信号信噪比下降,因此,在没有切换台的情况下可以用这种方式,而在有切换台的情况下,应采用切换台方式。

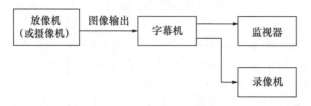

图 4.27 字幕机作为主通道的一环

图 4.28 是有线电视台多频道自动插播系统连接示意图,安装于有线电视系统前端,集字幕制作和播出于一体,字幕制作方便,功能丰富,播出方式多种多样(定时、即时、任意频道、任意次数),可以在任意频道中自动插播广告、通知和寻人启事等信息。

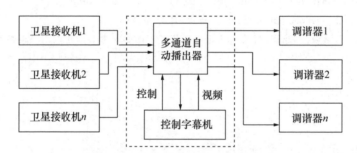

图 4.28 有线电视台多频道自动插播系统连接

复习思考题

1. 摄像特技有哪些典型的造型效果?
2. 传统特技机有哪些典型的造型效果?
3. 数字电视特技有哪些典型的特技效果?
4. 电视图文创作系统由哪几部分组成?各部分有什么功能?
5. 什么是键控?键控有哪些类型?
6. 简述数字特技的基本组成和基本原理。
7. 简述数字切换台的基本组成。
8. 简述图文动画创作系统的工作原理。

参 考 文 献

[1] 杨晓宏,梁丽,张军等.新编电视节目制作教程[M].北京:国防工业出版社,2003.
[2] 杨晓宏,刘毓敏.电视节目制作系统[M].北京:高等教育出版社,2005.
[3] 孟群.电视节目制作技术[M].北京:高等教育出版社,2006.
[4] 杨晓宏.新编电视节目制作技术教程[M].北京:国防工业出版社,2003.
[5] 刘宁生,顾建国,崔伏龙等.数字电视节目制作与播控技术[M].北京:中国广播电视出版社,2003.
[6] 翁志清,陈伟平.数字电视制播系统[M].上海:上海大学出版社,2009.
[7] 杨晓宏.数字电视节目制作技术[M].北京:国防工业出版社,2013.
[8] http://www.doc88.com/p-2078215766447.html
[9] http://max.book118.com/html/2016/0307/37042060.shtm
[10] http://wenda.tianya.cn/question/251287f56ffe605e
[11] 吴琼,李焕勤,赵娜.特技——让电视艺术之花更璀璨的催化剂[J].科教文化,2010(16).

第五章　数字非线性编辑系统

【学习目标】

学习完本章,应该能达到下述目标:
- 了解电视编辑的发展历史。
- 知道非线性编辑系统的分类和主要功能。
- 掌握非线性编辑系统的基本组成。
- 理解非线性编辑系统的工作原理。
- 掌握利用非线性编辑制作电视节目的过程。

第一节　数字非线性编辑概述

非线性编辑系统产生于20世纪70年代初期,当时的非线性编辑系统对图像信号采用模拟调频的处理方式,其记录载体为可装卸的磁盘,编辑时通过随机访问磁盘以确定编辑点。20世纪90年代初,出现了纯数字的非线性编辑系统,该系统使用磁盘和光盘作为数字视频信号的记录载体。由于当时的磁盘存储容量小,压缩硬件也不成熟,所以画面是以不压缩的方式记录的,系统所能处理的节目总长度约为几十秒至几百秒,因此仅能用于制作简短的广告和片头。20世纪90年代以后,随着JPEG压缩标准的确立、实时压缩半导体芯片的出现、数字存储技术的发展和其他相关硬件与软件技术的进步,非线性编辑进入了快速发展阶段。数字非线性编辑系统是基于计算机平台,软硬兼施,配以专用的图像卡、视频图像压缩解压卡、声卡以及一些辅助卡和高速硬盘,由相应软件控制来完成视、音频节目的制作。目前,非线性编辑系统不仅能够编辑视、音频节目,还可以处理文字、图形、图像和动画等多种形式的素材,极大地丰富了电视和多媒体制作的手段。非线性编辑系统在保证编辑快捷方便性的同时,又是集新闻编辑、专题制作、广告设计、栏目包装、网络应用于一身的全面开放的综合非线性编辑平台。

一、电视编辑的发展

1956年,美国安培公司(Ampex)研制出世界上第一台达到实用化的旋转四磁头广播用磁带录像机,解决了电视节目的存储、复制和后期制作问题,开创了电视编辑的新时期。迄今为止,电视编辑大致经历了"物理剪辑""电子编辑""时码编辑""非线性编辑"和"非线性网络化编辑"五个阶段。[①]

1. 物理剪辑

在电影后期制作中,将镜头素材进行挑选、整理和组接的工作叫作剪辑,电影胶片的剪辑过程是一个非线性剪辑的过程,是真正意义上的剪接(用剪刀和胶水),包括胶片的裁剪、排列和黏接三个环节。最初电视节目编辑沿用了电影的这种剪辑方式。在20世纪50年代末期,人们首先通过放大镜对磁带上的磁迹进行定位,然后使用刀片在标明画面界面的磁迹位置切割磁带,最后用胶带把它们粘在一起。这种编辑不能做到素材的随机存取,而且对磁带的损伤是永久性的,制作过节目的磁带不能重复使用,同时编辑时不能查看画面,编辑点的选择无法保证精确,编辑人员只能凭经验并用刻度尺来确定每个镜头的大致长度。

2. 电子编辑

20世纪60年代初第一台电子编辑机问世,使电视节目制作进入电子编辑阶段。所谓电子编辑就是利用电子控制的方式使用快进、快倒、暂停和播放等功能,在磁带上寻找编辑点并控制录像机的录制和重放。一般由一台编辑放像机、一台编辑录像机和一台编辑控制器就可以完成录像磁带的节目编辑工作,这是电子编辑刚出现时的基本形式,通常把这样的编辑系统称为"一对一"编辑系统,后来出现了"二对一"编辑系统、"二对一"A/B卷编辑系统、"二对一"A/B卷特技编辑系统和多对一编辑系统。电子编辑摆脱了物理剪辑的黑箱操作模式,避免了对磁带的永久性的物理损伤,节目制作人员在编辑过程中可以随时查看编辑结果,并能及时进行修改,也可以保存作为节目源的素材母带。电子编辑阶段一般无法保证编辑点的完全精确。此外,录机在开始录像和停止录像的时候带速不均匀,与放机的走带速度存在差异,容易造成节目中各镜头编辑点处的跳帧现象。

3. 时码编辑

受到电影胶片片孔号码定位的启发,美国电子工程公司(EECO)于1967年研制出了EECO时码系统。1969年,使用小时、分钟、秒和帧对磁带位置进行标

---

① 杨晓宏,李兆义.电视节目制作概论[M].北京:北京大学出版社,2015:1~3.

记的 SMPTE/EBU 时码在国际上实现了标准化。其后,在电视节目后期制作领域,各种基于时码的编辑控制设备不断涌现,新的编辑技术和编辑手段被广泛应用于电视节目制作中。例如,录机放机同步预卷编辑、编辑预演、自动串编、脱机草编和多对一编辑等。为了改善编辑精度与提高编辑效率,专业电视设备厂商在稳定带速和提高搜索速度上也作了很多工作。然而尽管如此,由于信号记录媒体的固有限制,时码编辑仍然无法实现实时编辑点定位等功能,同时由于磁带复制造成的信号损失也无法彻底避免。

4. 非线性编辑

非线性编辑的雏形早在 20 世纪 70 年代初期就已出现,当时的非线性编辑依托模拟非线性编辑系统实现。系统对图像信号采用模拟调频的处理方式,其记录载体为可装卸的磁盘,编辑工作通过随机访问磁盘以确定编辑点的形式完成。纯数字的非线性编辑系统于 20 世纪 80 年代末期出现,由于当时的磁盘存储容量小,压缩硬件也不成熟,画面是以不压缩的方式进行记录的,系统所能处理的节目总长度约为几十秒至几百秒,因此仅能用于制作简短的广告和片头。20 世纪 90 年代开始,非线性编辑系统进入了快速发展时期,这主要得益于计算机性能的提高、JPEG 及 MPEG 压缩标准的确立、实时压缩芯片的出现、数字存储技术的发展及其他相关硬件与软件技术的进步。非线性编辑以计算机取代磁带等成为画面和声音的记录载体,将输入的所有素材,包括静止图形、图像、活动视频、字幕和声音信号转换为计算机数据,以文件的形式存储于硬盘或硬盘阵列等大容量数据存储载体中,并以计算机为工作平台,通过相应的软件支持,在计算机的软硬件环境中完成对所有素材的随机调用、浏览、处理和组合。由于基于硬盘的存储载体具有随机存取的特点,不受素材存储的物理位置的限制,剪辑人员可以随机地访问素材,随时演示剪辑结果并即时修改,剪辑结果可以迅速生成编辑决定表(EDL),也可以直接合成完成片记录在硬盘上,最后将硬盘里的画面和声音重放出来记录在磁带或其他载体上,从而完成整个剪辑过程。非线性编辑为电视节目编辑提供了前所未有、简单高效的后期制作工具。

目前,基于高速 CPU 配合成熟的视频编解码技术、高性能的 GPU 视频图像处理技术的"CPU+GPU+I/O"型视频处理模式正广泛地应用于新一代的非编系统中。这种利用软件核心算法替代专用硬件的技术,其编辑功能不再依赖硬件板卡,充分利用通用的硬件系统资源,实现了视频的高性能编辑和处理。而今,非线性编辑在保证编辑快捷方便的同时,又是集新闻编辑、专题制作、广告设计、栏目包装、网络应用等于一身的全面开放性的综合非线性编辑平台。

5. 非线性网络化编辑

使用单个非线性编辑机并不能完全发挥出计算机系统的优势。当计算机网络系统出现后，人们很快将其应用到了非线性编辑系统之中。仅仅将多台非线性编辑机通过计算机网络连接起来只能称为非线性编辑网络，但还不能称为非线性网络化编辑。非线性网络化编辑是以素材共享、流程管理为目标的非编网络，是电视非线性编辑发展的高级阶段。虽然我国非线性编辑起步较晚，但非线性网络化编辑的发展却走在世界前列，1999年我国就诞生了第一套非线性网络系统。目前的网络系统日趋成熟，使非线性编辑进入了一个崭新的发展阶段。

二、非线性编辑系统的分类

非线性编辑是利用计算机平台进行视音频编辑的电视编辑方式，这种计算机平台通常在软硬件配置上有一定的要求。通常把专用于视音频编辑的计算机软硬件平台统称为非线性编辑系统。不同种类的非线性编辑系统有着不同的工作效率。

1. 按硬件平台划分

主要有基于 Macintosh 平台的系统（简称 MAC 平台）、基于 PC 平台的系统和基于工作站平台的系统（简称 SGI 平台）。[1]

（1）基于 PC 平台的系统。PC 平台系统以 Intel 及其兼容芯片为核心，型号丰富、性能价格比高、装机量大、更新换代速度快、发展非常迅速，是目前的主导型系统。

（2）基于 MAC 平台的系统。基于 MAC 平台的系统在非线性编辑发展的早期应用得比较广泛，如今其技术先进程度已经与基于 PC 的系统相当，其未来的发展在一定程度上受到单一的苹果硬件平台的制约。

（3）基于工作站平台的系统。基于工作站平台的系统大多建立在 SGI 的图形工作站基础上，一般图形和动画功能较强，但价格昂贵，软硬件支持不充分。

2. 按有无专用板卡划分

主要分为系统带有专用视频处理卡即板卡和系统不带专用视频处理卡两类，简称有卡系统和无卡系统。[2]

在基于板卡的非线性编辑系统中，计算机系统只是负责视频数据的存储和传输，而全部的数据处理则是通过专门的板卡来完成。该系统的缺点是价格昂

---

[1] 杨晓宏，刘毓敏.电视节目制作系统[M].北京：高等教育出版社，2005：205.
[2] 杨晓宏.数字电视节目制作技术[M].北京：国防工业出版社，2013：126.

贵,维修成本较高。目前应用较广的有 Matrox 的 DigiSuite/LE/DTV/LX、Pinnacle 的 RealTime/Tagar3000、Avid 的 Meridien/BreakoutBox 等。

无卡系统主要是指目前发展迅速的"CPU+GPU+I/O"非线性编辑系统。原本由专用板卡完成的大部分功能,都通过 CPU 与 GPU 的运算以软件的方式来实现。只有基带信号的 I/O 需要通过特定的 I/O 卡来完成。这极大地提升了编辑系统的兼容性、稳定性和性价比,同时充分利用了软件的可升级特性,通过对平台的升级或更换,可以实现编辑系统几乎无限制的功能扩充和性能提升。

3. 按压缩格式划分

主要有 Motion-JPEG、DV25、DV50、MPEG-2、AVC/H.264 等四种,这四种压缩格式在编码方式方面的比较,如表 5.1 所示。[①]

表 5.1　几种压缩格式在编码方式方面的比较

比较项目	MPEG-2	DV25	DV50	M-JPEP	AVC/H.264
压缩方式	帧间+帧内	帧内	帧内	帧内	帧内
取样方式	4:2:2 或 4:2:0	4:2:0 或 4:1:1	4:2:2	4:2:2	4:2:0 或 4:2:2 或 4:4:4
自适应量化	支持	支持	支持	不支持	支持
可指定压缩码率	支持	不支持	不支持	支持	支持
每帧可变码率	支持	不支持	不支持	支持	支持

4. 按应用类型划分

主要有单机非线性编辑系统和网络非线性编辑系统两类。

最早出现并被实用化的非线性编辑系统多为单机应用型产品,目前国内外的非线性编辑系统产品专业制造商已经推出了基于不同档次硬件平台和各种类型板卡的单机非线性编辑系统产品。单机非线性编辑系统的特点是硬件配置齐全,工作稳定可靠,但使用数量较大时投资成本明显增加,且不能实现资源共享,不利于非线性编辑系统优势的充分发挥。

网络非线性编辑系统是近年来随着计算机网络技术、存储技术和视频信号压缩编码技术的进步而发展起来的,从网络结构看,主要有 FC-SAN 网络结构、FC-Ethernet 双网结构和千兆以太网结构。

5. 按素材上下载速度划分

主要有实时和 4 倍速两类。大部分非线性编辑系统是以实时速度进行上、

[①] 杨晓宏.数字电视节目制作技术[M].北京:国防工业出版社,2013:126.

下载的,而有的产品可以支持 4 倍速上、下载,可以节约大量的上、下载时间。[①]

三、非线性编辑系统的功能与优点

1. 非线性编辑系统的功能

传统的线性编辑系统属于功能分担型系统,即系统的各项功能分别由不同的设备独立完成。而非线性编辑系统是专用的数字视频后期制作设备,它除具有基本的编辑功能外,还可实现电视节目后期制作中多种传统设备的功能。[②]

(1) 硬盘数字录像机。即使是最简单的非线性编辑系统,也能充当一台硬盘录像机进行视频信号的记录和重放。存储节目的最长时间根据硬盘容量和对图像质量的不同要求而定。

(2)(非线性)编辑控制器。可充当(非线性)编辑控制器,在硬盘上快速实时地寻找编辑点,设定入点、出点及其他标记,这是非线性编辑系统优于传统编辑控制器的一个重要特点。

(3) 切换台。在传统的磁带编辑系统中,进行对编或 A/B 卷编辑分别需要一台放机、一台录机或两台放机、一台录机。在非线性编辑系统中,采用了时间线、视频轨和音频轨的概念。一条视频轨可以看作一台放像机。因此,非线性编辑系统能用多条轨模拟多通道切换台。

(4) 特技机。非线性编辑系统可以使用内置软件或硬件实现特技的功能。软件特技成本低廉,并可不断升级;硬件支持的特技速度较快。

(5) 字幕和图形创作。在非线性编辑系统中,一般有专门的软件用于制作字幕和图形,并通过软件或硬件方法实现与视频信号的叠加。

(6) 动画制作。所有动画制作都是借助电脑完成的,尤其是三维动画。在非线性编辑系统中生成的动画采用标准图像文件格式,可以包含透明及抠像信息,便于和视频画面进行合成。

(7) 数字录音机、音源和调音台。非线性编辑系统中都包含音频输入输出单元、软件波表或(和)硬件波表及硬件混音器,可以录制高质量的声音,可以用数百种乐器的原始音色演奏 MIDI(乐器数字接口)乐曲,也可以配合软件完成多路音频信号电平的调节。

2. 非线性编辑系统的优点

非线性编辑系统集录像机、切换台、数字特技机、编辑机、多轨录音机、调音

---

① 翁志清,陈伟平.数字电视制播系统[M].上海:上海大学出版社,2009:162.
② 杨晓宏.数字电视节目制作技术[M].北京:国防工业出版社,2013:126~127.

台、MIDI创作、时基等设备于一身,几乎包括了所有的传统后期制作设备。这种高度的集成性,使得非线性编辑系统的优势更为明显。

(1) 高质量的图像信号。使用传统的录像带编辑节目,素材磁带要磨损多次,而机械磨损也是不可弥补的。另外,为了制作特技效果,还必须"翻版",每"翻版"一次,就会造成一次信号损失,而在非线性编辑系统中,这些缺陷是不存在的。非线性编辑在整个信号处理过程中,除了编码和解码、A/D和D/A转换、压缩和解压缩、文件格式转换会引起信号损失外,实际编辑制作过程完全由数字化信号处理,无论对录入的素材怎样进行反复编辑和修改,都不会引起图像质量下降,不会增加噪声,从而克服了模拟编辑系统的致命弱点。

(2) 编辑方式的非线性化。使用传统的编辑方法制作电视节目,往往要对素材带反复进行审阅比较,然后将所选择的镜头编辑组接,并进行必要的转场、特技处理,其中包含大量的机械重复劳动。而在非线性编辑系统中,大量的素材都存储在硬盘上,可以随时调用,不必费时费力地逐帧寻找。镜头可以按不同顺序、不同长度排列,镜头组可以任意移动位置,可以任意进行剪辑、修改、调动画面前后顺序,为编辑制作带来了极大的方便性和灵活性。整个编辑过程就像文字处理一样,既灵活又方便。同时,多种多样的特技方式,使制作的节目丰富多彩,将制作水平提高到了一个新的层次。

(3) 可靠性强,使用寿命长。非线性编辑系统将编辑、特技、字幕、音频、动画等功能高度集成,使后期制作所需的设备降至最少,有效地节约了投资,减少了设备所占的体积、空间以及设备之间的连线、接口,使得设备的故障率下降。而且由于是非线性编辑,只需要一台录像机,在整个编辑过程中,录像机只需要启动两次,一次输入素材,一次录制节目带,这样就避免了磁鼓的大量磨损,使得录像机的寿命大大延长。

(4) 系统升级容易,便于功能扩展。影视制作水平的提高,总是对设备不断地提出新的要求,这一矛盾在传统编辑系统中很难解决,因为需要不断投资。而使用非线性编辑系统,则能较好地解决这一矛盾。非线性编辑系统所采用的是易于升级的开放式结构,支持许多第三方的硬件、软件,通常,功能的增加只需要通过软件的升级就能实现。

(5) 资源共享的网络化。非线性编辑系统可充分利用网络方便地传输数字视音频信号,实现资源共享,还可利用网络上的计算机协同创作,对于数字视音频资源的管理、查询,更是易如反掌。目前在一些电视台中,非线性编辑系统都在利用网络发挥着更大的作用。

(6) 素材来源的多样化。由于非线性编辑系统处理的是数字信号,除了可以采集来自摄像机、录像机等设备的视音频素材外,还可以将来自扫描仪、数码相机等外部设备的图形以及计算机内部各种软件制作的动画、图形、文本、音频等极其方便地融入自己的节目之中,使视、音频素材更加丰富和多样化。

第二节 数字非线性编辑系统的基本组成及工作原理

一、专用板卡非线性编辑系统的基本组成及工作原理

20世纪90年代以来,随着数字技术的飞速发展,非线性编辑系统(Nonlinear Editing System,简称NLE)也得到了快速发展。非线性编辑系统是能够对视频、音频信号进行采集、重放、处理和编辑的计算机系统,通常由硬件平台和软件平台两大部分组成。硬件是以通用计算机为平台,加以专用的视频处理卡、特技卡、音频处理卡、压缩卡、各种控制卡和素材硬盘组成,其基本构成如图5.1所示。从图中可以看出,非线性编辑系统把来自录像机或其他信号源的视频、音频信号分别经图像卡、声音卡完成模数转换,转换后的数字视音频信号再经压缩后存入高速大容量硬盘;软件平台以非线性编辑软件为主,辅以三维动画制作软件、图像处理软件和音频处理软件等外围软件构成。编辑人员根据创作意图,运用编辑软件进行视音频编辑,实际上是利用时间和地址码的二维检索和记录,来实现其跳跃性的信号连接、删除和复制。其全部过程就是编写一个完整的有关数字视音频信号地址和时间的数据文件,最后计算机读出这一文件的同时也完成对数字信号的解压缩,视音频信号的数/模转换形成模拟的视音频信号输出。[1][2]

目前在国内外生产和销售以专用板卡为核心的非线性编辑系统硬件、软件和整机的厂家很多,如苹果、Avid、Discreet、Pinnacle、Quantel、Matrox、索贝、大洋、新奥特、奥维迅等,其产品价格不一,制作质量随设备价格的不同而有较大的差异,但其基本组成却大致相同,主要由计算机平台、非线性编辑板卡、素材存储单元和编辑软件等组成。在实际应用中,系统通常还会配有录像机、调音台、话筒、摄像机、字幕机、数码照相机、扫描仪等设备。

1. 计算机平台

计算机是非线性编辑系统的基本硬件平台,它主要完成数据传输和存储管理、非线性编辑板卡的工作控制和软件运行等任务,它的性能和稳定性决定了整

---

[1] 杨晓宏,刘毓敏.电视节目制作系统[M].北京:高等教育出版社,2005:207~210.
[2] 杨晓宏.数字电视节目制作技术[M].北京:国防工业出版社,2013:126~128.

第五章　数字非线性编辑系统

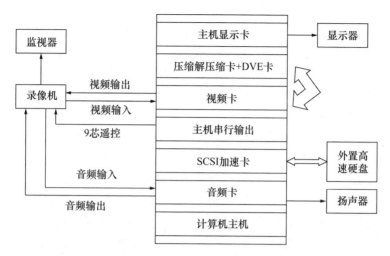

图 5.1　非线性编辑系统的基本构成

个系统的运行状态。由于视音频信息的数据量大，对计算机的运算速度、输入/输出速度、存储能力等提出了很高的要求。因此，用于非线性编辑系统的计算机平台应选用性能较高的计算机，如采用多个多核 CPU，选择工作站主板，配置高端显卡、兼容性好的声卡。

2. 非线性编辑板卡

非线性编辑板卡，又称图像处理卡，简称板卡。它主要完成视、音频信号的 A/D、D/A 转换，编码、解码，压缩、解压缩，实现视、音频二、三维特技处理等任务。采用专用板卡的非线性编辑系统的视频信号质量与工作效率主要取决于非线性编辑板卡的性能。非线性编辑板卡通过专用视、音频接口箱或内置视、音频接口板与外部视、音频设备连接。根据板卡上的压缩和解压缩的通道数目，非线性编辑板卡有单通道和双通道之分。单通道卡只能对一路视频信号进行压缩记录和解压缩回放，而双通道卡可同时对两路视频信号进行处理，可实现硬件特技，并可实时叠加字幕。

由于早期的 PC 平台不足以对高质量视频数据进行实时处理，专用视音频处理板卡作为一种折中方案，一方面突破了处理能力的瓶颈，另一方面充分利用了 PC 平台的数据非线性存取特性。但是作为介于完全专用设备和开放的通用设备之间的折中组合方案，这种编辑系统的结构同时也存在难以克服的缺陷。采用专门设计的芯片来实现视频编解码、特技处理和画面合成，虽然可以保证系统的实时性，但系统所能够处理的视频压缩格式、特技效果的种类、实时性能都被固化了,不便于升级。非线性编辑系统的功能和性能完全取决于板卡,板卡中编解码器的规格和编解码性能决定了所能够编辑的压缩视频格式和实时编辑、播放的视频层数,DVE 处理器的数量和性能决定了实时特技轨道数和特技效果。由于专用硬件板卡中使用了大量专用芯片,因而,结构复杂、发热量大,稳定性和兼容性较差,故障率高,且价格昂贵、维修成本高。

3. 素材存储单元

素材存储单元是非线性编辑系统的重要组成部分,存储单元目前普遍采用大容量的高速硬盘,由于数据率较大,为保证图像质量,一般使用 10 000 转以上的 SCSI 硬盘。通过 SCSI 接口可以接入多个硬盘,组成大容量的硬盘阵列。采用 SCSI 接口的硬盘存取速度快,CPU 占用率低,有利于提高系统效率。随着高清时代的到来,考虑到素材量较大,因此素材盘的容量要尽可能大些,至少应在 2 T 以上。如果非线性编辑板卡带有 SCSI 接口,只需将高速大容量 AV 硬盘直接挂在板卡的 SCSI 接口上,这样捕捉到的数据直接从板卡进入 AV 硬盘,而不必通过 PCI 系统总线。如果板卡不具备 SCSI 接口,则捕捉的视频信号经过 PCI 总线进入系统硬盘,占用系统硬盘的一部分空间。

网络化的编辑对非线性编辑系统的数据传输速率提出了更高的要求。处于网络中心的在线存储系统通常由许多硬盘组成硬盘阵列。系统要同时传送几十路甚至上百路的视音频数据就需要应用 RAID 管理电路。该电路把每一个字节中的位分配给几个硬盘同时读写,提高了速度,整体上等效于一个高速硬盘。这种 RAID 管理方式不占用计算机的 CPU 资源,也与计算机的操作系统无关,传输速率可以达到 100 Mb/s 以上,并且安全性能较高。

现在,大多数专业非线性编辑系统需用两个显示器,用于同时监看多个窗口和图形显示。另外还需要一台监视器,用于监视编辑好的节目在电视上呈现的效果。除了鼠标、键盘、DVD 刻录光驱,还要配备一对高质量的音箱。此外,有的非线性编辑系统内置字幕卡,用于编辑节目时的实时字幕叠加。

4. 编辑软件

编辑软件是非线性编辑系统的灵魂。它主要由操作系统软件和应用程序软件组成。操作系统软件是管理、监控和维护计算机软硬件资源的软件,如大家熟知的 Windows、Mac OS、Unix 等。应用程序软件包括非线性编辑软件和各种图形图像处理软件、动画制作软件、声音编辑创作软件等。非线性编辑应用软件有专用型和通用型两大类。前者主要是由非线性编辑系统开发商据其所选用的非线性编辑板卡的特点而专门开发的,它与特定的硬件系统配套使用,有的甚至固定在机器里面,整体性能好,应用方便,制作节目质量高,但价格相对昂贵,国产的产品有索贝、大洋、新奥特和奥维迅等；后者主要是由非线性编辑系统开发商以外的软件公司开发的，能够支持广泛的非线性编辑板卡，通用性强，对硬件环境的要求相对较低，节目制作质量较高（与硬件相关），有丰富的第三方软件（插件）支持。

目前，市面上存在着很多通用型的非线性编辑软件，为广大视频编辑工作者提供了广阔的选择空间，下面简单介绍几种常用的通用型非线性编辑软件。

（1）Premiere。Premiere 是 Adobe 公司推出的一款专业的非线性视频编辑软件，能够对视频、音频、动画、图形、图像、文本进行编辑加工，并最终生成电影文件。现在常用的版本有 CS4、CS5、CS6、CC 以及 CC 2014。Premiere 是一款编辑画面质量比较好的软件，有较好的兼容性，且可以与 Adobe 公司推出的其他软件（After Effects）相互协作，目前被广泛应用于电视台、广告制作和电视节目制作中，成为 PC 和 MAC 平台上应用最为广泛的视频编辑软件。在普通的微机上，配以比较廉价的压缩卡或输出卡也可制作出专业级的视频作品和 MPEG 压缩影视作品。从 DV 到未经压缩的 HD，几乎可以获取和编辑任何格式，并输出到录像带、DVD 和 Web 格式。

（2）Ulead Video Studio（会声会影）。会声会影是一款功能强大的视频编辑软件，具有图像抓取和编修功能，可以抓取，转换 MV、DV、V8、TV 和实时记录抓取画面文件，并提供 100 多种编制功能与效果，可导出多种常见的视频格式，甚至可以直接制作成 DVD 和 VCD 光盘。

会声会影适合普通大众使用，操作简单易学，界面简洁明快。该软件具有成批转换功能与捕获格式完整的特点，虽然无法与 EDIUS、Adobe Premiere、Adobe After Effects 和 Sony Vegas 等专业视频处理软件媲美，但以简单易用、功能丰富，赢得了良好的口碑，在国内的普及度较高。

（3）Adobe Encore DVD（专业 DVD 制作刻录软件）。Adobe Encore DVD 软件包括功能强大的菜单设计工具，全方位控制交互式操作和输出至所有可刻录的 DVD 格式。Adobe Encore DVD 具有灵活的界面并与 Adobe Photoshop、Adobe Premiere、Adobe After Effects 软件完美集成，具有交互式菜单、多音轨和字幕，从而可使专业录像制作者和独立制作者创造出精密复杂的多语种 DVD。此外，Adobe Encore DVD 还具备将源文件转换为 MPEG-2 视频和 Dolby Digital 音频的集成转码功能，从而带来高效和简化的 DVD 制作流程。

（4）Adobe Audition（音频处理合成软件）。Adobe Audition 是一个专业音频编辑和混合软件，原名为 Cool Edit Pro，被 Adobe 公司收购后改名为 Adobe Audition Audition，专为在摄影室、无线电广播以及电视节目后期制作的专业人员设计,可提供先进的音频混合、编辑、控制和效果处理功能。最多混合128个声道,可编辑单个音频文件,创建回路并可使用45种以上的数字信号处理效果。Audition是一个完善的多声道录音室,可提供灵活的工作流程并且使用简便。无论是要录制音乐、无线电广播,还是为录像配音,Audition中的恰到好处的工具均可为您提供充足动力,以创造可能的最高质量的音频。

(5) Pinnacle Studio。Pinnacle Studio是一款专业视频编辑软件。它提供了一个专业家庭视频工作室所需要的一切功能,包括一体化的音频/视频同步采集、实时数字视频编辑和CD、VCD、DVD制作解决方案。Pinnacle Studio是针对台式电脑和笔记本的一套完整视频编辑方案。

(6) EDIUS。EDIUS是日本Canopus公司的优秀非线性编辑软件,专为广播电视和电视节目后期制作而设计,特别针对新闻记者、无带化视频制播和存储。EDIUS拥有完善的基于文件的工作流程,提供了实时、多轨道、多格式混编、合成、色键、字幕和时间线输出功能。除了标准的EDIUS系列格式,还支持Infinity™ JPEG 2000、DVCPRO、P2、VariCam、Ikegami GigaFlash、MXF、XDCAM和XDCAM EX视频素材,同时支持所有DV、HDV摄像机和录像机。

此外,还有一些国内不太常用的非线性编辑软件,如Discreet Combusion、Sonic Foundry Vegas、Final Cut Pro HD等。非线性编辑系统通常还装配Photoshop、Animator、3DSMAX、Flash、Morph、Bryce等支持软件,用以实现图形处理、二维和三维动画制作、变形等功能,丰富制作手段。

5. 工作原理

由于传统的非线性编辑系统大量复杂的运算任务都由专用硬件板卡来完成,因此系统对于计算机平台的配置要求相对较低。

在编辑过程中,首先将由摄像机录制的素材通过非线性编辑板卡进行A/D转换或编码(当输入信号为模拟信号时板卡进行模数转换,当输入信号为数字SDI信号时板卡负责编码),而后将数字信号压缩,由CPU将压缩数据经PCI以文件形式写在AV硬盘上,其工作过程如图5.2所示。[①]

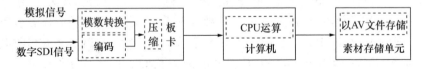

图5.2 板卡型非线性编辑工作原理(一)

---

① 杨晓宏.数字电视节目制作技术[M].北京:国防工业出版社,2013:129.

系统进行编辑时,CPU从磁盘子系统读取压缩格式的视频数据,通过PCI总线发送到专用板卡。板卡中的硬件编解码器芯片将压缩格式的视频数据解码成为基带视频数据,而后传送到硬件合成器芯片进行视频合成。通过合成器的调度,需要进行二维特技处理的数据被发送到专用的二维特技芯片中进行二维特技处理,处理后的数据传回合成器;需要进行三维特技处理的数据,则通过专用的私有总线传输到专门的三维特技板卡中,由三维特技芯片进行三维运算,然后通过专用的总线回传到专用板卡上,由合成器对特技变换后的视频数据进行合成,合成后的数据由板卡或进行数/模转换或编码成基带信号输出,其工作过程如图5.3所示。①

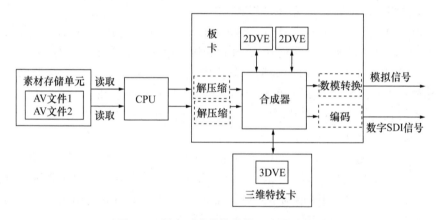

图5.3 板卡型非线性编辑工作原理(二)

二、基于"CPU＋GPU＋I/O"非线性编辑系统的组成及工作原理

随着计算机系统技术的革新,高配置的计算机平台所能提供的运算能力已经接近甚至超越了专用板卡,并且非编系统的软件架构也发生了革命性的变化,采用CPU＋GPU技术进行视频编辑和处理成为一种趋势。②

1. 系统组成

基于"CPU＋GPU＋I/O"技术的非线性编辑系统可看作是带视音频I/O卡的高性能计算机。视频处理核心由CPU、GPU、I/O卡组成。它利用PC平台系统中的通用CPU、显示卡上的通用GPU以及复杂度相对较低的视音频输入/输出卡共同组合完成原来由一片或一套专用板卡所完成的功能。原来由专用板卡

---

① 杨晓宏.数字电视节目制作技术[M].北京:国防工业出版社,2013:129～130.
② 杨晓宏.数字电视节目制作技术[M].北京:国防工业出版社,2013:130～132.

完成的大部分功能都通过 CPU 和 GPU 运算以软件的方式实现；CPU 负责完成视频数据的编解码运算；GPU 负责实现视频特技和合成运算；只有基带信号的 I/O 需要通过特定的视音频 I/O 板卡完成。

相对于基于专门硬件的非线性编辑系统，基于 CPU＋GPU 软件架构的非线性编辑系统完全摆脱了对专用硬件板卡的依赖，突破了专用硬件结构的局限，利用通用的硬件系统资源实现了高性能的视频编辑和处理。"CPU＋GPU＋I/O"卡技术在极大提升非线性编辑系统的兼容性、稳定性的同时，充分利用了软件的灵活可升级特性，通过对 PC 平台的简单升级或更换，可以实现编辑系统几乎无限制的功能扩充和性能提升，大大提高了非线性编辑系统的性能价格比。

2．"CPU＋GPU＋I/O"中的关键技术

（1）PCI Express 总线技术。PCI Express 是新一代的总线接口，取代了 PCI 总线和多种芯片的内部连接，并被称为第三代 I/O 总线技术（3GIO）。相对于传统 PCI 总线在单一时间周期内只能实现单向传输，PCI Express 的双单工连接能提供更高的传输速率和质量，它们之间的差异跟半双工和全双工类似。相比来看，PCI Express 总线较 PCI 总线无论是在数据传输方式上，还是连接方式上都出现了全新的变化。

（2）GPU 图形处理器。GPU（Graphic Processing Unit），中文翻译为"图形处理器"，主要是利用 Direct 3D 或 OpenGL 等利用图形处理接口实现视频特技特效的运算和混叠，如颜色调整、色键、亮键，整个处理过程在逻辑上与传统的硬件板卡相似。GPU 并不是一个新的技术，很多低端的非编在 2003 年就开始应用 GPU 进行特技处理了，但由于数据带宽不足的原因未能全面运用于广播级非编产品。在 PCI Express 推出之前，原有 AGP 总线始终是 CPU 和 GPU 之间的障碍，尽管经过不断改进之后 AGP 已经达到了 2.1 Gbps 的下行（从系统内存到显存）带宽，但是 AGP 总线是不对称的传输标准，其上行传输始终沿用的 PCI 规范使得仅仅 133 Mbps 的理论上行（从显存到系统内存）带宽，在实际传输时无法实现 GPU 合成的视频数据实时传送回系统内存进行输出。后来发展到 PCI Express，其总线采用了双向数据传送，类似于 DDR 内存采用的技术，即在一个时钟周期的上下沿都可以传送数据，这样极大地增加了显示设备同内存的数据交换带宽，使得在较短时间内能传送大量图形数据。PCI Express 总线标准中定义了 PCI Express 是严格对称传输，PCI Express 接口总线位宽为×16 时能够提供双向 5 GB/s 的理论带宽。不过由于采用 8 bit/10 bit 编码，事实上的有效带宽为 4 GB/s（扣除 20% 的植入时钟信号），可充分避免因带宽所带来的性能瓶颈问题，实现显存中合成完毕的视频数据实时传送回系统内存。

3. 工作原理

计算机技术的飞速发展和硬件性能的不断提高,使得用CPU足以实现视音频数据的编解码运算。这里"CPU"所代表的实际上就是软件编解码,通过CPU直接完成超实时的编解码运算,不再需要专用编解码芯片。"CPU+GPU+I/O"实际上强调了使用CPU、GPU取代传统非线性编辑系统硬件板卡的两个关键功能——编解码和特技处理;而I/O则和以往的硬件板卡一样,还是硬件的信号编解码器,如图5.4所示。①

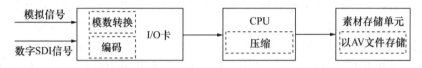

图5.4 "CPU+GPU+I/O"型非线性编辑工作原理(一)

在"CPU+GPU+I/O"新型非线性编辑中,CPU从磁盘子系统读取压缩格式的视频数据,由软件编解码器通过CPU运算解码成为基带视频数据,然后通过PCIExpress总线发送到显示卡上的GPU。软件合成器利用GPU一次性运算完成二维、三维特技处理和视频数据的合成,合成后的数据再次通过PCI Express总线回传给CPU。CPU或者将数据通过PCI总线传输给I/O板卡转换成基带信号输出,或者再回送到软件编解码器编码成DV格式的数据并通过1394总线输出,如图5.5所示。②

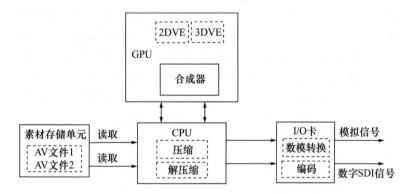

图5.5 "CPU+GPU+I/O"型非线性编辑工作原理(二)

---

① 杨晓宏.数字电视节目制作技术[M].北京:国防工业出版社,2013:131.
② 杨晓宏.数字电视节目制作技术[M].北京:国防工业出版社,2013:131~132.

无论是专业板卡的非线性编辑还是使用"CPU+GPU+I/O"架构的非线性编辑,其编解码技术是一致的,只是编解码实现方式分别是硬件和软件而已。早期的计算机平台因为运算速度和总线带宽等缘故不能实现实时视音频处理,必须借助硬件板卡提高处理速度。这种"CPU+GPU+I/O"架构的非线性编辑,是计算机性能不断提高到一定水平的产物,由于其编解码都是通过软件在 CPU 中运算实现的,支持的编码格式灵活多样,实用方便,因而在国内电视台节目制作中应用越来越广泛。值得一提的是,当节目处理的精细程度和特效等要求很高时,突发的大数据量运算、传输和编解码都会大量占用系统资源进而对实时性有一定的影响,会出现短暂的停顿现象。"CPU+GPU+I/O"架构的非线性编辑,实时处理能力是由计算机 CPU 运算速度和总线带宽等整体性能决定的,实时处理的视频和字幕层数也因特效应用的数量、复杂程度以及节目素材本身的码率不同而不同,并且这种实时处理能力会随着计算机性能的提高而不断提高,发展前景相当广阔。

三、网络非线性编辑系统

对于节目制作量较大的专业电视台来说,要实现资源共享和信息的高速传输,唯一的选择就是实现非线性编辑的网络化。怎么来联网呢？不同国家、不同生产厂商提出了各自的联网方式,有采用纯以太网模式的(如图 5.6 所示),有采用异步传输(ATM)模式的,有采用串行数据接口(SDI)传输模式的,有采用纯数字光纤通道(FC)模式的,等等。所有这些模式不是投资太大,就是联网传输效果不理想,或者是不适合大数据量的传输。技术人员通过比较、试验之后,提出了以光纤网通道(FC)为骨干、以以太网为辅的双网并行结构,如图 5.7 所示。[①] 即在一个系统中,同时使用两种网络结构,使用 FC 网使系统达到视音频数据共享和高速传输,使用以太网实现整个系统的管理功能。

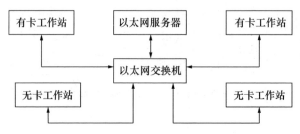

图 5.6 千兆以太网非线性编辑系统的网络结构

---

① 翁志清,陈伟平. 数字电视制播系统[M]. 上海:上海大学出版社,2009:164.

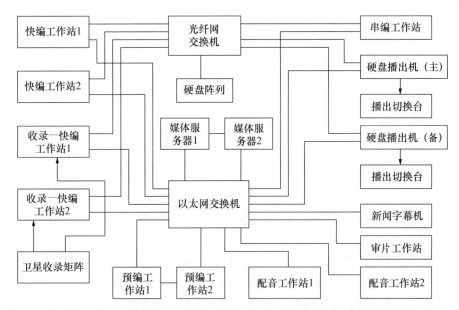

图 5.7 光纤通道(FC)—千兆以太网双网非线性编辑网络系统的结构

第三节 非线性编辑的节目制作过程

非线性编辑的节目制作过程主要包括准备、素材引入、编辑创作和节目输出四个阶段。[1][2]

一、准备阶段

准备阶段所要做的主要工作是素材的准备和系统的连接。非线性编辑要处理的素材是相当丰富的,涉及视频、音频、图形、图像以及一些软件制作的素材等。非线性编辑工作的基础就是根据制作节目的需要准备好各种素材。以下是几种常用的素材:

1. 视频、音频素材

这两类素材是非线性编辑使用最多的。视频素材的来源如 DVD 机、摄像机、录像机等;音频素材的来源如话筒、录音机、录像机、CD 机等。这两类素材

---

[1] 杨晓宏,刘毓敏.电视节目制作系统[M].北京:高等教育出版社,2005:228~232.
[2] 杨晓宏.数字电视节目制作技术[M].北京:国防工业出版社,2013:140~143.

如果是模拟信号,必须经过相应的 A/D 变换,才能为计算机识别和处理,完成此转换的设备分别是视频采集卡和音频采集卡,两者一般都集成在非线性编辑板卡中。在非线性编辑中把这种转换操作叫作采集。采集后的视频、音频素材以文件的形式存储在计算机 AV 硬盘上。

2. 图形、图像素材

图形、图像素材的主要来源是光盘图库、数字照相机和数字扫描仪等。前两者可以通过计算机直接调用;后者则是把印刷品素材数字化以后存储在计算机硬盘中,计算机才可以直接调用。

3. 制作类素材

制作类素材是通过 Photoshop、3DStudio MAX、After Effects、Maya、Softimage3D、Cool3D 等软件制作的,以文件的形式存储在计算机硬盘中,计算机可以直接调用。

准备素材的过程实际上是电视节目构思、创作的过程,素材的质量决定着节目的质量,非线性编辑的操作人员一定要重视素材的准备工作。

系统连接是指非线性编辑主机(计算机)与外部设备(各类信号源设备)之间的正确连接,包括设备间的信号电缆连接、控制电缆连接以及相应的电源供接,系统连接的好坏也将直接影响素材采集的质量和输出节目的质量。

二、素材引入阶段

非线性编辑的过程可以看作是对各种数字化的素材按照制作节目的需要进行重新编排和再创作的过程。在使用非线性编辑系统编辑节目之前,需要向系统输入素材。只有把各种素材以适当的方式引入到非线性操作环境,才能进行非线性编辑工作。大多数非线性编辑系统是实时地把磁带上的视音频信号转录到磁盘上的,这比传统编辑增加了额外的时间。有些非线性编辑系统,如 Betacam-SX、DVCAM、DVCPRO 等,可以通过 QSDI 等数字接口实现素材的四倍速上载,在一定程度上提高了编辑效率。

以文件形式存储在磁盘或光盘上的字幕、动画、图形图像或声音等素材,可以为非线性编辑系统直接调用,引入过程比较简单。各种模拟的视频、音频素材引入过程相对复杂,需要经过素材采集这一环节。

素材采集是把模拟的视、音频素材数字化的过程,是非线性编辑要做的大量工作之一。在素材采集这一工作环节有以下几点值得注意:

① 在素材采集时要按照非线性编辑板卡操作手册的使用说明,根据系统硬件情况以及节目质量高低的要求,设置最适合的采集参数。

② 存储素材时要分清系统硬盘和 AV 硬盘。系统硬盘也叫本地硬盘,主要用来存储系统软件和应用程序,容量一般较小,存取速度低。AV 硬盘采用 SCSI 接口,容量大,存取速度快,用来存放各种素材,在采集视、音频素材时,一定要指明存储位置是 AV 硬盘。

③ 应尽量使用数字接口,如 QSDI 接口、CSDI 接口、SDI 接口和 DV 接口等。如果用作放机的磁带录像机或非线性编辑系统没有数字接口,可使用分量接口、S-Video 接口或复合信号接口。

④ 对同一种压缩方法来说,压缩比越小,图像质量越高,相应地占用的存储空间越大。

⑤ 采用不同压缩方式的非线性编辑系统,录制视频素材时的压缩比可能不同,但也可能获得同样的图像质量。如 Betacam-SX 系统的压缩比是 10∶1,但由于采用的是 MPEG-2 4∶2∶2P@ML 的压缩方法,其图像质量要优于采用 3∶1M-JPEG 方法压缩的 AVID MC1000 系统。

三、编辑创作阶段

素材引入以后,非线性编辑创作阶段开始,这是非线性编辑操作中最富创造性、最具吸引力的一项工作。它包括对素材的裁剪、修饰,按节目的时间顺序编排素材,融入场景切换效果,叠加多层特技,对素材进行透明(Transparency)、运动(Motion)设置,使用视频滤镜叠加字幕、生成节目等。编辑创作阶段各环节的工作内容和特点如下:

(1) 素材浏览。在查看存储在磁盘上的素材时,非线性编辑系统有极大的灵活性。可以用正常速度播放,也可以快放、慢放和单帧播放,播放速度可无级调节,也可以反向播放。

(2) 编辑点定位。在确定编辑点时,非线性编辑系统的最大优点是可以实时定位,既可以手动操作进行粗略定位,也可以使用时码精确定位,大大提高了编辑效率。

(3) 素材长度调整。在调整素材长度时,非线性编辑系统通过时码编辑实现精确到帧的编辑,同时吸取了电影剪接简便直观的优点,可以参考编辑点前后的画面直接进行手工剪辑。

(4) 素材的组接。非线性编辑系统中各素材的相互位置可以随意调整,可以在编辑的任何时候删除节目中的一个或多个镜头,或向节目中的任一位置插入素材,也可以实现磁带编辑中常用的插入编辑和组合编辑。

(5) 素材的复制和重复使用。非线性编辑系统中使用的素材全都以数字格式存储,因此在复制素材时,不会像磁带复制那样引起画面质量下降。非线性编辑中,一般没有必要复制素材,因为同一素材可以在同一节目中反复使用,多次使用也不会增加素材的存储空间。

(6) 软切换。在剪辑多机拍摄的素材或同一场景多次拍摄的素材时,可以在非线性编辑系统中采用软切换的方法模拟切换台的功能。首先保证多轨视频精确同步,然后选择其中的一路画面输出,切点可根据节目要求任意设定。

(7) 联机编辑和脱机编辑。大多数非线性编辑系统采用联机编辑,这种编辑方式可充分发挥非线性编辑的特点,提高编辑效率,但同时也受到素材硬盘存储容量的限制。如果使用的非线性编辑系统支持时码信号采集和 EDL(编辑决策表)输出,则可以采用脱机方式处理素材量较大的节目。草编完成后,用高质量的素材替换对应的低质量素材,然后再对节目进行正式合成。

非线性编辑系统中的三种脱机编辑方法。

① 以较低的分辨率和较高的压缩比录制尽可能多的原始素材,使用这些素材编好节目后将 EDL 表输出,在高档磁带编辑系统中进行合成。

② 根据草编得到的 EDL 表,重新以全分辨率和小压缩比对节目中实际使用的素材进行数字化,然后让系统自动完成编辑。

③ 在输入素材阶段首先以高质量录制,然后在系统内部以低分辨率和高压缩比复制所有素材,复制的素材占用存储空间较小,处理速度也较快,然后进行编辑,可以缩短特技的处理时间。

(8) 特技。在非线性编辑系统中制作特技时,一般可以在调整特技参数的同时观察特技对画面的影响,尤其是软件特技,还可以根据需要扩充和升级,只需拷入相应的软件升级模块就能增加新的特技功能。

(9) 字幕。字幕与视频画面的合成方式有软件字幕和硬件字幕两种。软件字幕是运用特技抠像的方法处理,生成的时间较长,一般不适合制作字幕较多的节目,但它与视频编辑环境的集成性较好,便于升级和扩充字库;硬件字幕实现速度快,能够实时查看字幕与画面的叠加效果,但一般需要支持双通道的视频硬件来实现。较高档的非线性编辑系统多带有硬件字幕,可实现中英文字幕与画面的实时混合叠加,其使用方法与字幕机类似。

(10) 声音编辑。大多数基于 PC 的非线性编辑系统能直接从 CD 唱盘、MIDI 文件中录制波形声音文件,波形声音文件可以非常直接地在屏幕上显示音量的变化,使用编辑软件进行多轨声音的合成时,一般也不受总的音轨数量的限制。

(11) 动画制作与合成。由于非线性编辑系统的出现,动画的逐帧录制设备已基本被淘汰。非线性编辑系统除了可以实时录制动画以外,还能通过抠像实现动画与实拍画面的合成,极大地丰富了节目制作的手段。

操作人员应当在熟悉非线性编辑软件及其插件的基础上灵活运用,努力使节目编排得更合理、更具视觉感染力、更易吸引观众的兴趣。此外,在强调节目的艺术性、可观赏性的同时也不要忽视了节目的技术质量,特别是在生成节目时一定要注意一些重要参数的设置,如电视制式、帧率、压缩参数等。

四、节目输出阶段

节目一旦编辑创作好以后,就需要输出,以适应不同的需要。节目输出一般有以下几种方式:

(1)输出到录像带上。这是联机非线性编辑最常用的输出方式。这种输出方式的操作比较简单,很容易掌握,只要在全屏幕播放节目的同时,按下录像机的录制键就可以把节目记录在录像带上。较高档的非线性编辑板卡提供了对录制设备的软件控制,能够通过相应的软件方便地控制节目的录制过程。

(2)输出EDL表。如果对画面质量要求很高,即使以非线性编辑系统的最小压缩比处理仍不能满足要求,可以考虑先在非线性编辑系统草编,输出EDL表到DVW或BVW编辑台进行精编。需要注意EDL表格式的兼容性,一般非线性编辑系统都可以选择多种EDL表格式输出。

(3)直接使用硬盘播出。这种输出方法可减少中间环节,减少视频信号损失。但必须保证系统的稳定性或准备备用设备,同时对系统的锁相功能也有较高的要求。

(4)输出到文件。可以输出为计算机可播放的文件,以方便存储和导入至时间线进行编辑。比如,Adobe Media Encoder提供多种输出格式:Windows Media、Quick Time、Macromedia Flash、MPEG、H.264,根据视频文件将来的用途,可输出为不同的文件类型。

(5)输出到光盘。目前非编系统都标配DVD-RW,可将时间线节目输出并刻录在DVD光盘上,如果是高清节目,可考虑输出在蓝激光盘上(需要蓝激光刻录机支持),在相应的DVD或蓝激光盘播放机上播放视频节目。

复习思考题

1. 如何对非线性编辑系统进行分类?
2. 非线性编辑系统有哪些主要功能和优势?
3. 简述非线性编辑系统的基本组成。

4. 简述非线性编辑系统的工作原理。

5. 简述网络非线性编辑系统的网络结构。

6. 阐述非线性编辑的节目制作过程。

参 考 文 献

[1] 杨晓宏,梁丽,张军等.新编电视节目制作教程[M].北京:国防工业出版社,2003.

[2] 杨晓宏,刘毓敏.电视节目制作系统[M].北京:高等教育出版社,2005.

[3] 毕厚杰,王健.新一代视频压缩编码标准 H.264-AVC[M].北京:人民邮电出版社,2009.

[4] 宣长林,鲁岩.非线性编辑技术发展与 PCI-Express 关键技术[J].现代电视技术,2007(11).

[5] 陈贻涛.非线性编辑新技术_CPU_GPU_I_O 接口卡[J].有线电视技术,2007(11).

[6] 孙巍.浅论非线性编辑系统[J].中国有线电视,2010(07).

[7] 代新敏.浅议非线性编辑网络[J].中国现代教育装备,2007(08).

[8] 吴琳.板卡型非编和软件型非编之比较[J].现代电视技术,2006(01).

[9] 杨晓宏.数字电视节目制作技术[M].北京:国防工业出版社,2013.

[10] 孟群.电视节目制作技术[M].北京:高等教育出版社,2006.

[11] 刘宁生,顾建国,崔伏龙等.数字电视节目制作与播控技术[M].北京:中国广播电视出版社,2003.

[12] 翁志清,陈伟平.数字电视制播系统[M].上海:上海大学出版社,2009.

第六章　数字电视节目现场制作系统

【学习目标】
　　学习完本章,应该能达到下述目标:
- 了解数字转播车的车体结构。
- 知道数字转播车内部设备布局的基本要求。
- 掌握数字转播车视音频系统的基本组成。
- 知道外景节目制作系统的类型。
- 掌握外景节目制作系统的基本组成。
- 掌握外景节目制作用光和拍摄技巧。

　　众所周知,现在的电视节目内容可谓是丰富多彩,电视节目的多样性充分体现了节目制作手段的多样化。电视节目现场制作方式是众多的节目制作手段之一,而转播车系统和演播室节目制作系统是最常见的两种现场节目制作系统。本章主要介绍数字转播车系统和外景节目制作系统,演播室节目制作系统在第七章详细介绍。

第一节　数字转播车系统

　　数字转播车是集现场转播、直播、录制、剪辑、传输、扩声、发射于一体的现代化高技术广播电视特种车。车上的视音频设备齐全,包括摄像机、视频切换台、编辑机、调音台、字幕机、控制台等视音频设备,是一座小型的流动演播室,它可以在游行集会、文艺演出、体育比赛、重大活动以及突发性新闻事件中发挥重要的作用。[1]

---

[1]　翁志清,陈伟平.数字电视制播系统[M].上海:上海大学出版社,2009:166.

一、转播车车体结构

数字转播车由车体与车载设备两部分组成。车体是转播车上所有设备的载体,主要由底盘、车体、电源系统和空调系统等构成。整车要求安全、可靠、耐用,美观大方,机动性能好;车体材料要求具有防腐蚀、防雨、保温、隔热、抗干扰等特性。车载设备由信号拾取处理分配系统、信号回传系统、现场扩声系统、监视监听系统、通信系统和时钟系统等构成。

数字转播车体系的规划设计,应首先做好车型选择,转播车应具有良好的运行机动性能,同时要方便采访人员的进出以及广播节目的快速播出。汽车整体载重量应符合车内承载各类设备的重量以及工作人员活动空间的需要,同时车体外观应有明显的标志,使其成为电视台宣传的有效媒介。在通行能力层面,应符合偏远地域、交通拥挤路段、路况复杂区域的安全通行需求。

车体结构应该满足以下要求:① 安全性必须符合国家汽车行业的相关标准;② 外形尺寸及有效荷载符合国家交通部门的相关规定,并且适合在本地区行驶;③ 驾驶室中应有清晰良好的倒车影像系统,车顶部设置操控爆闪灯装置,并配备报警装置;④ 车体内部应搭载 4G 网络平台、Wifi 接收装置、无线路由器,使网络接入不受地域、线路的限制,以满足电视台与观众互动、接听热线电话的需求;⑤ 车体内部应布设音频工作室,音频工作室四周布设安全隔断、隔音地板与顶棚,使其符合电视台直播节目要求的声学条件;⑥ 为便于驾驶员同工作室人员的有效沟通联系,前隔断一侧应有可开启的推拉窗,并配备启动升降装置;⑦ 依据操作习惯,左侧布设放置物品柜以及接听热线电话的相关工作台,车内装设监控电视,配设静音发电设备与卫星接收天线、相应散热装置与辅助电缆、电瓶设备等;⑧ 数字转播车原车车顶部相对轻薄,因此应进行必要的加固处理,并装设监控装置、隔绝阳光顶棚以及空调装置、照明装置、卫星天线等设施。实施改装的数字转播车具有较大的重量,会对整车车辆稳定性造成影响,为此,可在车体底盘装设支撑装置,并实施直流供电布设。当转播车到达新闻现场后,可操控支撑落下,进而有效缓解车体轮胎承重压力,使整体车辆可靠稳定。

二、转播车内部布局

转播车中除扩声设备外,其余均要求固定安装与连接。到达现场后,只需连接电源、通信线路及现场扩声部分,设备就能正常工作。转播车既可以停车工作,也可以在行进中使用,信号传输可以用 DAB 广播发射接收系统,也可以借助车载移动电话(GSM)传送现场信号。

内部空间与设备布局的合理与否,直接关系到设备的安全性和可靠性,也关系到操作维护的便利。

1. 内部空间布局

转播车的车体内部区域分为驾驶区、音频工作区和视频工作区,每个区域可单独隔离,也可半隔离。音频区必须独立并保证有良好的听音效果,主要设备为调音台。视频工作区的空间应尽可能大些,以方便工作人员工作,主要设备有电视墙、视频切换台、字幕机、摄像机控制器等。各工作区分工明确,相互独立又紧密配合,车内的工作人员通过车载 TALLY 系统进行沟通,车内与车外通过无线对讲机进行联系。

2. 内部设备布局的原则

转播车内部设备布局的原则如下:

(1) 整车的重量保持整体平衡,以保证行车的安全性。整车集成完成后将有 20 吨以上的重量,各单个设备的定位一定要全局统筹,尽量做到前后、左右配重的平衡,下重上轻的低重心配置。

(2) 设备定位便于操作与检修。受车体结构及空间的限制,设备定位将直接影响到工作流程的顺畅。常用的如跳线架、矩阵面板、录像机等设备应安置在方便操作的位置;有大量连线的跳线架、矩阵、切换台机箱、周边设备机箱等安置在检修窗口,以便于检修;交流电源盘安置于后仓,方便电缆的收放;光缆盘采用交流电机为动力以保证收缆有足够的动力;单盘光缆长度可用 6 盘 150 m 及 4 盘 250 m 两种,另外增加两个 100 m 的活动缆盘以应对特长线路的需求。

(3) 保证重要设备有足够的制冷效果。受车内空间及某些设备本身发热量大的制约,技术区机架内部积聚的高温,对设备的正常工作极为不利。将周边机箱、矩阵、视频切换台、EVS 等发热量大的设备集中放置,用专用制冷通道及时散热。

(4) 空间布局合理,整体美观大方。以各区域的监视屏为主体,协调其他设备的定位,在考虑其他要求的前提下同一种类、同一系统的设备尽可能放置在一起,既协调又利于操作。机架处设置一些如挂钩、定位座等小配件,以挂放固定监听耳机、短线缆、移动机箱等临时物件,保持车内整齐美观。

三、电源系统

电源系统能提供整辆转播车上所有设备正常工作时所需要的动力。因此,电源系统是转播车正常工作的第一保障,没有电源系统的安全保障,转播车将无法正常工作。所以,转播车电源系统有两个最基本的条件:一是系统稳定、可靠、抗干扰能力强；二是系统安全、具备可靠的监测和防护措施。为确保电视台节目制作所需要的电能，转播车采用外电供输和车载内部发电机发电的双重供电模式，并配合优质电缆线路，降低供电传输噪音的影响。

转播车的供电系统由主供电系统、应急供电系统和辅助供电系统三部分组成。①

1. 主供电系统

主供电系统为市电单相 220 V 供电，输入为单相三线制。交流配电系统应该有隔离变压器与外界隔离，否则外电网的干扰对于系统的视音频信号将是致命的。隔离变压器应选择低场、低饱和、散热性强，并能在各种环境温度下（-20～+50℃）正常工作。车内设备用电都经过稳压器，稳压器的稳压范围应比较宽，一般大于±10%，且输出功率要足够大，以保证设备用电留有余量，便于设备的改进和扩充。

为了确保用电安全，防止人员触电，系统必须要有必要的防护、监测设施。整车配电系统还应该配备漏电报警装置。

地线系统也是电源系统中一个重要环节，它既要保证工作人员和设备用电的安全，又要尽量避免由于地线系统的引入而对视音频信号产生的干扰，为此地线系统一般应独立设置。

2. 应急供电系统

应急供电系统分为 UPS 供电和车载逆变电源供电两种，为整车的核心设备（如视频切换台、摄像机、监视设备、录像机等）供电，保证在断开外部交流供电时可提供 60 分钟的供电能力。

应急供电系统应设置一组大容量免维护蓄电池和充电机，工作时蓄电池可充电，以保证系统的可靠稳定。由于应急用电设备比较分散，所以应设计一个大容量的"开关"，在转播车停止使用、人离开车时，将设备与电瓶断开，保证不会有电瓶耗尽的情况发生。

3. 辅助供电系统

辅助供电系统由电源输入断路器、全自动充电器、蓄电瓶等组成，主要供总体照明、应急照明、车外照明及为电缆盘电机、电动液压支腿、电动遮阳帘、烟雾报警器等提供 DC 12 V 和 DC 24 V 电源。

整车配电系统由配电柜按照不同的用途，如核心设备用电、空调用电、照明用电等分开，配电柜有电流表、电压表、频率表、转换开关、控制开关等，可观察电

---

① 翁志清，陈伟平. 数字电视制播系统[M]. 上海：上海大学出版社，2009：167～168.

网电压、隔离变压器输出电压、稳压器输出电压和电流等,以便及时准确地掌握供电情况。

四、空调系统

转播车经常在户外环境工作,要配置优质的空调系统以保证良好的车体隔热和防尘。转播车的空调系统应符合以下几个条件:[①]

① 具有足够的制冷(热)量,能够保证设备的正常工作温度。具有有效的温度控制,使得在$-20\sim+40$℃环境温度时,车内温度都能够稳定在(23 ± 2)℃。

② 整个空调系统均经过密封及防腐处理,可在极端的温度、灰尘和湿度条件下工作。

③ 具有新鲜空气通风换气系统,能满足工作人员的透风需求。

④ 冷、热风循环合理,能满足各个区域的制冷要求,尤其是设备机柜后面不能产生热量积累,设备能够得到有效制冷。出风口和回风口设置合理,在设备得到有效制冷的同时,人员所处区域温度不至于太低而感觉不舒服。

⑤ 满足制冷(热)量的同时,空调系统的噪声应能得到有效控制,即工作区域噪声应该在 55 dB 以下,音频区噪声应达到 NC 35 标准。

⑥ 除了空调系统具有热风装置外,车内还应配有燃油加热炉,使得车内温度可以迅速升高,即便在极度寒冷的条件下设备也能在很短的时间内正常启动。

⑦ 能有效保持车内温度在设备正常工作允许的范围内,冷凝水排出顺畅,保证车内不会有结露滴水现象出现。

五、视音频系统

视音频系统是一辆转播车的灵魂,前面介绍的车体系统、电源系统、空调系统等都是为了保证视音频系统的正常工作。数字转播车的视音频系统主要应考虑系统设计的先进性和设备选型的合理性两个方面,整个系统指标应以国家相关广播电视标准 GB/T14857-1993《演播室数字电视编码参数规范》、GB/T17953-2000《4∶2∶2 数字分量图像信号的接口》、GY/T158-2000《演播室数字音频信号接口》等为设计依据。

整车视音频技术系统主要包括视频系统、音频系统、同步系统、监视测试系统、TALLY 及时钟系统、通话系统等。技术系统示意图,如图 6.1 所示。[②]

---

① 翁志清,陈伟平.数字电视制播系统[M].上海:上海大学出版社,2009:168~169.
② 祖国兵.5+2+1 讯道数字电视转播车系统设计及实现[J].现代电视技术,2011(2):52~60.

1. 视频系统

视频系统设计主要按全数字化系统设计,信号采用串行数字分量(SDI)传输,按CCIR 601标准设计,10 bit量化,视频采样为4:2:2。视频设备按照目前国际上先进的10讯道数字转播车的标准配备,同时为适应未来发展和对外交流的需要,制作和播出时要支持4:3和16:9两种电视制作模式。

转播车视频系统采用主设备系统(图6.1)。在正常工作时切换台作为主设备完成对车内视频信号的调度,通过切换台可以完成各种复杂的特技效果及各种字幕的叠加输出。应急通道采用的是16×2数字视频矩阵,配合帧同步和键控器也可以确保应急通道也有正常的视频信号输出。应急视频矩阵的输出有两路,一路送到切换台,另外一路作为应急通道,输出信号经过帧同步模块进入键控器然后把视频信号送至2×1倒换器做应急切换时使用。

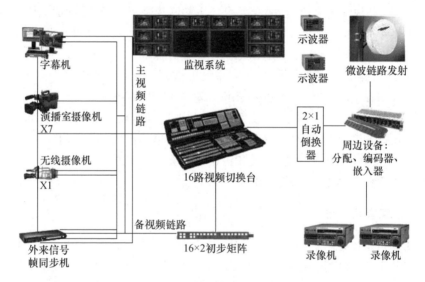

图6.1 转播车视频系统

(1)摄像机。为满足各种体育赛事和文艺活动等室内外节目的拍摄需求,应配备广播级便携式数字摄像机,摄像机采用全带宽三同轴传输方式,适合16:9和4:3两种制作模式。

(2)切换台和视频矩阵。切换台是整个转播车系统的核心部分,它的性能和稳定性是系统安全运行的关键。切换台应有图像处理器、内置的数字多功能特技处理板、内置的编辑控制器编辑软件和系统管理软件、Clip特技转换、Side Flags功能和多格式信号的处理等。切换台和视频矩阵应配备应急视频数字切换矩阵和应急调度数字切换台,具有双电源供电,保证信号不中断。

(3) 录像机和字幕机。录像机应选用性价比高的硬盘录像机。为满足电视直播的需要,还应配备字幕机,字幕机应有丰富的 I/O 接口,全数字处理方式,板卡内置时基矫正器,具有键信号输出。字幕的填充信号和键信号均为 SDI 数字信号,直接输入切换台,由切换台以键信号的方式插入字幕系统,这样即使字幕机出现故障,也不影响信号播出。

(4) 同步系统和时钟系统。同步系统和时钟系统均采用主备同步倒换方式,可以实现人工和自动的自由倒换,在车尾还有齐全的信号输入/输出端子板,可与其他转播车进行连接,以便实现多个转播车之间的互联互通,组成转播车矩阵。同步系统示意图,如图 6.2 所示。①

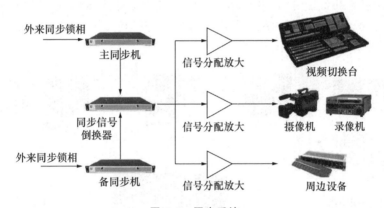

图 6.2 同步系统

时钟系统采用 GPS 统一授时的方式,天线固定在车顶,在导演区配置 GPS 主钟、正计时钟、倒计时钟;在音频区、技术区配置正计时钟。

(5) 监视及监测。为了充分利用好车内的空间,导演区监视系统可以采用等离子大屏幕监视器多画面分割方式。监视器选用 50 寸等离子电视,画面分割器选用 12 画面分割器。可以将 PVW 信号、PGM 信号、摄像机信号、放像信号、字幕信号、外来信号、无线开路信号等,任意组合显示在 50 寸的显示器上。录像机和字幕机的监视器采用 15 寸的数字液晶显示器。

技术区采用 10 寸 CRT 监视器用于摄像机信号的监视,PVW 和 PGM 监视器采用了 15 英寸数字监视器。

采用波形/矢量示波器对信号进行监测,通过选择开关可根据需要对所有信

---

① 祖国兵.5+2+1 讯道数字电视转播车系统设计及实现[J].现代电视技术,2011(2):52~60。

号中的任何一路进行波形/矢量监测。所有摄像机控制器放在技术区,方便技术人员对信号进行调整。

2. 音频系统

转播车的音频系统目前的设计思路都是以二级调音为主,兼顾中小规模的一级调音,系统采用模拟及数字音频皆可,但设备技术指标和整体的音频信号指标应满足相关行业标准,数字音频指标可参照演播室数字音频接口技术要求。

调音台是音频系统最主要的核心设备,是一种集前置放大器、中间放大器、分配放大器、线路放大器、电平调整、高低音调调整、频率补偿、电子滤波器、压限器、人工延时混响器、监听对讲等于一体的设备。信号的来源主要为现场、车内音频区的 DVD、卡座等外设以及视频区的硬盘录像机等各种音频信号。作为现场一级调音台的备份,在车尾预留了 MIC 和 LINE 输入接口,通过跳线的方式连到此调音台,平时不用时跳线器断开,避免噪音干扰。音频系统示意图,如图 6.3 所示。①

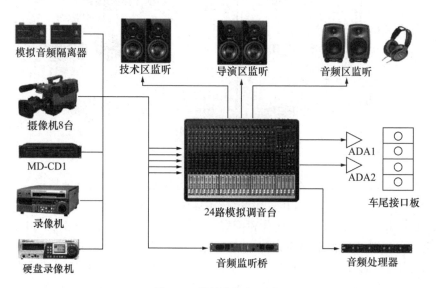

图 6.3 转播车音频系统

音频系统还应配备电话耦合器等设备,同时配备压限器、均衡器、音频隔离变压器、降噪器、效果器、延时器、耳机、监听音箱等设备。

---

① 祖国兵.5+2+1 讯道数字电视转播车系统设计及实现[J].现代电视技术,2011(2):52~60.

3. 通话系统

通话系统也是每个转播车所必需的，主要有有线和无线两种，用于实现导演、摄像、技术人员、录音师、灯光师等多个工种之间的实时通话。车内各工种的沟通一般采用有线通话；车内和车外的摄影师以及现场的沟通则使用无线对讲机。通话主机设在导播区，在音频区、录像区、技术区分别设置通话分站，导播可单独与每个区通话，也可同时和多个区通话。通话系统需要满足车内、现场和台里的工作人员之间互通，高清车的通话系统通常由矩阵系统、二线系统、无线系统和 GSM 系统组成，可以实现以高清车为核心，100 m 半径的全双工通话和 5000 m 半径的双工通话。通话系统示意图，如图 6.4 所示。[①]

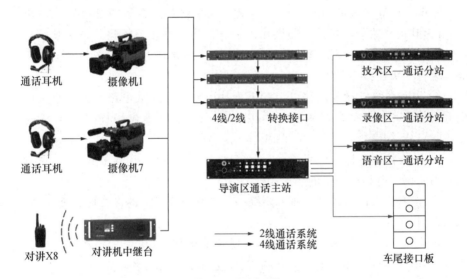

图 6.4　通话系统

4. TALLY 指示系统

TALLY 指示系统是数字切换台通过 TALLY 控制器对摄像机寻像器 TALLY 指示灯、导演区和技术区信号源的 TALLY 灯等进行控制，从而使导播更加轻松地工作，摄像师和技术人员可以直观地了解切换情况。

转播车的 TALLY 切换提示系统已从早期的采用单色提示系统升级到目前的双色、三色提示，切换调度更清晰直观。

---

① 祖国兵.5＋2＋1 讯道数字电视转播车系统设计及实现[J].现代电视技术，2011(2)：52～60.

六、系统与接口电路

1. 系统电路

数字电视转播系统的电路大致可分为视频、音频、同步、TALLY、通话、监视、网络等几大部分。转播车工作的"安全可靠、技术先进"落实到具体的各大部分电路上,就是要做到不管哪个设备出故障,都可以由其他电路来及时替代,而不影响信号的正常直播。设计电路的宗旨就是要做到 PGM 输出信号的双回路、双通道,确保互备份,决不能出现因某个设备故障而让整个系统崩溃的情况。

2. 接口电路

系统中应有丰富的内外接口。内接口板主要包括视音频信号输入输出接口,可为其他格式的录像设备提供输入输出信号。外接口板除了视音频信号接口外,还应有 TALLY 输入输出、通话、电话、网络接口,可以实现与其他数字转播车进行一级连接,可作为主车,也可作为从车。①

① 视频系统中设置 4 路以上的下变换电路。下变换电路不仅为系统内提供标清信号,也为大型直播现场的大屏、彩幕、小屏等应用提供不同格式的 PGM、AUX 等信号。

② 跳线接口的标注要明了直观,尽量使用通用的颜色、规范的符号,便利应急和临时调整电路过程中的快速操作。

③ 矩阵输入输出接口的命名要统一。各矩阵面板键的设置应精而少、标注清晰,一目了然,便于切换。

④ 接口面板上的标清 SDI 和复合视频输出接口,应由多路和多个通道组成,而不能简单地由单个通道分配构成,满足不了应用的多样化。

⑤ 接口面板上应尽量多留一些矩阵的输入、输出接口,以方便各种视频信号的输入、输出调用。

3. 调频广播直播系统

调频广播直播系统由话筒、音频工作站、调音台、调频发射机和监听音箱等组成。

4. 信号传输系统

信号传输系统包括光纤传输和数字微波传输两种方式。当活动现场是在光纤能到达的地方时,就利用光纤将信号传输到机房;而当活动现场是在一些较偏僻光纤无法到达的地方时,就利用微波传输的方式进行信号传输。信号传输系

---

① 刘军祥.10 讯道数字转播车系统设计与实施[J]. 广播与电视技术,2005(10).

统,如图 6.5 所示。

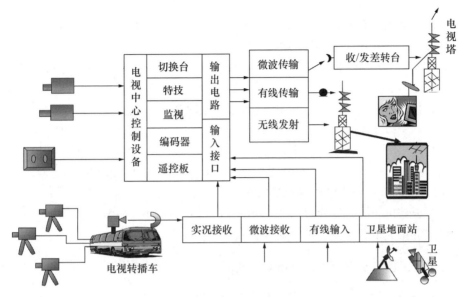

图 6.5　现场节目传输系统

第二节　外景节目制作系统

外景节目制作系统是指演播室以外制作或录制节目素材的系统,它适合于现场或野外制作电视节目/电视节目素材。由于该制作系统具有制作场地不固定、流动性强的特点,因此所用设备应满足体积小、重量轻、操作方便、耗电少等要求,一般为便携式摄像机、便携式录像机或摄录一体机及其他便携式设备等。

一、外景节目制作系统的应用方式

1. 根据所用设备的数量和使用方式来分

主要有单机摄像系统、双机摄像系统和多机摄像系统三种方式。[①]

(1) 单机摄像系统

在某些外景节目制作时,若摄制内容比较简单,这时可采用一台便携式摄像机和一台便携式录像机或采用摄录一体机组成单机摄像系统,如新闻节目的拍

---

① 杨晓宏,刘毓敏.电视节目制作系统[M].北京:高等教育出版社,2005:162.

摄等。

(2) 双机摄像系统

同时使用两台摄像机,并能使节目相互转换的系统称为双机摄像系统。双机摄像系统在使用时,主要应解决两部摄像机的同步问题。解决同步问题的方法主要有:① 可用两台具有外同步锁相功能的便携式摄像机,由一台摄像机提供同步信号去锁定另一台摄像机;② 用一台特技效果发生器或CCU为两部摄像机提供一个统一的同步信号,使两台摄像机同步。

(3) 多机摄像系统

这是一种三机及三机以上摄像系统联用的系统,这种系统多用于外景制作文艺、专题、体育等节目,该系统同步方式的解决办法与双机摄像系统类似。

2. 根据节目制作的内容和目的划分

主要有电子新闻采集(ENG)和电子现场制作(EFP)两种,具体内容参见本书第一章第二节数字电视节目制作方式。

二、多机集中使用的同步锁相方案

外景节目制作系统的应用一般有三种情况:① 摄录一体机单机运用或分散使用;② 便携式摄像机和便携式录像机组成单机运用或分散使用;③ 多机集中同步使用。这三种情况中,前两种在使用时均不需要考虑相互间的同步锁相问题,第三种需要解决同步问题。图 6.6 是使用 4 台摄像机的集中同步方案框图。

该系统使用了 4 台摄像机、4 个话筒、4 台 CCU、1 台特技效果发生器、1 台调音台、1 台录像机、7 台监视器、1 套字幕机等设备,它包括视频和音频两部分。在视频系统中,给每台摄像机配备了摄像机控制器(CCU),以便对摄像机进行集中调整,摄像机与控制器之间用几十米或几百米的多芯电缆相连,以保证摄像机在现场内可随意移动拍摄。该系由切换台提供统一的同步信号(黑场信号)给 CCU,各摄像机之间的锁相均在 CCU 上完成。每台摄像机的视频信号通过各自的多芯摄像电缆送给 CCU,然后由 CCU 再送给切换台,切换台可对输入的视频信号进行特技处理后输出至录像机和节目监视器。系统中的各路音频信号首先送给调音台,经调音台处理后再输出至录像机和节目监视器。

为了保证外景节目制作的质量,一般在系统中配置一台彩色监视器,这样在外出拍摄时就可监视所拍摄的图像质量,如有问题立即重拍。彩色监视器一般为便携式的小型彩色监视器,有 9 英寸、6 英寸、4 英寸等几种,彩色监视器可以使用直流电池供电,也可以使用交流电供电。

第六章 数字电视节目现场制作系统

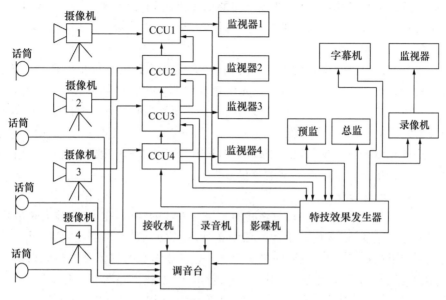

图6.6 多机集中同步系统方案

以上三种情况中,为了减轻摄像人员的劳动强度,摄像机配置时在保证图像质量的条件下应选择有自动调节功能、小型、轻便、省电的摄像机、录像机或便携式摄录一体机。

三、外景用光与拍摄技巧

外景拍摄的主要特点可概括为:场面的景物、风貌、背景、层次、表演区域、光线、色彩、环境、氛围等都主要是以选择、等待、捕捉的方法获得的,且在短时间内的可重复性差。这就要求摄像师在拍摄前要对环境的外貌、时间变化中的光线关系、要拍摄的主体等进行仔细观察和思考,在此基础上,与导演、制片人等一起制定外景拍摄的计划和顺序,以便高质量地完成拍摄任务。[①]

1. 自然光

外景拍摄是在自然光线条件下进行的。自然光有三种主要的形态:直射的阳光、散射的天空光和环境反射光。外景拍摄的关键是真实地再现自然光的三种形态。太阳光随着时间、季节、地理条件和天气的变化而变化。因此,外景拍

---

① 本部分主要参考:李运林,徐福荫.电视教材编导与制作[M].北京.高等教育出版社,2004. 杨晓宏.数字电视节目制作技术[M].北京:国防工业出版社,2013.

摄必须按太阳光变化的规律,选择所需要的拍摄时间、地点和方向,必要时还要利用人工光对自然光进行局部的加工和修饰。

(1) 黎明与黄昏

从东方发白到日出之前为黎明时刻,从太阳落山到天空星星出现之前为黄昏时刻。光线的特点:① 正顶天空光线色温偏高,呈青灰色,日出方向色温低;② 在日出、日落方向,靠近地面的天空较亮,正顶天空较暗;③ 地面景物被微弱的散射光照射,普遍光亮较低。

这种光线不易表现景物的细部层次,适合于拍摄"剪影"效果,选用人工补光可以拍出背景层次细腻而丰富的夜景效果。

(2) 早晨或傍晚

太阳光与地面成 0°~15°角之间的光线。光线的特点:① 光线被大量散射,直射光相应减弱,形成比较柔和的照明条件,光位移动快,亮度变化大;② 光线的色温较低(2800~3400 K),呈橘黄色;③ 垂直地面上的物体表面被照射明亮,受光面与阴影面亮度反差大;④ 阳光入射角小,景物的投影拉得很长;⑤ 空气透视效果最明显,近暗远亮,近浓远淡,大部分景物周围被晨雾、暮霭笼罩,朦朦胧胧,天空的云彩也形状各异,在逆光照射下,有的轻柔飘逸,有的蓬松散漫、多姿多彩。

这段时间拍摄人物的近景,可以获得柔和的影像,全景能丰富地表现出景物的层次,也可以利用天空亮地面暗的特点,用光线强烈的对比反差,形成剪影半剪影,突出景物的线条或人物的身姿、轮廓等。

(3) 上午或下午

太阳与地面成 15°~60°之间的光线,一般为上午 8:00~11:00,下午 2:30~4:30,常被称为正常照明时段。光线的特点:① 照射角度适中,光线亮度较强;② 光线亮度变化不大,色温相对稳定(5400~5600 K);③ 水平面和垂直面的照度比较均匀,受光面和阴影面反差不大,影调层次丰富,物体的立体感、质感较好。

这段时间内拍摄景物的明暗反差比较正常,阶调层次丰富,立体感、质感容易表现,对造型构图十分有利,是外景自然光下拍摄的最佳创作时间。

(4) 中午

太阳与地面成 60°~90°角之间的光线。光线的特点:① 照射角度高,光线亮度最强,北半球夏季,中午太阳几乎垂直照射,成顶光效果,日光照射强烈;② 地面景物水平面被普遍照射,而垂直面受光很少,或几乎没有,明暗反差大。

这段时间拍摄不利于人物的面部造型及物体的立体感、质感的表现。顶光对于人物的面部造型及形态起歪曲丑化作用,人物的头发、额头、眼眶、鼻尖、下颚等部位接受了照明,而脸部其他部位会有明暗差别极大的投影;平摄景物时,明暗反差大;俯拍时,景物缺少影调层次变化。因此中午不是户外拍摄的好时间,但在冬季,光线入射角在 40°～50°之间,仍然可以拍摄出理想的画面。

中午拍摄可采取一些补救措施:① 选择多层重复景物,强调层次关系;② 避免骷髅状,以人脸暗部或亮部曝光,脸部置于明亮或阴影部位,人为打破顶光照明状况,按脸部曝光;③ 采取遮挡措施,如用白布大面积遮挡,变直射光为散射光,或局部遮挡;④ 加辅助光,用反光板或者高色温灯光补充照明。有时为了达到某种特殊效果,专门利用顶光拍摄。如人们疲乏抢收麦子、炎热的沙漠、大地干旱龟裂等。

2. 外景拍摄技巧

外景拍摄虽然复杂,但也有不少技巧,掌握不同条件下的外景拍摄技巧,对高质量地完成拍摄任务是至关重要的。

(1) 日景的拍摄

日景分为外景日景和内景日景,其主要特点是以阳光为光源进行拍摄。在日景条件下进行拍摄,景物各部分的显色性好,色温也较高,摄像机的滤色镜通常选择为 5600 K 或 5600 K+25%ND 两档进行,经过白平衡的仔细调节,可以获得较好的拍摄效果。

外景日景以明亮的天空为背景,内景日景以明亮的门窗为背景,它们都以太阳光为光源,照度均匀,景物亮度高,在亮背景的衬托下呈现出近暗远亮的透视效果,景物的明暗反差较小;在刮风的天气情况下进行拍摄时,应注意采用正、斜面方向拍摄,这样能使风在画面中得到充分表现,如摇曳的树枝、被风吹动的树叶等,能增强画面的表现力。

(2) 夜景的拍摄

夜景在电视片中的拍摄有多种效果,如外景夜景、内景夜景、月光、火光、灯光夜景等。夜景条件下人工光为主要照明光源,夜景画面的特征为:① 画面以大面积的暗色调为主,背景为深灰色或深蓝色,整个画面呈现低调效果;② 画面中同时具有高亮度部分和低亮度部分,画面亮度反差大于日景;③ 天空色调偏蓝,呈深蓝色调,并与地面有一定的亮度间距,画面中最黑最暗的部分不是天空,而是地面上未受光线照明的景物;④ 室内夜景在灯光照明下色调多偏暖,室外夜景即使在灯光照明下色调大多偏青灰或深蓝。

通常,夜景的拍摄方法有以下两种:

① 在真实的夜景中拍摄。

这种情况下，摄像机白平衡的调整和滤色片的选择应以在画面中起主导作用的光源的色温为主来进行调节；夜景布光时应防止以下两种倾向：一是整个夜景画面亮度过高，无夜景气氛；二是整个夜景画面亮度过低，一片灰暗，无明亮光线或物体。为避免以上两种倾向，布光时应注意：

a. 拉开光比，拉开画面亮度反差，画面中一定要有最暗的部分，亮的部分占的面积要小，暗的部分占的面积要大。

b. 多用逆光、侧逆光，少用或不用顺光，除了人物在灯光下这种特殊情景外，正面光最好用散射光照明，并且亮度一定不能超过轮廓光（逆光）。

c. 充分调动室外发光体入画，充分利用路灯、车灯、信号灯、照明灯等创造空间感，加强夜景气氛。

d. 当实际场景中灯光为低色温时，调整白平衡时按偏暖色（橙黄色）处理，当实际场景中灯光为高色温时，调整白平衡时按偏蓝色处理。适当夸张现场光线的色彩因素，烘托环境气氛。

e. 从室外拍摄楼房夜景时需用低色温灯光（3200 K）适当提高室内亮度，因为一般摄像机很难在几十瓦灯光照明下表现出灯光通明的效果。

f. 拍摄夜景的最好时机不是在天黑以后，而是在日出、日落的这段时间，此时天空和地面绝大多数景物还有一定的亮度，拍摄夜景效果最佳，有人称这段时间为拍摄夜景的"黄金时间"。日出这段时间太短暂，一般人都利用日落时来拍摄，这时拍摄夜景应注意选择拍摄地点和拍摄方向。地点的选择，首先要考虑环境特点，选择周围环境亮度较高的景物物体或地面有积水反光的地点，这样可以避免地平线以下漆黑一片，单调死板，在雨后、雪后、桥头、湖边等有水的地方让水中倒影参加画面构图，可以收到理想的效果。拍摄方向的选择，目的在于让天空与地面尽量有区别，使两者不要混为一体。

g. 拍摄夜景时，如果画面内有强光光源，应避免镜头急速的运动，特别是横向运动，以防止彗尾现象，破坏画面美感。

h. 逆光拍摄时要注意强光直接射入镜头而造成的"嚎光"现象。

② 在白天进行模拟夜景的拍摄。

为了创造出一种月色朦胧的感觉（效果），可选用 3200 K 的滤色镜，同时要注意缩小光圈，这样就能创造出一个逼真的夜景效果。模拟夜景拍摄的处理方法：

a. 选择晴朗天气中午的顶光光线。在摄像机镜头前应加用深蓝色滤色镜，并选择大面积的暗背景以及亮度反差大的物体，用手动光圈控制曝光量，使画面中天空变成深蓝色，景物绝大多数曝光不足呈深灰色、灰蓝色，与天空相比形成一种剪影效果,仅在顶光光线直接照明的局部地方出现较明亮部分。

b. 选择亮度间距极大的景物。用手动光圈减少曝光量,使画面曝光不足,天空由亮变成灰色,地面景物大多无亮度并形成剪影效果。

c. 在表现无月光的夜景时,可在阴天光线条件下拍摄。

(3) 日出、日落的拍摄

日出、日落时最显著的特点是反差大,暗部层次少,景物细部分辨不清,明亮部分有较清晰的影调层次。日出和日落可分为太阳在地平线以下和太阳不在地平线以下两种情况:

① 太阳在地平线以下时

太阳在地平线以下时,光线的特点是天空还很亮。太阳初升的光芒和太阳落山时的余晖装饰性地把天边照亮,地面景物接受了大气层中的云霞和天空中微弱的反射光及散射光的照明,还保留着一定的层次。这时光线的色温较低,且不稳定,大约在 1500～2400 K 左右。天空色调变化很有特点,靠近朝阳或夕阳处是较浓的橙红色调,离太阳越远,橙红色调就越淡,造成了由浓到淡、由深到浅的过渡层次。这时把地面景物与天空做比较,两者形成强烈的明暗对比。它不适合拍摄人物近景、塑造人物个性特征及细部层次,而比较有利于拍摄剪影。拍摄时摄像机的滤色镜可选用 3200 K 档。这段可用时间一般为 30 分钟左右。

② 太阳不在地平线以下时

当太阳不在地平线以下时,若选用 3200 K 的滤色镜,经白平衡调节后进行拍摄,拍出的画面大量地增加了蓝、绿信号的比率,结果是太阳变为白色,而不是旭日东升、霞光万道,大大削弱了艺术效果;若选用 5600 K 的滤色片,只要人眼看太阳时,不感觉刺眼,用摄像机直接拍摄,可以得到较好的效果。

日出和日落时差大。日出时,地面亮度较低,因而一般多形成黑影,日落时地面因有天空照明,具有一定的亮度,但它与日光比起来,相差甚大。因此,拍摄时可以采取折中的办法选择光圈,适当照顾地面的景物。日出和日落最显著的差异,在于色彩感受的不同,日落时刻,大气层充满了更多的尘埃和水蒸气。

空气密度加大,对太阳的折射更加强烈,日落时直射阳光色温较低,景物色彩偏暖,特别是大地经阳光一天照射,地面温度较高,暖的感受更加强烈;日出时刻则相反,经过一个安静的夜晚,大气中的尘埃多半降落到地面上,空气比较清新,所以日出时刻直射阳光的色温比日落时刻高,景物的色彩却没有日落时刻那么暖。所以在电视片中,日落时刻画面较暖,日出时刻画面较冷,这是两者处理上的最大差别。

拍摄日出时,不容易找到 5600 K 的白平衡调节光源,但可以在前一天的白天用 5600 K 的太阳光或人工照明白平衡板调节好摄像机的白平衡,通过机内的记忆电池来保持(存)机内的平衡,第二天拍摄时,就不用再调了。

日出、日落这段时间色温变化大,拍摄时间短,给拍摄带来一定的困难,所以拍摄前一定做好准备工作,要提前选好景,选择拍摄角度,要掌握日出、日落的方位,拍摄时最好带上调色板和监视器,根据拍摄要求用调色板调好白平衡,观看监视器,调整摄像机的滤色镜,使其达到所需要的色调,再调整光圈,来改变天空和地面物体的反差,这样就可以拍摄出理想的日出、日落景色。

(4) 雪景的拍摄

① 下雪天。由于阴天,明暗反差小,地面景物十分单调,灰蒙蒙一片;白雪亮度高,反光强,雪与暗处景物相比,明暗对比强烈,反差极大。拍摄时要注意:

a. 应选择深色背景衬托漫天飞舞的雪花。

b. 色温偏高,要调好白平衡。

c. 注意用防雪工具遮挡摄像机,以免雪花粘在镜头上。

② 雪后阴天。拍摄时要注意:

a. 选择深色的前景或暖色陪体,加强雪景的明暗对比和色彩对比。

b. 选择多层景物的被摄物可增加画面色彩、线条的变化与层次感。

③ 雪后晴天。雪后晴天是拍摄雪景的黄金时间,白雪在阳光强烈照射下,反光强烈,亮度极高。有雪与无雪景物形成强烈明暗对比。拍摄时注意:

a. 拍摄宜用手动光圈,由于雪后晴天紫外线多,反射光强,自动光圈效果不尽人意。

b. 拍摄雪景正面光和侧光下人物中景,侧光和逆光下人物近景或特写,增加半级或一级左右光圈,正面光下的近景或特写不用增加光圈。

c. 拍摄大面积雪景,宜用侧光或逆侧光或逆光,侧光、逆侧光使雪景出现波浪或层次,逆光使雪变得晶莹,质感细腻。

d. 早晚日光使雪景中景物产生长长投影,从而能增强雪景的立体感。

(5) 雨景的拍摄

由于阴云遮日,光线较暗,雨天景物由天空光照明,没有强烈的明暗反差和光影变化,立体感差,层次不显著。雨天拍摄时要注意:

① 为增强阴雨天画面的立体感和纵深感,可选择合适的拍摄角度,使被淋湿的物体产生明亮的反射光,勾画出物体的轮廓,如选择接近于逆光或侧逆光的镜头角度,突出雨景。

② 利用影调对比,选择暗调前景或深色调背景,衬托出雨天的亮线条,如利用周围环境中暗的房屋、墙壁、人群、深色的树丛作为衬托,可加强雨天的效果,

一般要尽量避开大面积亮的天空和背景。

③ 利用色块对比,打破平板灰暗的雨景,如利用五颜六色的雨伞,或其他色彩鲜明的物体。

④ 利用线条变化,增强画面纵深感。

⑤ 利用近景或特写镜头,加强雨景效果,如人物或景物上晶莹闪亮的水珠,大雨撞击在地面或硬质物体上四处溅射的光点,雨水打在水面上呈现出的水泡或水波。

⑥ 雨天拍摄夜景,各种灯光和发光体的倒影,使画面更加生动活泼。

⑦ 镜前一米处要遮伞,使画面清晰。

(6) 阴天的拍摄

地面的景物主要依靠天空散射光照明,物体表面没有明显的光线投影,景物明暗反差小,光线细微柔和。拍摄人物、景物都显得平淡、单调;阴天时色温偏高,画面色调偏冷;阴天光线照明均匀,物体的立体感、质感表现较差。拍摄时要注意:

① 把观众的视线引导到镜头的主要形象上来,尽量拍摄人物的近景或特写,这样能获得色彩丰富质感细腻的效果,拍摄人物的全景时,要选择较暗的景物作背景,让人脸的色调在画面上占亮调,人显得有精神。

② 要精心选择人物或景物的色调,通过明暗对比、色调对比,表现被摄物的立体感、质感、空间感。

③ 利用阴天上下午时间的侧光和斜侧光表现被摄体的立体感和质感,这种光线可在物体表面形成一定的受光面、阴影面和不明显的投影。

④ 利用景物远近明暗和大小对比,选择有形线条或多层次景物,加强画面的空间感,如利用某些大的线条,如道路、河流等在画面中形成主要线条并造成近大远小的视觉纵深感。

(7) 雾天的拍摄

在雾景的拍摄中,滤色片通常选择在 5600 K 档,经白平衡调整后再拍摄。拍摄时应注意:

① 利用雾天创作,要对雾天的光线形式进行选择,特别是拍摄稍大一点的场面,一般还是以逆光和侧逆光为好,这种光线可获得远近丰富的影调层次和细腻的光调、色调上的过渡。

② 设计和利用逆光造成人物或物体的剪影、半剪影效果,把人物或物体衬托在雾气中,画面效果要比在其他天气条件和光线条件下拍摄的剪影更富魅力,因为雾天光线反差小,视觉舒服而正常,画面光调和谐悦目。

③ 雾气比较大、浓度比较高、空气中介质过多的时候，画面灰雾度增加，尤其拍摄稍大点的场面，透视感随雾的浓度增加而减弱，原因就是景物间的区别和对比也随雾的浓度增加而减弱。当出现这种情况的时候，要人为加大景物间的暗亮对比，有时可考虑充分使用暗色调的前景。

复习思考题

1. 数字转播车的车体有哪些要求？
2. 数字转播车内部如何布局？
3. 数字转播车视音频系统有哪些基本的要求？
4. 简述外景节目制作系统的类型。
5. 简述外景节目制作系统的基本组成。
6. 简述外景节目拍摄的技巧。

参 考 文 献

[1] 徐善美,操国强.黄冈电视台数字转播车系统构成[J].现代电视技术,2011(2).

[2] 刘军祥.10讯道数字转播车系统设计与实施[J].广播与电视技术,2005(10).

[3] 胡斌,陈琨.多功能电视广播数字转播车的设计和实践[J].现代电视技术,2013(增刊).

[4] 祖国兵.5+2+1讯道数字电视转播车系统设计及实现[J].现代电视技术,2011(2).

[5] 张景山,敖呼春.通辽广播电视台高清数字转播车的设计与设备选型[J].中国广电技术文萃,2013(2).

[6] 夏晓峰,王威.中小电视台高清数字电视转播车建设的若干思考[J].现代电视技术,2013(增刊).

[7] 代世勋.淮北市广播电视台6+1讯道数字标清电视转播车的设计与建设[J].中国传媒科技,2013(09下).

[8] 刘宁生,顾建国,崔伏龙等.数字电视节目制作与播控技术[M].北京:中国广播电视出版社,2003.

[9] 翁志清,陈伟平.数字电视制播系统[M].上海:上海大学出版社,2009.

[10] 杨晓宏,刘毓敏.电视节目制作系统[M].北京:高等教育出版社,2005.

[11] 杨晓宏.数字电视节目制作技术[M].北京:国防工业出版社,2013.

[12] 徐明.现代广播电视制作技术[M].郑州:郑州大学出版社,2008.

[13] 李运林,徐福荫.电视教材编导与制作[M].北京:高等教育出版社,2004.

第七章　数字电视演播室节目制作系统

【学习目标】

学习完本章,应该能达到下述目标:
- 知道电视演播室的类型。
- 掌握电视演播室的组成。
- 熟悉电视演播室的基本要求。
- 掌握电视演播室场景的类型和设计。
- 掌握电视演播室节目制作系统的组成和功能。

电视演播室是利用光和声进行空间艺术创作的场所,是电视节目制作的重要阵地,承担着几乎所有需要内景拍摄的电视节目制作及演播室直播节目的制作任务,它为电视节目制作提供了完整的布景、道具、灯光、音响、效果、现场特技切换、摄像、录制、编辑等全套设施。电视演播室节目制作是电视节目制作的重要方式,作为电视从业人员,必须掌握演播室节目制作的方式和技巧。

第一节　电视演播室概述

对于电视台来说,演播室是节目制作的重要场所。随着数字技术的迅速发展和观众对电视节目质量要求的不断提高,传统的模拟演播室系统已难以适应目前电视节目的制作需要,因此数字演播室应运而生。所谓数字演播室,是指演播室系统设备在技术上都是数字化电视节目制作设备。数字演播室系统的基本结构有两种:一种是传统模拟系统的线性结构,相应的设备换为数字设备,再加上编码与解码、复用与解复用等部分组成数字化演播室,设备之间传递的信号是数字信号;另一种是以计算机网络为基础,采用以宽带视频服务器为中心的分布式结构。目前以 FC 网、以太网为基础的计算机网络技术相当成熟,工作稳定可靠,资源管理便捷,所以数字演播室系统大多采用这种分布式结构。

一、电视演播室的类别

电视演播室是一种综合性技术设施。它必须具有良好的声学特性和音响效果，先进的灯光照明系统、空气调节系统和便于节目创作的条件。电视演播室的类别很多，可从不同的角度进行分类。

1. 根据面积大小分

根据面积大小，电视演播室一般可分为：①

（1）大型演播室。面积大于 800 平方米，多用于场面较大的歌舞、综艺类或晚会类节目的录制，如春节联欢晚会或大型互动节目，可以容纳较多的现场观众，其舞台和场景可以进行综合设计，也可拍摄室内电视剧。根据节目创作的需要可以将一个大型演播室分割成若干个小景区，一个接一个顺序地拍下去，拍过的景区随即更换布景再拍另外场景的节目，以提高演播室的利用率。亦可根据栏目需要将一个演播室分成若干个小区域，设置不同场景，拍摄不同栏目的节目。

（2）大中型演播室。面积在 600~800 平方米之间，多用于歌舞、戏剧等节目的录制。

（3）中型演播室。面积在 250~400 平方米之间，多用于小型戏曲、少儿、访谈类、专题、智力竞赛或者座谈会等节目的录制，可以带少量观众。中型演播室背景和空间都可以进行设计，但舞台或演播区基本上都是固定的。

（4）小型演播室。面积在 50~250 平方米之间，多用于教育、新闻、球赛解说、外事、专题采访等节目的录制，现场人物较少，场景相对简单。

2. 根据节目制作方式的不同分

根据节目制作方式的不同，电视演播室可分为：②

（1）实景演播室。指以真实背景搭建的演播室，是最常见的一种演播室。优点是所见即所得，真实、自然、直观，易于展现栏目特点和个性；缺点是不利于多个节目共同使用同一演播室，搭建和拆除背景需要一定的时间。

（2）虚拟演播室。这是近年来兴起的一种全新的制作方式，是一套由计算机软件、主机、摄像机及跟踪器、图形发生器、色键器及视频切换台构成的节目制作系统，它与实景演播室不同，是以计算机三维动画"虚拟"出的场景代替道具实景，现场布景由蓝箱取代，摄像机拍摄的画面只是图像的前景，背景则由相配的图形工作站产生。优点是灵活，可以制作出现实中无法搭建的背景效果，节省空

---

① 徐威，李宏虹. 电视演播室背景[M]. 北京：中国广播电视出版社，2006：1~4.
② 同上。

间,不同栏目可共用同一演播室;缺点是前期投入的工作较多,灯光需要考虑最终合成后画面的效果,而非习惯上的所见即所得,主持人的即兴发挥受到一定的限制,等等。

3. 根据输出信号的质量不同分

根据输出信号的质量不同,电视演播室可分为:[①]

(1) 标清演播室。数字视频输出信号画幅宽高比为 4∶3,扫描格式是 720×576,目前多数电视演播室都还是标清演播室。

(2) 高清演播室。其拍摄、编辑、制作等全过程都使用数字高清技术的电视演播室。数字高清晰度电视是目前数字电视(DTV)标准中最高级的一种,简称为 HDTV,它采用 16∶9 宽屏模式,并且采用多通道传送。

二、演播室系统的环境布局和功能

演播室系统主要由演播室和控制室两部分组成。[②~④]

1. 演播室

演播室就是节目的录制现场,房间内部全部进行吸声处理,顶部为灯光设备,演播区内除放有节目道具、观众席外,还有摄像机、话筒等设备。

(1) 演播室布局

演播室无论面积大小,不要设计成正方形或对称长方形,而最好使内部呈非对称长方形,以减少声音在墙壁之间的多次反射所产生的颤动回声(在两个平行墙壁之间产生声波来回反射)。演播室的高度设计,要考虑到有时特殊拍摄(如俯摄)的需要,但主要考虑有利于布光和散发热量及其他艺术效果等。演播室的层高一般为 4 m 左右,高的可达 9 m 以上,因为在天幕之上要留有足够的空间,以便安装灯具走行机构、空调管道和容纳多余的热量。

(2) 演播室的声学要求

电视演播室声学条件的好坏,直接关系到电视节目的播出质量,为了保证演播室的录音质量,应将演播室选址于安静、受外来噪声干扰较少的地方。在设计时要特别注意混响时间和室内噪声等诸多声学因素。

① 噪声与噪声控制。演播室的噪声主要有室外噪声和室内噪声两部分。室外噪声一般是通过固体或空气传入室内的,主要包括空气声和撞击声两种。

---

① 徐明.现代广播电视制作系统[M].河南:郑州大学出版社,2008:252.
② 徐威,李宏虹.电视演播室[M].北京:中国广播电视出版社,2006:5.
③ 杨晓宏.数字电视节目制作技术[M].北京:国防工业出版社,2013.
④ 杨晓宏,刘毓敏.电视节目制作系统[M].北京:高等教育出版社,2005.

空气声是指经过空气传播的噪声,如门缝、穿线孔和通风管道等透过的声音;撞击声是指在物体上撞击而引起的噪声,传播渠道主要是墙壁、楼板、门窗的振动等,脚步声是最常听到的撞击声。室内噪声主要指摄像机和人员移动、灯光控制系统以及空调系统等设备所产生的噪声。为了降低演播室的噪声,在设计演播室时,不应在演播室房顶上再建房室,以避免脚步声、桌椅拖动声及墙壁、顶棚等受撞击或振动而将噪声传入室内。个别小演播室达不到上述要求,可在上层楼板上铺减振、吸声材料,如地毯等加以解决。演播室内的地面也可铺塑料地板或地毯,以减小室内噪声,并对空调等设备所产生的噪声采取相应的隔音措施。控制室与演播室之间的观察窗也是需要进行隔声处理的关键部位,常用的方法是采用双层玻璃,夹层空间不要造成两玻璃平行的腔体,玻璃要有一定的厚度。无论采取何种处理方式,经处理后,演播室噪声应不高于 40 dB。

② 混响时间与吸声处理。在闭合的空间里,当声源停止振动后,残余的声音会在室内来回反射,每次都会有一部分声音被吸收。声能减少到原值的百万分之一(相当于声能衰减 60 dB)所需的时间,称为混响时间。它的大小与房间容积、墙壁、地板和顶棚等材料的吸声系数有关,也与声频和单位时间的反射次数有关。一般来说,房间面积越大,墙面、天棚与地面的吸声能力越小,混响时间就会越长。演播室的混响时间过长,会使声音含混不清;但若混响时间太短,又会使人感到声音枯涩沉闷,甚至使人感到说话费劲。因此,混响时间必须适中,电视演播室的混响时间一般设计为 0.3~0.6 秒。改变墙壁、顶棚的吸音材料,可以调整演播室的混响时间,使用吸音材料时,要注意各个频段的吸声要均匀,颜色也以灰暗色无反光为宜,并要考虑材料的机械强度和防潮、防火等性能。常用的吸音材料有空心砖、岩棉板、岩面袋、穿孔石膏板、钙塑板和防火绝缘板等。按照声学要求,除了吸声外,还要有反射、扩散声场和利用腔体共振吸收相关的低频声能的装置。为达到防火性能的要求,制作上述装饰体时,选材一定要符合防火规范。

(3) 演播室的光学要求

灯光是直接影响摄像效果的重要因素,所以演播室应按照不同的位置、不同的高度和不同角度布置不同的照明灯具,并要配备主光、辅助光、背景光、轮廓光和逆光等,才能保证拍摄的图像层次分明、清晰、色彩逼真。为此,演播室的照明和布光应做到:

① 所有的灯具必须同一色温,一般色温为 3200 K,若要使用不同色温的光源,摄像机必须加滤色片,或通过反光板反射光线。

② 色温要稳定,即灯的稳定性要好,无论是单个灯或同种灯,在使用中,色

温不应有明显的变化。

③ 为了获得对比度适当、层次清楚的画面,必须保证摄像区内有足够的照度;故演播室灯具采用可灵活移动和转动的吊杆式、滑轨式等灯具,并可通过调光设备调整灯的亮度。

(4) 演播室的安全要求

防火:配备消防栓、喷头、安全门;散热、保温:装有空调、排风管道,由于演播室没有窗户,空调是必需的,但要注意空调等的噪声;配电:市电 380 V~220 V,设备和照明最好由两个变压器分别供电,避免干扰。电源线要足够粗,能承受供电负荷。另外,还要配备专用的发电机,以便特殊情况下供电。照明灯的开关在演播室的角落或控制室内,演播室内配有应急灯、提示灯。

2. 控制室

控制室是与演播室相邻的独室,是演播室的重要组成部分,也是节目信号的控制中心。

(1) 控制室的功能

① 灯光控制。灯光技术人员工作的区域,主要设备为调光台,灯光师按照节目要求事先布置灯光,为节目提供最佳的图像灯光效果,灯光师负责操作调光台,与演播厅内的灯光操作人员通过无线对讲联络。

② 声音控制。录音师控制声音录制的区域,主要设备有调音台、各种声源(如话筒、CD、DAT 等),录音师通过监听节目的声音质量,对各路声音进行混合来控制音频信号的输出。

③ 图像控制。用于对图像信号进行控制的区域,通常占有较大的空间区域,设备主要有摄像机控制器、视频切换台、字幕机、放像和立柜录像等。

④ 节目控制。指导演选择、组织各种视听输入信号的设备。节目控制区有图像监视器、声音监视器、扩音器、对讲系统等。

(2) 控制室的布置

控制室是整个演播室的"神经中枢",一般设在靠近演播室的一侧,可以与演播室在同一层地面上,也可以略高于演播室。演播室与控制室之间一般用隔音墙隔开,中间有透视窗(或称为观察窗)供观望与联络之用。控制室一般由视频、音频和灯光三大系统构成。控制室是演播室的重要组成部分,每个演播室都要设置控制室以便安装导控台、技控台、监视系统等控制设备。如果有几个演播室,其控制室可设置在它们中间,合用一个控制室。根据演播室的面积和功能的不同,控制室设备的档次和数量也不相同。视频系统、音频系统和灯光系统,可以合在一个控制室里,也可以分开设置。通常,控制室与演播室毗邻,透过观察窗能清楚地看到演播室内的情况。

① 导播室。导播室主要由导控台和监视墙两大部分组成。[1]

a. 导控台。导播面前的台子为导控台,主要包括摄像机控制器、视频切换台、放像、字幕和立柜录像等几部分,如图 7.1 所示。摄像机控制主要是视频技

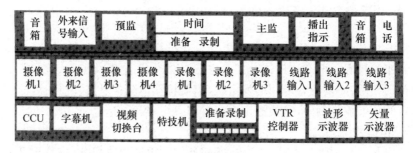

图 7.1　导控台的构成

术人员根据节目需要配合灯光对摄像机进行控制;导演控制主要是导演调动机位和节目切换的区域,导演通过通话系统告诉现场摄像具体拍摄的方位和景别,由导演或视频切换在切换台上切出最佳信号输出;放像就是视频放像员在节目中插播广告和节目片花;字幕是字幕员为节目制作字幕,直播节目一般需要两台字幕机叠加字幕,一台出标题和片头片尾,一台出唱词或图片;立柜机房集中了各个设备的主机,系统调节和维护通常在这个区域进行,录像员一般在立柜机房录制节目。视频系统技术人员主要保证演播室所有信号线路和设备安全可靠,负责解决系统技术问题,对整个演播室节目的制作提供保障。

b. 电视墙。电视墙由许多监视器组成,设置在导控台的正前方。主要用于监视各路信号源,包括主监、预监和电视接收机等。每台摄像机有一台监视器,录像机和字幕机或其他特效设备都有监视器。

② 音频控制室。大型演播室可以制作歌舞、音乐节目,因此对节目的音频制作有较高的要求。音频控制室一般位于导播室相邻的房间,由隔音墙隔开,以创造一个良好的监听环境。

③ 立柜机房。在导播室中,为便于管理和调试,数量众多的视频信号处理设备一般都集中安装在立柜机房中的标准机柜、机架上,因而立柜机房要有良好的通风设备。

④ 观摩室。许多大型演播室都设有观摩室,位于导播室后方,作用是方便

---

[1]　杨晓宏.数字电视节目制作技术[M].北京:国防工业出版社,2013:202~203.

上级领导或同行对节目的制作过程和制作水平进行了解和监督，同时又不会对工作人员的正常工作产生交叉干扰。从系统设置上来说，观摩室不是演播室所必需的。

三、电视演播室场景设计

1. 演播室场景类型

在演播室内摄制节目，其环境背景即场景，是根据各类电视节目的需要进行布置的。演播室场景来源于舞台场景，即三面可设景观，"第四堵墙"敞开，面向观众，适应电视拍摄的需要。它可以做若干变更，大致有如下几种景型：[①]

（1）"一"字式景型

这是最基本、最简单的场景，如图7.2所示。场景在正面呈"一"字形排开，作为人物的背景图案，或添加必要的道具。此类景型，大量地用于新闻节目、教育节目、知识介绍或人物对话。其优点在于简单易行，更换方便；缺点在于显得单调，缺乏空间感和纵深感。有时，为了使气氛活跃一些，往往将场景布置成厅室的一个墙面，开设窗户，增添桌椅、沙发、花架等日常景物作点缀。

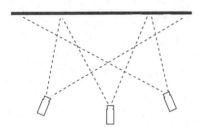 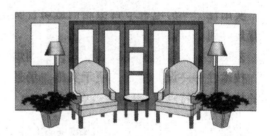

图 7.2 "一"字式景型

（2）"冂"字式景型

即"三面墙"式景型，它来自舞台式场景。观众相当于从打开的"第四堵墙"进行观赏，此类景型较"一"字式丰富，适用于较大的厅堂或中型演播现场。若厅室较小，则三台摄像机的拍摄角度受到限制，难以发挥其长处。"冂"式场景有时可做弧形排开，相当于增大的"一"字形景观，在摄像机摇、移时能使场面显得更为开阔。此外，"冂"式景型由于有左右两堵"墙"的遮挡，摄像机可以得到巧妙的掩藏，或者可以从左右"墙"的开窗处进行拍摄，如图7.3所示。

---

① 杨改学.现代视觉媒体美术[M].高等教育出版社.2004:290～291.

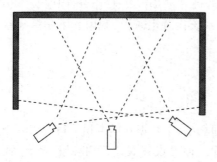 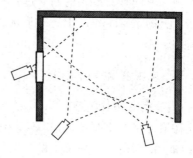

图 7.3 "冂"字式景型

(3) "L"字式景型

此类景型看似"冂"式景型的一角,但由于另一侧开放,便于摄像机移动,从而有利于拍"移"镜头,如图 7.4 所示。对于单机拍摄来说,"L"式景型有它的方便之处,适宜于表现中小型的房间、厅室、茶座等,多用于电视剧或小品的拍摄。对于稍有规模的专题节目来说,并不常用。"L"式景型与"冂"式景型配合使用,能创造出多种画面风格来。图 7.5 所示是"L"式景型的变体(多用于电视剧)。

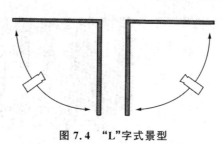

图 7.4 "L"字式景型

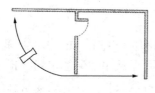 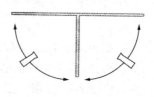 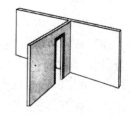

图 7.5 "L"字式景型变化

(4) 开放式景型

以上场景的布置都没有离开"墙",程度不同地呈现为厅室,或者说,无不带有"室内"的痕迹。为了打破以上程式,一些电视美术师吸收现代舞美、旋转式舞台和环形剧场的舞美设计经验,突破写实的布景,采用"开放式"的立体场景,即完全不考虑墙体,仅考虑场地、空间。在拍摄现场上,通过安排立体的、写意的甚至抽象的景物造型,形成错落有致的场面空间。

开放式的景型仅在四周布置天幕。景物参差,造成一种空灵剔透的效果。此类景型需要较大的演播室场地,有时配以抽象的景物造型,有现代艺术的效果,如图 7.6 所示。

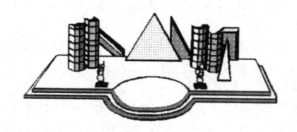

图 7.6　开放式景型

2. 演播室场景造型设计

电视演播室场景,必须通过有关人员专门制作,才能使图纸上的设计成为现实。在电视演播室场景制作前,首先美工应向制作导演了解节目的主题内容和场景要求,然后进行场景设计。场景设计应能起到点缀环境、塑造人物和烘托气氛的作用。电视场景设计是美术与视觉造型设计的结合,与所有造型设计一样,最终都要借助一定的物质材料制作,制作时应根据具体情况选用合适的材料、设备,通过相应的技艺处理,使设计思想得以实现。如场景中的各种造型、背景、装饰以及桌椅、沙发等。[①]

(1) 景片

景片是用绘画方式或摄影图片等制成的平面图片背景。它往往具有较强的装饰性或具有良好的空间感,不仅可以用来表现特定节目制作内容,而且制作经济简便,可以移动和重新组装,是电视演播室制作节目常用的背景形式。

(2) 平台

平台是为演员提供活动的支点和表演空间的一种舞台形式。平台的错落有致,配合不同的景片形象,能够组成各种可视的空间关系,产生高低、开闭、联隔等空间形象,有助于节目的展开。平台的立体造型多以台阶为主,台阶富有节奏感的线条排列、流畅错落的变化,是舞台立体造型的重要表现手段,甚至可以起

---

① 徐明.现代广播电视制作系统[M].郑州:郑州大学出版社.2008:253~254.

到画龙点睛的作用。如用升降平台的方法对演区进行分割,能创造出灵活多变的空间,将表演区分成若干个主次分明的区域和空间,可增加层次。主演区多安排在舞台的中央位置,并有足够的表演面积,若干副演区则可围绕着主演区进行分布。

（3）投影屏幕背景

投影屏幕背景是把静止或活动的影像,从前面或背面投射到演出区后面半透明幕布上所形成的背景,或是由大屏幕电视荧屏、多荧屏所构成的背景。

（4）立体造型场景

立体造型场景是采用具有体积的物体或生活中各种物体组合而成的纵深性场景,有强烈的空间感,并可根据需要自由变换和组合。

（5）光效场景

演播室采用各种彩色灯光,通过不同照射方位、角度、照度、投射范围和节奏变化等所创造的光效场景,具有富于变化和强烈动感的特点,能够有效地调动观众情绪和渲染气氛。

（6）虚拟演播场景

通过虚拟演播制作系统产生的场景。

（7）特技效果场景

有时由于节目内容的需要或需增加场景的气氛,而又不便从现实中直接摄取场景,如特定的气候、时间和地点等,就需要人为地创造出预期的特别场景来。电视特技场景的制作,可以通过电视特技机的功能创造出节目需要的电视特别空间,也可以通过舞台布景、道具的处理,使用某些特别的技巧,在演播室里创造出所需要的特别场景。

① 烟雾。将干冰放入盛有热水的容器里,就会产生漂浮而上的白色雾气,水的温度越高,雾气越大,运用风扇还可吹出雾气扩散的效果。在电视演播室,烟雾效果的产生,一般用专用的发烟器产生。

② 雪花。飘落的雪花可用多种材料模拟,如将颗粒状的塑料、白色的碎纸片或棉花等,由高处向下撒落,或用电扇将其吹散飘落,均能实现一定的场景效果。

③ 色键背景。利用电视节目制作的"抠像"技术,把前景主体"嵌入"各种图片、绘画、模型或电影电视等画面形成的背景,创造出极为丰富的视觉空间,使得演播室内拍摄的图像能够与相距千里之外的景物融为一体,同时呈现在荧屏上,组合成所需要的电视图像,因此被广泛应用在电视节目制作中。

第二节 演播室节目制作系统

电视演播室节目制作系统是融室内前期制作与后期加工制作为一体的系统,除了要求具备照明、声学等条件外,还包括主视频系统、主音频系统、提示系统、通话系统和调光系统等。

一、演播室节目制作系统的组成

演播室节目制作系统的组成主要包括视频系统、音频系统、提示系统、通话系统和灯光系统等。[①]

1. 视频系统

演播室视频系统的设备主要包括:摄像机及其控制器、数字录像机、数字视频切换台、字幕机、提词器、特技机、数字矩阵、图像监视与检测、数字串行设备及同步机等,下面将主要设备作一简要介绍。

(1) 摄像机及其控制器

摄像机作为前期信号的采集设备,是实现电视播出的第一个环节,在视频系统中占有重要地位,对节目的技术质量起着关键作用。一般演播室拍摄均设置多台摄像机,根据节目的制作内容及对技术质量的要求,可以配置专业级摄像机、广播级摄像机,甚至顶级广播级摄像机等。由于目前高档摄像机基本上都采用 12 bit 模数转换,在信号处理上采用 16 bit 以上的数据处理,保证了更精确的伽马、拐点、轮廓矫正。由于高清晰度电视采用了 16∶9 的宽高比,为了能将标清电视转换为高清电视,在演播室摄像机选型时就必须考虑摄像机能够实现 4∶3 和 16∶9 的兼容。目前在 16∶9 和 4∶3 兼容问题上各生产厂家采取的技术不同,但从主观评价看,质量差别并不十分明显,选择摄像机的最好方法是用户根据系统投入的资金将各个公司的相关档次的摄像机架在一起摄取同一测试卡,对测试数据进行比较并结合自己的主观感觉及摄像机的价格择优选取。另外,目前大多数演播室摄像机采用三同轴电缆,当所用电缆长度超过 200 m 时,应该使用光缆,接插件要采用镀金处理,防止辐射。摄像机控制器(CCU)是一个专为摄像机在演播室或现场制作节目时配合使用的设备。摄像机控制器放置在导控室内,距摄像机往往有 25~300 m 的距离,摄像机与 CCU 之间的所有信号传送都是通过三同轴电缆完成的。多台摄像机同时工作时,每台摄像机都连

---

① 徐威,李宏虹.电视演播室[M].北京:中国广播电视出版社,2006:6.

接一台控制器。当摄像机与控制器连接使用时,摄像机上的控制开关除少部分外,均失去作用,相应各种功能全部移到控制器上,如光圈、增益、黑电平以及黑、白平衡等参数的调整。这样可在不影响摄像人员正常拍摄的情况下,在控制室中遥控和调节摄像机,并便于将多台摄像机的控制器摆放在一起,进行集中锁相和控制,使各摄像机输出信号的时基和相位在到达视频切换台时取得一致。这也是信号之间进行同步切换和特技加工的必要条件。当摄像机与控制器连接时,摄像机的供电是由 CCU 通过三同轴电缆提供的,摄像机产生的彩色全电视信号经 CCU 和视分后输出,分别送入切换台的视频信号输入端。

(2) 数字录像机

在演播室节目制作系统中,数字录像机也是主流设备:一是重放素材为后期节目加工制作提供信号源;二是录制已经编辑好的节目。前者录像机重放出来的视频信号时基变化比较大,无法与接入视频切换台的其他视频信号进行同步切换与特技处理。因此,必须接入时基校正器,以校正录像机重放信号的时基误差,使它们与其他视频信号锁相。后者由切换台 PGM 端口输出的彩色全电视信号,经视分后分别送入录像机的复合视频输入端口供录制节目使用。

目前,演播室可供选择的数字录像机型号、格式很多,如 D1、D5、Betacam DVW 系列、Digital-s 系列、数字 Betacam-SX 系列、DVCAM、DVCPRO 等,这几种型号格式的录像机价格差别也很大,所以在录像机格式的选择中,应首先考虑与原有的主流格式的统一,然后再根据性能和价格比来选择录像机的格式。

(3) 数字视频切换台

在演播室视频系统中,视频切换台是整个视频系统的核心,同时是制作节目的核心,其功能的多样性直接影响到整个系统中各个单一设备的功能是否能彻底实现,也就决定了整个系统功能的多样性。在演播室节目制作中视频输入信号在切换台上可以直接切出,也可以在任意 2 路输入信号间作特技后输出,在切换台的下游键可以插入所需的字幕和图形等。切换台的 PGM 输出经视分后,1路送录像机进行录像,1 路送电视台总控机房供播控中心现场直播使用。

数字切换台无论在外观、操作还是内部框架结构上,均与传统的模拟切换台相似。不同之处在于:数字切换台和计算机技术相结合,实现了联网操作。数字切换台具有功能强大的设置菜单,可分别对制式、格式、宽高比、各种键及特技等几乎所有参数进行设置。因此,在选择时,要考虑能提供更多的创作自由度,适应多种节目形式的数字切换台。

目前世界上数字切换台的主要产品有泰克公司的 GVG 系列、飞利浦公司的 DD 系列、索尼公司的 DVS 系列以及汤姆逊公司的 TTV 系列等。由于数字切换台均采用数字技术进行数字信号处理,不同厂家生产的数字切换台的视频技术指标相差不大,仅其功能结构有所不同。这主要反映在输入矩阵规模、M/E、键控器及下游键数量、对 DVE 的接口与控制方式、采用计算机技术的各种控制功能上。从近年来推出的大型数字切换台来看,在目前的技术标准下,大型数字切换台已没有多少突破性的发展,与早期数字切换台相比,只是功能结构上有些改进,这与目前高档数字摄像机的发展有点相似。

对视频切换台而言,M/E、键控器、下游键的数量是固定的,其他功能取决于内置的 CPU,所以切换台的选型不仅要考虑演播室节目制作类别和容量,还应考虑后期节目制作功能的兼顾,做到合理配置。

(4) 字幕机

字幕机是节目制作与播出不可缺少的信号源,主要为节目制作提供所需的字幕和图形。无论什么类型的电视节目,片头片尾都需要加字幕,在节目中间往往也需要加入说明性字句、歌词、对白等字幕,使观众能更清楚地理解节目的内容。产生电视图像字幕的方法有很多种,以前比较常用的是利用摄像机摄取字幕,这种方法需要事先把字幕写在纸上再摄取,很不方便,字幕量很大时,比如译制片的字幕、歌词字幕等,制作字幕的速度太慢;另外,字幕在画面上调入调出的样式变化也比较少;采用电视字幕机产生字幕可克服上述方法的缺陷,借助于字幕机的计算机输入装置,可以很快地做出十分规范的字幕。若将它们存储在字幕机内,根据画面的需要可以随时经多种技巧调出,如推位、移动、翻滚、旋转、闪光和动画等,从而大大提高了电视字幕的制作和利用效率。

字幕机提供的信号主要有键控信号(KEY OUT)和复合视频信号(VIDEO OUT)。键控信号被送入切换台的 DSKEXTKEY SOURCE IN 外键输入端,主要用于字幕和图形的叠加;复合视频信号被送入切换台的视频输入端,与其他视频信号一起参与特技制作。

(5) 提词器

在新闻或演讲节目中,观众希望新闻播音员直接对他们说话而不是从稿子上读新闻,而播音员又不能把稿子全部背下来,这就需要提词器来完成。提词器采用一台小监视器显示活动的稿子,监视器的屏幕反射到摄像机镜头前有角度的单向镜面玻璃上,刚好在摄像机的镜头前。观众看不见讲稿,也不影响摄像的操作,但播音员能够在读稿子的同时仍然直接看着摄像机镜头,并在所有时间内都保持眼睛与观众的交流。稿子可以通过计算机文字发生器提供给监视器,也可以通过播音台上方的摄像头拍摄稿子,提供给监视器。讲稿的移动速度可以根据上镜人的阅读速度来控制。

(6) 数字矩阵

随着电视节目数量的迅速增多,无论是演播室节目制作中心还是播出中心,都采用矩阵作为节目共享的重要设备。在系统中使用矩阵的主要目的有:扩展切换台的有限输入通道;根据节目制作需要改变监视屏上监视器的信号排布;记录设备输入源的选择;现场大屏幕和特技机等制作设备输入源的选择;摄像机返送源的选择;各工种工位监看信号源和技术检测源的选择;提供紧急备路输出通道;为整个系统进一步扩展提供选择;等等。由此可见,矩阵在视音频切换、调度、分配等方面得到了广泛的应用,图 7.7 所示为矩阵在电视系统中的应用实例。①

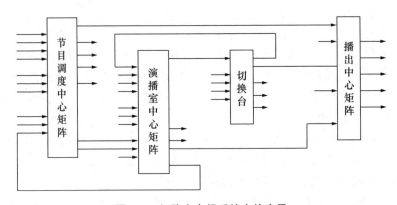

图 7.7　矩阵在电视系统中的应用

图中的节目调度中心汇集了全台的节目,并通过大型矩阵将节目分配到台内各部门,其中包括演播室和节目播出中心。在演播室中,所有外来节目信号和内部节目信号都送到矩阵,一些矩阵输出端接到切换台,一些输出端可接到其他需要之处,同时也有输出端直接送到播出中心。演播室切换台的输出送到播出中心和录像机,同时送到矩阵输入端。播出中心收到的各种节目信号都通过矩阵进行分配,各个频道的播出切换台可从矩阵的输出端得到需要播出的全部信号。

一个完整的矩阵系统由矩阵主机、各种操作面板、系统控制、计算机和电源等组成。所有的电路都装在矩阵主机箱里,而放置在各个操作工位的所有操作面板都连接到主机的相应端口上,用计算机对其进行控制。

目前生产矩阵的厂家很多,如索尼、汤姆逊、飞利浦、Probell、Leitch 等,矩阵的控制也越来越方便,矩阵产品的性能指标很高,工作稳定可靠,功能全面,具

---

① 徐威,李宏虹.电视演播室[M].北京:中国广播电视出版社,2006:33.

体型号和矩阵大小可根据演播室的实际需要进行选择。

(7) 数字视频特技机

数字视频特技又称为数字视频效果系统,数字特技运用数字技术将输入的视频信号在电视屏幕的二维或三维空间中进行各种处理,把许多不同的图像单元组成单一复杂图像或使画面具有压缩、放大、旋转、油画、裂像、随意轨道移动等特技效果,并且能够对视频图像的尺寸、位置、亮度、色度等进行处理。它与视频切换台中的特技切换不同,特技切换所能实现的屏幕效果主要是两路或若干路信号以不同的幅度比例进行组合,或者用各种形状和大小的分界线在屏幕的不同位置上分割屏幕,分割屏幕的分界线尽管能够沿不同方向移动,但不能对各路图像本身进行处理。

数字视频特技机与纯粹由软件生成的数字视频特技(如非线性编辑系统上的数字特技)也是有区别的,数字特技机的特技是由软件和硬件结合起来实现的,速度快,而软件特技主要靠主机的处理芯片运算,速度慢,另外数字特技机的视频指标一般比较高,而软件特技的视频质量相对要差些。

(8) 图像监视与监测

为了保障电视节目的制作质量,同时也为了便于故障查找,系统应具备完善的图像监视与监测功能。主要采用波形监视器、矢量示波器和技术监视器等监视和测量视频信号的各种指标,从而判断所测信号是否符合设计标准。目前,对于数字信号的技术监测,国际上还没有制定统一的标准,而且数字信号的指标变化与图像质量的对应关系也不是一目了然。因此,在没有特殊要求时,图像监测可以采用模拟方式。

除图像监测外,制作系统还必须配有完善的节目监视器。通常,每一路信号都需要配一台监视器。字幕机、色键器和切换台要有专用的监视器。最终的节目输出(PGM)要配备"主监视器"(监视正在播出的图像)和"预演监视器"(监视下一步将切出的图像)。演播室返看使用更大但档次较低的监视器,表演人员可通过它纠正自己的表演姿势及形象,或者根据它给出的图像进行配音。显然,监看系统对于图像信号的特技加工、编辑制作和播出是必不可少的。

(9) 数字串行设备

数字串行设备主要包括 A/D、D/A、数字信号帧同步机、数字台标发生器、数字视频分配器、视频跳线器及视频电缆、连接器等。虽然数字串行设备并非演播室的核心设备,但它通常串接在系统的输入输出端口中,其质量好坏影响到整个系统的指标。

（10）同步系统

演播室同步系统用于给整个系统提供同步信号。视频信号的切换、混合和特技处理要求所有的视频信号源都必须同步,同步系统使这些信号源及相关设备受控于一个同步信号源,从而满足了节目制作时间统一、相位统一的条件。同步系统是由同步机和脉冲分配系统组成,同步机是系统的同步核心,它产生在频率、相位、波形等各方面都符合电视标准的各种同步信号和黑场信号,以此作为系统的同步基础。脉冲分配系统以脉冲分配放大器和视频分配放大器为主组成,它们把各种同步信号(或黑场信号或彩条信号)分配输送给各个视频制作和监测设备。

对于演播室来讲,同步机具有非常重要的作用,尤其对于数字演播室来说,它不仅要为数字和模拟设备提供同步信号,还要给数字音频同步机提供同步信号,这样才能保证数字音频和数字视频同步工作。

同步部分给整个系统提供同步信号,由主备同步机以及同步自动倒换器构成。同步机产生的同步信号经视频分配放大器输出后,分别送给摄像机控制器(CCU)的 SYNC 输入端、切换台的 REFIN 输入端、录像机的 REFIN 输入端、字幕机的 SYNC 输入端、技监系统波形监视器及矢量示波器的 SYNC 输入端、视频选择开关的 SYNC 输入端等,以保持整个系统的信号同步。

2. 音频系统

演播室音频系统是指在电视演播室内,为完成电视节目声音制作的需要而设置的音频设备及其控制系统。演播室音频系统包括两部分:一部分用于现场扩声,放在演播区内,用于演播室主持人、观众和嘉宾等听到各种音源的信号;另一部分放在导播室内,除了方便导演及各工种人员听到现场的声音外,更重要的功能是通过调音台控制声音的输入输出,调节各种音源匹配,以输出理想的与画面相匹配的声音信号。

电视演播室声音系统主要由信号源(包括传声器、放像机、CD 机、录音机)、控制器(调音台)、音频信号处理设备(混响器、延时器、压限器、均衡器、效果器)、监听(耳机、功放、音箱)和通信(电话/ADSL、四线)等几部分组成。其核心是调音台,多路音频信号送到调音台经混合和加工,然后送到录像机记录或输出监听,音频系统连接如图 7.8 所示。[①] 音频系统可以采用模拟格式,也可以采用数字格式。

---

① 王兴亮.现代音响与调音技术[M].西安:西安电子科技大学出版社,2007:207.

(1) 信号源

信号源包括传声器、CD 机、多声道录音机、录像机等,它们给调音控制台提供音响制作源。

传声器是声画同期录音或后期配音最主要的信号源,录制语言对白、效果声、乐器声等都离不开它。为了获得良好的声学效果,传声器放置在能满足隔音和混响声学条件的演播室中,演播室通常都会配备一定数量的无线与有线话筒,录音师根据节目形式来灵活使用和调配话筒。

CD 机重放激光唱片上的音频素材,一般是音乐节目。

多声道录音机是功能较强的演播室音频系统使用的设备。前期录制时,它具有声道数充裕的优势,可同期或分期录制多种声音素材;后期制作时,它重放录制的声音素材,成为系统制作的信号源。

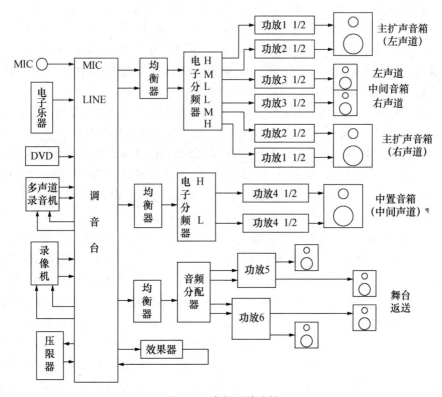

图 7.8　音频系统连接

(2) 调音控制台

演播室音频系统的任务是对多路声音信号进行声音效果的加工和混合录

音，这主要是通过调音控制台（调音台）来完成的。调音台是电视演播室的音频系统中的核心控制设备，各种音源的收集、各路声音信号之间的音量比例以及节目的总音量的调节等工作都是通过调音台来完成的，并通过均衡器或与之相连的各种音频信号处理设备，对声音信号进行频域、时域和动态范围（幅度比）等各方面的加工，最终获得预期的声音效果。

调音台的输入路数的多少、系统规模的大小、调音台各单元功能的强弱、配置是否齐全、外接声音信号处理设备质量好坏，都会影响系统的制作功能。在电视演播室中，根据演播室规模的大小，节目的不同形式，直播还是录播的不同要求，配置不同种类的一台或多台调音台，分别用于完成不同的工作。一般有制作主调音台、直播备份调音台、扩声调音台以及用于乐队监听、合成的调音台。

(3) 音频信号处理设备

音频信号处理设备是指在音响系统中对音频信号进行加工、修饰、控制、再创造的部件、装置或设备，它们通过改变相应声音的物理参量的方法来改变响度、音调和音色。按照音频处理工作形态的不同可分为：频率处理设备、时间处理设备、动态处理设备。由于音频信号处理设备通常是围绕调音台连接的，将独立的信号处理设备称为调音台的周边设备，简称为周边设备。

频率处理设备是用于录音或扩声中，对声音的谐波成分进行处理的效果器。它包括均衡器、激励器、反馈抑制器等。均衡器可以校正各种音频设备、听音环境的共振特征及吸声特性不均匀所产生的频率失真，使声音信号更加真实地再现，它是一个多频段的频响处理设备；激励器能给音频信号添加特定的谐波成分，增强重放声音的透明度和细腻感，以改善听感的声音效果；反馈抑制器可以降低输入增益或扩音音量，专门用来抑制声反馈现象。

时间处理设备是用于厅堂录音中，对音源的音色和空间方位（直达声与反射声、混响声的比例）、声场的状况（体积、反射条件等）进行逼真再现或模拟的声音效果处理器，它包括延时器、混响器。延时器是一种将输入的音频信号短暂存储起来，经一段短的时间后再输入的专用音频信号处理设备，可以消除回声干扰、提高清晰度、扩展声场和增强立体感。混响器是用来模拟厅堂响声的处理设备，可以增加声音的丰满度、浑厚度，模拟厅堂空间的大小，产生特殊音响效果。

动态处理设备是对音频信号的动态范围进行处理的专用设备，它包括压缩器、限幅器、扩展器、压扩器、噪声门、降噪器等。压缩器是具有压缩阀的一种放大器，在声音记录之前引入压缩器、限幅器可以避免削波失真，提高信噪比。在扩声系统中压限器可压缩、限制送往功放的信号电平，可以起到保护功放和扬声器的作用。限幅器具有特定的限幅阀，大多用在录音的场合以避免信号的瞬间

第七章 数字电视演播室节目制作系统

峰值到达满幅度。

采用有源或无源音频分配器来分配信号,可以使录音系统和播出系统之间的相互影响减到最低。音频信号分配器是一种将信号源分离的有效实用的音频信号分配设备。在演播室中,适用于将一个输出信号同时送到几个不同设备的输入端。例如,将调音台输出的节目信号同时送到几台录像机和硬盘中。

(4) 监听

监听系统包括专业监听音箱、功放、分频器、耳机等。声音监听是演播室制作音频系统正常工作的必要保障。根据监听作用的不同,基本上可分为主监听和返送监听两种情况。主监听是录音师或音响导演进行的监听,监听声音时,他们依靠耳朵的分辨和心理感受对调音控制台和音频信号处理设备的各种声音成分进行音量强弱、层次对比、音质优劣的控制调整,配合音量表的监测,完成音响加工制作;返送监听是系统返送给演员进行的监听,这在音频制作中往往是必不可少的。

(5) 录音

录音设备是录音系统中最重要的组成部分。演播室音频系统的录制主要有多声道录音机录制、二声道录音机录制和录像机录制三种情况。在演播室音频系统中,多声道录音机录制、二声道录音机录制和录像机录制,可以说是电视音响制作的三个步骤。为了使这三种录制过程正常进行,多声道录音机、二声道录音机和录像机是用时间码同步连锁在一起的。

(6) 其他音频设备

演播室内的其他音频设备包括还音(录音)设备、音频信号分配器、A/D 转换器、D/A 转换器、电话耦合器和跳线盘等。还音设备是节目中用来播放音乐和各种声音素材的设备,包括硬盘录像机、数字磁带录音机、光盘播放机、CD 刻录机等;音频分配器是将一个输出信号同时送到几个不同设备的输入端的设备;电话耦合器的作用是在有场外观众与场内嘉宾选手交流环节中将电话信号(场外被采访者的声音)进行处理放大作为音频信号输入至调音台,同时将接收到的音频信号(现场节目声)处理后送入电话(场外电话那端的被采访者)的设备;跳线盘在演播室系统中扮演着非常重要的角色,通过跳线盘可以实现周边设备之间的连接,可以直接任意地改变信号的输入、输出路径。

3. TALLY 提示系统

演播室 TALLY 提示系统是视频系统工作时的一种辅助系统,但在演播室中具有很重要的作用,它可以及时提醒节目导演、摄像人员、技术人员演播室的工作状态,同时具有在节目进行中协调导演、摄像员和节目主持人工作的作用。

TALLY 提示系统是通过提示信号控制器为演播室节目制作系统中摄像机等设备提供提示信号的,提示信号控制器受切换台提示信号(TALLY)接口输出信号的控制,当导演通过切换台选中某一路信号时,相应摄像机的指示灯就会点亮。演播灯亮,表示这个通道正在播出,一般用红灯显示,它装在每部摄像机的顶部和摄像机的寻像器里,当使用某台摄像机时,则该台摄像机的演播灯亮,反之熄灭。摄像员及现场工作人员都能明显地看出哪部摄像机正在播出。

TALLY 控制系统由一台控制器和若干 TALLY 灯组成,控制器可与任何切换台、播控台和矩阵接口(通过 RS232、RS422 或其他标准 32 位并行口)相连接,各 TALLY 灯之间的连线为总线结构,可用并连的双绞线或普通的单芯屏蔽线连接。每一个 TALLY 灯选定的显示点阵都已存入内部的 EPROM,当有切换动作时,相应 TALLY 灯自动变色,关电后不影响下一次显示。

TALLY 灯又叫讯源指示灯,是一种能够指示信号源名称和状态的显示器,通常安装在电视演播室导控室的监视墙上。监视墙上使用的 TALLY 灯目前有三种可以选择:第一种是显示内容是固定的,通过外来的通断触发信号点亮或熄灭,如果需要改变显示内容,必须更换透明的有机玻璃片。第二种是采用发光二极管阵列来显示字符,字符的内容可以通过计算机进行修改,也可以通过后面的 DIP 开关来修改,它接收的信号是通断信号。第三种在形式上与第二种基本相同,不同的是它接收的信号是串行数据信号,它所显示的内容可以实时改变,具有最大的灵活性,演播室 TALLY 提示系统结构如图 7.9 所示。[1]

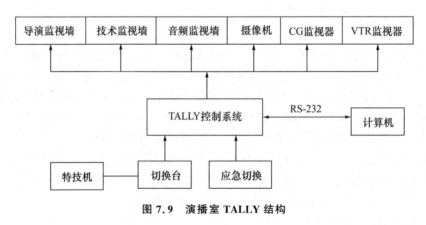

图 7.9 演播室 TALLY 结构

---

[1] 徐威,李宏虹.电视演播室[M].北京:中国广播电视出版社,2006:132~134.

第七章 数字电视演播室节目制作系统

4. 通话系统

在演播室节目制作、播出、转播、现场直播、演播室联播、异地直播等过程中，摄像、录像、调音、灯光、录音、播音员及所有技术人员需要使用演播室通话系统进行联络和沟通，严格规范地服从导演的统一调度。尤其是异地直播，如果通话不够通畅，前后方就无法实现正常联络，导演意图就无法贯彻，现场出现紧急情况就无法及时处理。因此在节目制作过程中依靠内部通话和对讲系统，每个操作人员都能同时听到导演的调度和看到与自己有关的节目的播出图像，从而达到按照导演意图统一操作、统一行动的目的。

演播室通话系统根据节目制作的需要和演播室现有设备的配备状况，一般可分为四个独立的部分：用于演播室内部通话的系统；演播室内部通话的备份系统；用于演播室与播送中心主控、播控两个机房的通话系统；用于演播室和外部演播室的通话系统。图 7.10 为 CCTV 第十四演播室《中国证券》栏目三地直通通话系统框图。①

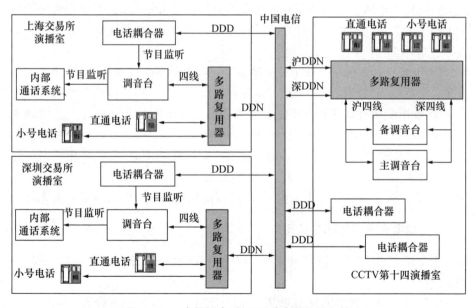

图 7.10 《中国证券》栏目三地直通通话系统

---

① 徐威,李宏虹.电视演播室[M].北京:中国广播电视出版社,2006:132.

演播室通话系统包括通话主机和分机,主机置于导演控制室内,分机放置在演播室和机房的不同位置,可实现导演、摄像、音控、灯光、主持人及播出机房之间的通话和联络。通话方式由通话主机控制。通过通话用耳机及送话器,导演的声音能传到现场所有工作人员中,也能传送到与整个播出系统有关的灯光控制室、音响控制台、录(放)像机房等;同时,导演还能听到各个岗位回答的声音。

5. 灯光系统

演播室灯光系统是指在电视演播室内,为完成电视节目制作的需要而设置的灯光设备及其控制系统。

演播室灯光系统主要由吊挂系统、灯栅设备层、布光控制系统、灯具、调光系统等部分组成。

① 演播室灯光吊挂装置主要用于吊挂各种灯具,如普通杆控灯具、数字化机械灯具、电脑灯具、换色器等控制信号的灯具等。

② 灯栅设备层在演播厅的上部,一般采用可透视钢板网的形式,美工技术人员可以在钢板网上行走并能直接观察到演播厅地面的情况,可以有效地避免美工技术人员吊挂的景物与灯光的吊杆及灯具相互碰撞,保证灯具的动作正常运行。

③ 布光控制系统主要用来控制吊挂装置和各种灯具的动作,其性能的优劣直接关系到灯光吊挂机械的安全可靠运行。

④ 电视演播室灯具的配备要根据摄像机的灵敏度及节目对灯光艺术效果的要求来考虑,一般包括聚光灯、天幕灯、地排灯、柔光灯、电脑灯和追光灯。调光设备的主要作用是按照预先编制的程序控制灯光的明暗变化,产生适当的灯光艺术效果。

⑤ 关于演播室的灯光系统的具体内容,请参见第八章虚拟演播室系统。

二、演播室节目制作系统图例

四讯道 14 bit 数字演播室系统(BVP－E30P＋MFS－2000),如图 7.11 所示。[1]

六讯道 14 bit 数字演播室系统(BVP－E30P＋DVS－9200SF),如图 7.12 所示。[2]

---

[1] 杨晓宏.数字电视节目制作技术[M].北京:国防工业出版社,2013:215.
[2] 杨晓宏.数字电视节目制作技术[M].北京:国防工业出版社,2013:216.

第七章 数字电视演播室节目制作系统

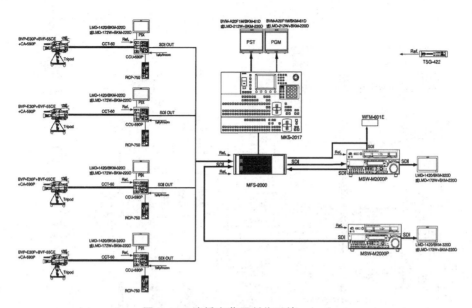

图 7.11 演播室节目制作系统 （一）

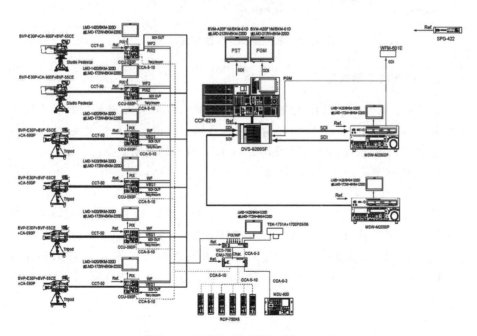

图 7.12 演播室节目制作系统 （二）

标准演播室摄像机系统(forBVP-500P/550P),如图7.13所示。[①]

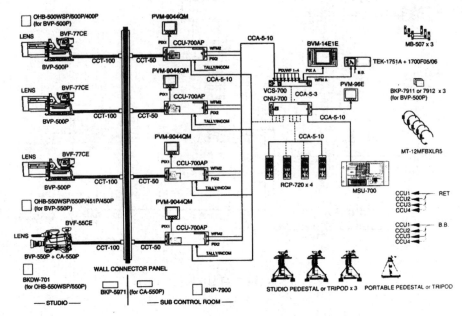

图7.13 演播室节目制作系统 (三)

三、高清数字演播室

随着社会的发展,人们对电视节目质量的要求越来越高,高清电视已经成为数字电视的发展潮流。近年来,高清电视在我国也取得了长足的发展,从中央台到地方台,多家电视媒体都开始投入了 HDTV 节目的先期制作。

1. 高清数字演播室系统的组成

(1) 高清演播室视频系统

目前新建的演播室都是高、标清兼容的系统。图7.14是一个高清演播室视频系统框图,视频系统主要设备为三台高清摄像机、一台16路高清切换台、一台12×2高清矩阵、一台12×4标清矩阵、标清和高清放像机各一台、标清和高清录像机各两台、一台高清字幕机、两台上变换器和一台下变换器。[②] 信号流程如下:

---

① 杨晓宏.数字电视节目制作技术[M].北京:国防工业出版社,2013:216.
② 徐明.现代广播电视制作系统[M].郑州:郑州大学出版社.2008:282~286.

第七章 数字电视演播室节目制作系统

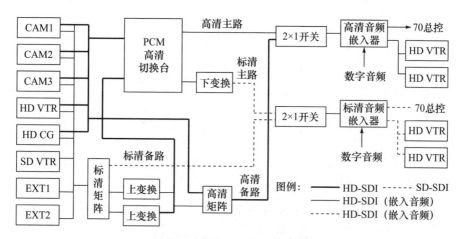

图 7.14 高清演播室视频系统

① 高清主路信号。3 路高清摄像机信号、1 路高清放像机信号、高清字幕机的 2 路信号直接进入高清切换台,由标清矩阵输出的第二、三路 SD-SDI 信号分别经两台变换器(上变换和下变换)转换为 HD-SDI 信号后也送入高清切换台,高清切换台输出的 PGM 信号即为高清主路信号。

② 高清备路信号。高清摄像机、高清放像机、高清字幕机及两台上变换器的输出信号送入 12×2 高清矩阵,其输出作为高清备路信号。

③ 标清主路信号。高清主路信号经过下变换器,转换为标清主路信号。

④ 标清备路信号。由高清摄像机、高清放像机、高清字幕机输出的 5 路 SD-SDI 信号和 1 路标清放像机信号、2 路外来标清信号进入 12×4 标清矩阵,矩阵的第一路输出即为标清备路信号。

⑤ 音频嵌入。高清主路和备路信号经 2×1 自动倒换开关后嵌入数字音频信号,被分别送至总控机房和两台高清录像机;同样,标清主路和备路信号经 2×1 自动倒换开关嵌入数字音频信号,被分别送至总控机房和两台标清录像机。

(2) 高清演播室音频系统

高清演播室要求音频系统应具有 5.1 环绕声兼容立体声、单声道的监听及录制播出能力。高清演播室音频系统主要由数字调音台、音频延时器、音频嵌入器、数字音分、模拟音分等设备组成,其音频系统图如图 7.15 所示。①

---

① 杨晓宏.数字电视节目制作技术[M].北京:国防工业出版社,2013:217~218.

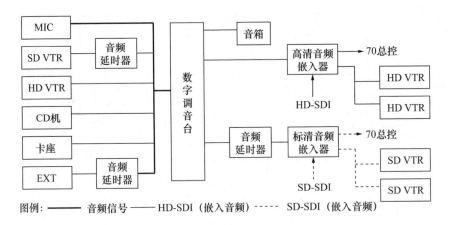

图 7.15 高清演播室音频系统

① 信号通路。演播室的音频系统采用数字与模拟信号通路混合使用的方案,即在音频信号主通路采用 AES/EBU 格式的数字信号,而在音频内部系统的连接中部分采用模拟信号。之所以无法实现真正意义上的全数字演播室音频系统,其原因有:一是一些外围设备没有数字接口,或数字接口格式与主系统不统一;二是话筒输入及监听输出必须采用模拟信号通路。

② 数字调音台。数字调音台是音频系统的中央处理设备,这里以美国太平洋公司的 Integrity16 路数字调音台为例介绍。该调音台包括 2 路话筒专用输入模块、4 路话筒/线路输入模块、10 路模拟/数字立体声输入模块、2 个模拟立体声主输出模块和 2 个数字立体声主输出模块。该调音台采取了许多措施来保证直播的安全性:一是它属于计算机外置型调音台,其内部包括 DSP 等数字系统的运算均与外部控制用计算机隔离开,即使人为造成计算机事故也不会对调音台内部数字系统造成任何损坏;二是外置计算机在此只起到一个人机界面作用,即将设置信息调入、调出进行修改,其结果保存在调音台的电子柜中,因此,即使调音台的计算机系统停机也不会造成调音台死机;三是即使所有数字零部件或者数字系统死机、损坏,该调音台也可以完全以模拟状态工作而不影响播出;四是调音台还可以在突然掉电时,经重新启动后保持掉电前的所有状态,只需轻轻一按便可继续播出。

③ 系统延时。本系统中,纯高清制作不会出现声画不同步的问题,而在标清制作时,由于广播级的上、下变换器各有 3 帧的延时量,必须采用音频延时器来解决图像滞后的问题。标清放像机的视频信号和外来视频信号经过上变换后,会产生 3 帧延时,因此先要将它们的音频信号送入音频延时器处理后,再输

入调音台。经过下变换后的标清节目信号也会产生3帧延时,因此将调音台输出的数字音频信号经音频延时器处理后,再送入标清音频嵌入器。

④ 监听系统。在演播室中同时存在着一个与高清信号同步的音频信号和一个经延迟后与标清信号同步的音频信号,而在演播室内只能监听一个音频信号,否则会造成声音监听的混乱。由于主监、预监和技监的视频信号都没有经过延迟,为了方便节目制作,在演播室内监听的是不加延迟的、与高清信号同步的声音。另外,技术人员可以用耳机监听经过延时后的声音。

⑤ 立体声。为了实现立体声播出,系统中的音频分配、嵌入、传输、扩声、监听等环节都采用立体声。

2. 高清节目制作系统图例

六讯道高清晰度数字演播室系统,如图7.16所示。①

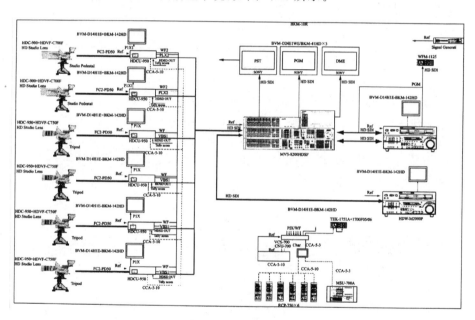

图7.16 六讯道高清晰度数字演播室系统

大型高清晰度后期制作系统,如图7.17所示。②

---

① 孟群.电视节目制作技术[M].北京:高等教育出版社,2006:330.
② 孟群.电视节目制作技术[M].北京:高等教育出版社,2006:338.

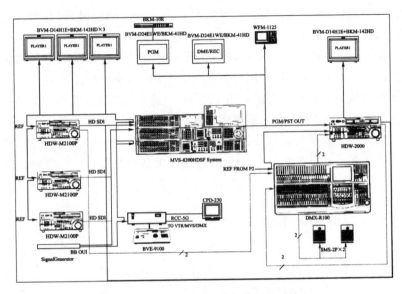

图 7.17 大型高清晰度后期制作系统

小型高清晰度后期制作系统,如图 7.18 所示。①

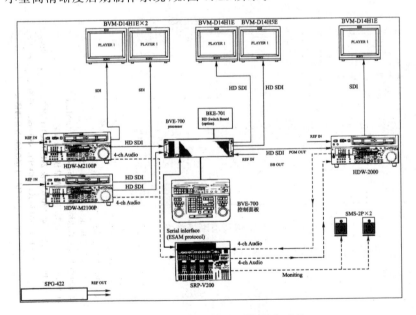

图 7.18 小型高清晰度后期制作系统

---

① 孟群.电视节目制作技术[M].北京:高等教育出版社,2006:339.

第七章　数字电视演播室节目制作系统

复习思考题

1. 简述电视演播室的类型及用途。
2. 简述电视演播室的基本组成。
3. 电视演播室的噪声来源有哪些？如何控制？
4. 简述电视演播室场景的类型及设计要求。
5. 简述电视演播室节目制作系统的基本组成。
6. 简述高清电视演播室节目制作的基本组成。

参 考 文 献

[1] 孟群.电视节目制作技术[M].北京:高等教育出版社,2006.
[2] 宋静华,万平英.电视节目编辑与制作[M].北京:国防工业出版社,2011.
[3] 刘宁生,顾建国,崔伏龙等.数字电视节目制作与播控技术[M].北京:中国广播电视出版社,2003.
[4] 翁志清,陈伟平.数字电视制播系统[M].上海:上海大学出版社,2009.
[5] 杨晓宏,刘毓敏.电视节目制作系统[M].北京:高等教育出版社,2005.
[6] 徐明.现代广播电视制作系统[M].郑州:郑州大学出版社,2008.
[7] 徐威,李宏虹.电视演播室[M].北京:中国广播电视出版社,2006.
[8] 王兴亮,洪琪,达新宇,等.现代音响与调音技术[M].西安:西安电子科技大学出版社,2000.
[9] 杨晓宏.现代电视节目制作技术[M].北京:国防工业出版社,2005.
[10] 杨晓宏.新编电视节目制作技术教程[M].北京:国防工业出版社,2003.
[11] 杨改学.现代视觉媒体美术[M].北京:高等教育出版社,2004.
[12] http://pro.sony.com.cn/productinfo/cc/4685.htm
[13] http://detail.52video.net/art_view29473.html
[14] 杨晓宏.数字电视节目制作技术[M].北京:国防工业出版社,2013.

第八章 虚拟演播室节目制作系统

【学习目标】

学习完本章，应该能达到下述目标：
- 了解虚拟演播室在节目制作中的优势。
- 知道虚拟演播室系统的类型及特点。
- 理解虚拟演播室系统的工作原理。
- 掌握虚拟演播室节目制作系统的组成。
- 了解虚拟演播室系统采用的关键技术。
- 掌握虚拟演播室的布光方法。
- 掌握虚拟演播室系统制作电视节目的过程。

第一节 虚拟演播室系统概述

1978年，Eugene L. 提出了"电子布景"(Electro Studio Setting)的概念，指出未来的电视节目制作，可以在只有演员和摄像机的空演播室内完成，其布景和道具都可以由电子系统产生。随着计算机技术与虚拟现实(Virtual Reality)技术的发展，1992年以后虚拟演播室技术真正走向了实用。1993年，美国的Ultimatte公司展示了他们的虚拟演播室系统；1994年在荷兰的IBC(国际广播)展览会上，德国的IMP和VAP公司展示了他们各自的虚拟演播室系统；1995年的IBC展览会上，IMP、VAP、以色列的Orad和RT-SET以及西班牙的Brainstorm Estudio等五家公司展出了令人兴奋的虚拟演播室系统。在1997年的NAB(National Association of Broadcasters，美国广播电视协会)举办的展览会上，美国Evans & Suthreland公司推出了Mindset虚拟演播室系统，这是首套基于Windows NT和实时图形工作站的系统。目前世界上有数十家公司已开发出这一全新的电视节目制作系统。中国的索贝公司、大洋公司等也推出了各

第八章 虚拟演播室节目制作系统

自的虚拟演播室系统。[1]

虚拟演播室(Virtual Studio)是借助计算机技术、图形技术、多媒体技术、电视色键技术、显示技术、仿真技术等多种技术而发展起来的一种新兴电视制作技术,是传统演播室中的色键技术与计算机图形图像处理技术相结合的产物。[2]

传统的色键技术是利用演播室内前景(演员或节目主持人)与背景(蓝幕布)的色调差别形成键控信号,利用该键控信号在另一幅电视图像上抠掉与演播室内前景相对应的内容,再将演播室内的前景内容填充进去,从而产生演播室内前景与另一幅电视图像背景的合成画面效果。利用传统的色键技术虽然可以在一定程度上丰富电视节目的制作内容,但却存在着背景图像与前景图像不能同步变化的缺点,即当前景摄像机进行摇移、俯仰、变焦等动作变化时,背景图像仍保持原样而没有与之发生相应的变化,前景与背景之间无法保持正确的透视关系,因此合成后的图像缺乏真实感。另外,在传统的演播室节目制作中,为有一个美观多样的演播室布景,制作人员必须精心设计和搭建表演区和场景,需要将大量的人力、财力耗费在道具的购买、场景的布置和维护上,如价格昂贵又难以维护的大屏幕电视墙等,而且制作的场景无法即时更新和变换,如要改换只能重建,资源利用率低且工作周期长,即便如此,许多场景、舞台效果仍无法实现。[3]

随着计算机图形图像处理技术的发展,使计算机场景工作站生成的三维图像代替简单的二维实景图像作为演播室的"虚拟"背景成为可能,而人工智能与模式识别技术的发展,又使得实时跟踪和采集摄像机的运动参数,并使其与"虚拟"背景之间保持同步变化变得更加容易。另外,传统色键处理技术的进步使演播室内前景与"虚拟"背景之间的合成变得天衣无缝。所有这些技术的进步,为传统演播室向虚拟演播室过渡奠定了基础,也为电视节目制作提供了更加广阔的空间。

一、虚拟演播室的优势

虚拟演播室技术是一种融合了计算机技术和传统制作技术的新技术,它具有传统的演播室制作无法比拟的优越性,主要表现在:[4]

1. 创意自由

虚拟演播室三维场景的制作几乎不受限制,只要符合节目要求,创作人员可

---

[1] 翁志清,陈伟平.数字电视制播系统[M].上海:上海大学出版社,2009:216.
[2] 杨晓宏,刘毓敏.电视节目制作系统[M].北京:高等教育出版社,2005:250.
[3] 同上.
[4] 杨晓宏.数字电视节目制作技术[M].北京:国防工业出版社,2013:221.

任意想象、自由发挥。场景的大小、布局、材料、道具、动画等均可随意设定，现实世界中存在的或不存在的、常见的或稀有的事物都可以出现在节目中。这样的场景不受时间、空间、距离的限制，只要你有充分的想象力，就可以营造出独一无二的、具有创造力的场景。

2. 置景轻松

不同于传统的置景，虚拟演播室制作场景比较简单。利用现有的多种三维动画软件，虚拟演播室可以轻轻松松地制作出各种逼真乃至乱真的三维场景。制作人员不必花费大量的时间、精力去布置演播室，只需将计算机制作的二维或三维背景与摄像机拍摄下的真实的演员完美地结合起来，就可以制作出高质量的节目。

3. 换景方便

虚拟演播室具有及时更换场景的能力。当考虑节目格局时，制作人员不必过于拘泥场景的限制，选择的余地比较大。因为虚拟场景存储在磁盘里，可在几分钟内更换（在节目场景不需要修改的情况下，虚拟场景从调出到正式录像，仅仅需要不超过 5 分钟的时间），大大缩短了不同节目更换场景的时间。一天之内，在同一演播室里可以录制几个不同的节目，同一节目也可以使用不同的演播室，场景转换方便、快捷，效率非常高。

4. 节省空间

虚拟演播室可以在一个非常小的蓝色背景演播室里演绎出一个无限大的演播空间。计算机可随时增加演播室的大小，从而使摄像机能够拍摄已超出演播室实际空间的区域，实现任意景别透视关系的合成。由于虚拟布景可以延伸至无限远，从而消除了真实演播室的物理空间限制。另外，由于虚拟场景的制作、修改、保存等都在计算机上进行，因此，不需道具仓库，节省了专门存放道具的空间。

5. 减少费用

应用虚拟演播室系统，电视节目制作部门不需要高额的布景搭建费用，也不需要额外的设备和维修费用，且多个场景可重复、循环使用，没有空间的浪费和重复建设的费用，无须花费大量的时间和人力、物力就可以制作出丰富多彩的节目，具有极高的性价比。

6. 升级方便

虚拟演播室是基于计算机技术的，由于计算机的软件、硬件在不断地升级换代，所以，虚拟演播室也可以根据需要随时更新软、硬件系统，以满足电视节目制作的要求。

虽然虚拟演播室目前还存在着技术方面的不成熟和应用方面的局限性,但它的优势是显而易见的。随着计算机技术的发展和计算机三维图像软件的开发,虚拟演播室将会在电视节目制作领域发挥更为重要的作用。

二、虚拟演播室系统的分类

近年来,各种新型的虚拟演播室系统层出不穷,其分类方式也多种多样,常见的分类方法有:

1. 根据硬件平台分

根据硬件平台可将虚拟演播室系统分为基于 PC 平台的虚拟演播室系统和基于 UNIX 平台的虚拟演播室系统。[①]

早期基于 UNIX 平台的系统应用比较广泛,如今随着 PC 技术的迅速发展,其 CPU 的运算速度以及基于 3D 图形加速处理卡的处理能力越来越强大,基于 PC 的虚拟演播室系统的先进程度已经与基于 UNIX 平台的系统相当,并获得大量软件的支持,其未来的发展空间广阔。而基于 UNIX 平台的虚拟演播室系统,在一定程度上受到单一的 UNIX 平台兼容性的制约,其发展速度相对较为缓慢,同时由于价格昂贵,其市场空间相对较窄。

2. 按照摄像机跟踪技术分

按照摄像机跟踪技术可以将虚拟演播室系统分为机械传感器跟踪、图形识别跟踪和红外跟踪三类。[②]

(1) 机械传感器跟踪虚拟演播室系统

机械传感器跟踪是首先应用于虚拟演播室的一种跟踪方式,并且至今还在广泛应用。它的原理很简单,通过安装在摄像机各部分的机械传感器来获取摄像机的运动参数,并通过串行接口传送给计算机,控制虚拟场景的生成。

(2) 图形识别跟踪虚拟演播室系统

图形识别跟踪技术中最典型的是网格跟踪方式,网格跟踪需要一个画有特殊网格的蓝色背景幕布,摄像机拍摄前景图像的同时,也摄取了网格图案的影像,将这一图像数字化后送入图形处理计算机,利用图像分析法,参照摄像机起始参数,根据网格图案变化,计算出摄像机的运动参数。

(3) 红外跟踪虚拟演播室系统

根据需要在演播室内安装一定数量的固定红外摄像机,并在可移动摄像机

---

① 杨晓宏.数字电视节目制作技术[M].北京:国防工业出版社,2013:223.
② 杨晓宏,刘毓敏.电视节目制作系统[M].北京:高等教育出版社,2005:254～255.

和演员身上安装红外发射器。红外摄像机实时捕捉移动摄像机和演员身上的红外信号,计算机再进行运算处理。

3. 根据虚拟场景分

根据虚拟场景可将虚拟演播室系统分为二维虚拟演播室系统、三维虚拟演播室系统、真三维虚拟演播室系统以及为适应高清晰度电视系统而开发的 HD 虚拟演播室系统等类型。①

(1) 二维虚拟演播室系统

二维虚拟演播室系统能以较低的成本建立一个简单、实用而且图像质量高的虚拟演播室系统,也称作预生成三维虚拟演播室系统或二维半虚拟演播室系统。这类系统的背景生成装置一般采用图形图像处理卡,对预先渲染好的一幅大图像进行变换,可生成类似于二维 DVE 效果的平面背景图像。但与一般 DVE 系统不同的是,在该系统中各种数字视频效果的生成是在摄像机运动参数的控制下进行的。

(2) 三维虚拟演播室系统

三维虚拟演播室系统区别于二维虚拟演播室系统的最大特点,在于其处理的不是一幅预先渲染好的图像,而是在摄像机运动参数的控制下,通过对场景模型的实时渲染,以生成比二维系统具有更好透视关系的三维虚拟场景画面。由于三维虚拟场景渲染的计算量非常大,背景生成装置一般需要采用功能强大的图形工作站或专用的高速图形处理器才能满足实时处理的要求。这类系统不支持前景演员带深度等方位信息的输入,提供虚拟物体的遮挡功能是有限的,遮挡物体只能事先指定好(比如确定位置的虚拟桌子等),而不能在实际处理中进行实时选择并产生。

(3) 真三维虚拟演播室系统

真三维虚拟演播室系统除了跟三维系统一样,能够实时渲染并生成全三维的场景画面外,最主要的特点是能够支持前景带深度等方位信息的输入,并通过改进的色键合成技术实现前后景的无缝合成,实现了演员能够真正进入虚拟场景的效果。这类系统配合虚拟阴影、反射及虚拟散焦等技术,所创造出的效果是以上两类系统根本无法比拟的。真三维虚拟演播室系统,演员不仅能够在场景中各个虚拟物体间进行自由穿插,甚至还可以进入虚拟物体的内部,再现真实的环境效果。

---

① 杨晓宏.数字电视节目制作技术[M].北京:国防工业出版社,2013:223~224.

(4) HD 虚拟演播室系统

随着技术的进步和人们欣赏水平的不断提高,高清晰度电视(HDTV)正在走进人们的生活,已成为广播电视今后发展的趋势与热点。为适应这一变化,在虚拟演播室系统中出现了适合于高清晰度电视的系统,即 HD 虚拟演播室系统。

与以上几种虚拟演播室系统相对应的虚拟演播室制作系统是虚拟布景系统,虚拟布景系统的概念来源于虚拟演播室,虚拟布景系统包括二维半虚拟布景系统和真三维虚拟布景系统两类。虚拟布景系统与虚拟演播室系统的差别在于虚拟布景系统省却了摄像机传感系统和延时系统。正是因为省却了这两部分,所以其价格大大低于虚拟演播室系统,成为小型电视台演播室改造的理想选择。由于虚拟布景系统由虚拟演播室系统派生出来,因此只需加上传感系统和延时系统,就可以将虚拟布景系统升级为虚拟演播室系统。随着传感技术的日臻成熟,传感系统的价格也会下降,所以分两步走对于资金有限的小型电视台来说是可行的。

三、虚拟演播室系统的应用

虚拟演播室技术最初只是用于演播室节目的制作,目前其应用范围已经扩展到新闻播报、采访、座谈、音乐节目、生活时尚、教育、体育报道、天气预报、广告、少儿节目等。

新闻播报类节目讲究时效性,大多为直播形式,这就要求系统有较强的稳定性,一般无须很复杂的场景,考虑成本因素时可以选择二维虚拟演播室系统。由于二维系统采用的是预生成的方式,生成完后一般不会有问题,重新生成速度也较快,也可以使用录像带把生成好的场景进行廉价的备份。

采访、座谈、音乐、生活时尚类节目可以说是目前使用虚拟演播室技术最多,也是最适合的节目类型,各个地区、城市由于文化背景不同,风格迥异,现在高端的三维虚拟演播室系统基本上已经可以做到所想即所得,完全可以根据自身的特点做出有特色的场景。

1. 虚拟重放系统

虚拟重放系统主要应用于足球、冰球等球类比赛的转播。它可提供球场、队员及球的动态三维图形画像,同时可连续改变虚拟摄像机的拍摄视点。虚拟重放系统的工作过程是这样的:首先选择一帧要分析的视频图像,画面在这一帧被冻结起来;接着冻结起来的二维视频图像渐渐变成一幅动画形式的三维场景,即球场、队员及球等都变成了相应的三维图形画像。虚拟摄像机可围绕这一场景进行自由的"飞绕"拍摄,因此观众可从任意角度观看这一瞬间的比赛情况。这套系统需要事先存储体育场的三维模型。另外,准备素材需要几分钟时间。虚拟重放系统将逐步改变体育节目的转播方式,它可部分代替慢速重放,可从各个角度模仿真实比赛的情况,因此呈现在观众面前的将不再是"有争议"的或是难以判断的情况。[①]

2. 数字重放系统

数字重放系统主要应用于体育比赛的报道。它能迅速重放各种精彩场面,在重放时,通过使用先进的视频跟踪技术,可突出显示并自动追踪关键运动员或球,显示他们的运动轨迹或路线,测量并显示运动员和球的速度以及两物体之间的距离,可在视频图像上直接描画各种箭头、轨迹、路线和标志。对于观众来说,数字重放系统可使他们更清楚地了解比赛中的每一个细节,从而能更好地欣赏比赛。对于体育评论员和球队教练来说,数字重放系统是一个理想的分析工具。[②]

3. 虚拟广告系统

虚拟广告系统可在体育节目或文艺节目的直播期间,将演播室制作的虚拟广告牌插入到赛场或表演场的空地上,或用虚拟广告牌替换掉场地上原有的广告牌,合成后可达到以假乱真的效果,观众丝毫不会觉察。利用虚拟广告系统有很多优点。首先,在对不同的地区进行转播时,可插入不同的广告,增强广告的有效性,提高资源利用率。另外,赛场上的广告可以不再是静止的,可以将插入的虚拟广告制作成动画形式,各种二维或三维的动画广告更能吸引观众的注意力。此外,使用虚拟广告后,广告位置不再局限于场地的边边角角,如果愿意,整个场地都可以放置虚拟广告,广告尺寸也不会有任何限制。而且,虚拟广告可插入到以前无法利用的空间,如水面、沙滩、雪地或非常高的地方。[③]

4. 虚拟人物

这是通过在真人身上加装一定数量的传感器,捕捉真人的动作及表情变化,并把这些变化传给由图形工作站虚拟出的虚拟人物,使两者动作协调一致,实现由虚拟人物代替真实人物主持或参与各种电视节目。[④]

虚拟演播室技术发展很快,它与数字视频技术、计算机技术以及其他相关技术的发展息息相关。随着这些技术的发展,虚拟演播室技术也在不断地发展和

[①] 刘宁生,顾建国,崔伏龙等.数字电视节目制作与播控技术[M].北京:中国广播电视出版社.2003:189~190.

[②] 同上。

[③] 同上。

[④] 同上。

完善。可以相信,虚拟演播室技术终将成为一种最有力的电视节目制作工具。

第二节 虚拟演播室系统的构成和工作原理

一、虚拟演播室系统结构

具有多个摄像机机位的虚拟演播室系统结构主要有以下两种方式:①

1. 共用式结构

共用式结构采用共用虚拟场景生成系统的结构方式,多个摄像机机位共用一套虚拟场景生成系统,如图 8.1 所示。在前景机位切换的同时,在虚拟场景生成系统中完成场景的切换。这种方式中前景摄像机之间机位切换由视频切换器来完成,无时间延时,但场景的切换是在虚拟场景生成系统中完成的,因虚拟场景的调入和生成需要时间,因此场景的切换有延时现象。

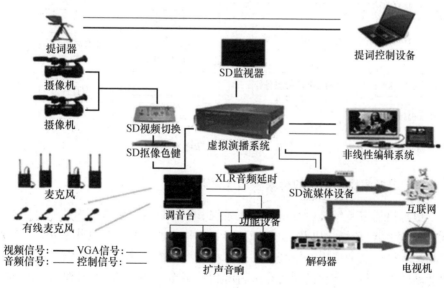

图 8.1 共用式结构

2. 独立式结构

独立式结构采用一对一的通道化结构方式,每一个摄像机对应一个图形和

---

① 杨晓宏.数字电视节目制作技术[M].北京:国防工业出版社,2013:221~222.

图像处理通道,每个通道都包括一套摄像机跟踪系统、延时器、虚拟场景生成系统、色键混合器,每个通道输出的信号都是前景、虚拟场景已经合成好的视频信号,可以直接在特技切换台上与别的通道输出的视频信号之间作特技切换。独立式结构的合理性优于共用式结构,从根本上杜绝了延时现象。每个摄像机机位具备独立的预监功能,现场切换导演可以直接看到每个机位的合成信号,减少了切换的盲目性,摄像师也可以看到合成后的信号。图 8.2 是一对一独立通道结构框图,采用双机位两通道方式,即两个带传感器的摄像机位,在系统软件的控制下,由两个硬件色键器各自完成相应抠像和背景的合成输出。

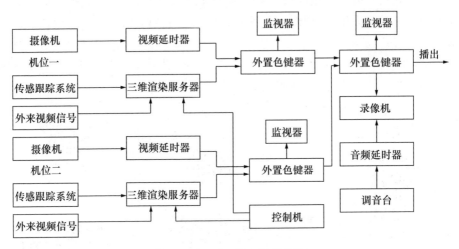

图 8.2　一对一独立通道结构

二、虚拟演播室系统的构成和工作原理

虚拟演播室系统是一套由计算机系统、电视摄像机(装有摄像机跟踪器)、三维场景发生器、色键器以及视/音频切换台等构成的电视节目制作系统。其实质是将计算机产生的虚拟三维场景与摄像机现场拍摄的演员(或节目主持人)表演的活动图像进行数字化的实时合成,使演员(或节目主持人)的表演(前景)与虚拟场景(背景)达到同步的变化,从而实现前景与背景的完美结合,信号流程如图 8.3 所示。[①]

不同的虚拟演播室对硬件的要求不尽相同,但其核心部分大同小异。虚拟演播室主要由摄像机、摄像机跟踪系统、计算机图形工作站、色键合成器等四个

---

① 杨晓宏.数字电视节目制作技术[M].北京:国防工业出版社,2013:223.

部分组成,如图 8.4 所示。[①]

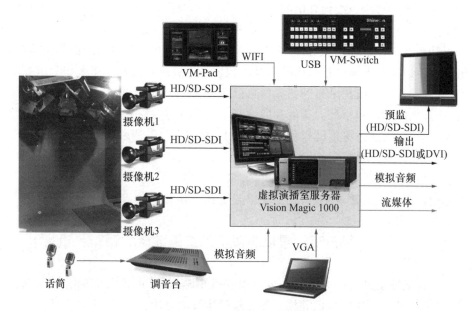

图 8.3　虚拟演播室信号流程

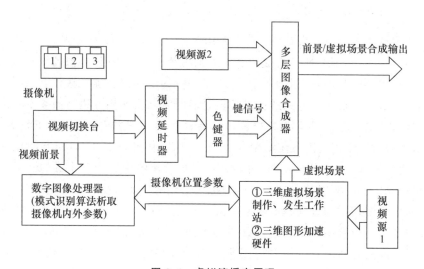

图 8.4　虚拟演播室原理

[①]　孟群.电视节目制作技术[M].北京.高等教育出版社.2006:301.

其中,摄像机用于摄取蓝色幕布前真实的人或物;摄像机跟踪系统用于把摄像机的运动参数实时传送给计算机图形工作站;计算机图形工作站用于生成实时虚拟场景;色键合成器用于将摄像机前景和计算机虚拟场景合成为一个图像。

其基本工作原理是:把摄像机拍摄到的以蓝色幕布为背景的画面作为前景,用一台超级实时图形计算机中的三维动画软件生成的三维动作图形作为虚拟场景,通过跟踪器系统把采集到的摄像机的运动参数实时传送给计算机图形工作站,计算机图形工作站经大量运算后,产生与实际摄像机拍摄的实景画面相匹配的虚拟场景,再通过深度键和色键将前景与虚拟场景合成为一个图像输出。虚拟演播室与传统演播室的区别在于,虽然演员是站在一个简单的蓝幕布前表演,但给人的感觉却是演员是处在一个真实的多姿多彩的场景中,且演员与虚拟场景之间具有正确的透视关系,达到了以假乱真的效果。[1]

第三节 虚拟演播室系统关键技术

虚拟演播室系统的关键技术包括摄像机跟踪技术、计算机虚拟场景生成技术、蓝箱技术、灯光技术、色键技术和无限蓝箱技术等。[2]

一、摄像机跟踪技术

在虚拟演播室场景合成中,为了使虚拟场景与演员(或节目主持人)能保持完全的同步运动,即能使真实摄像机与虚拟场景中摄像机(将虚拟场景看作是虚拟摄像机拍摄的画面)的运动完全同步,最关键的是如何正确地获得真实摄像机的运动参数。摄像机跟踪系统的任务就是实时测出真实摄像机在演播室中的准确位置和动作参数,即运动参数。它包括镜头运动参数(变焦,ZOOM;聚焦,FOCUS;光圈,IRIS)、机头运动参数(摇移,PAN;俯仰,TILT)以及空间位置参数(地面位置 X、Y 和高度 Z)等,并将这些数据传递给用于背景生成的图形计算机,以控制图形计算机使其制作出的虚拟场景能随真实的摄像机作同步运动。

摄像机跟踪技术是虚拟演播室中的一项关键技术,它可以获取摄像机在演播室中的实际位置参数和动作参数,从而判断摄像机、演员或主持人、计算机虚拟场景之间的相对位置关系,帮助系统实现真实摄像机与虚拟摄像机的锁定。

摄像机跟踪要求有足够的精度。以变焦比为 20 倍、60 万像素的 2/3 英寸

---

[1] 杨晓宏,刘毓敏.电视节目制作系统[M].北京:高等教育出版社,2005:251~252.
[2] 杨晓宏,刘毓敏.电视节目制作系统[M].北京:高等教育出版社,2005:254~264.

CCD摄像机为例,假定水平有效像素数为850,最小水平视角3°～5°,为保持±1/2像素的图像精确度并考虑镜头特性,要求角度定位精度和分辨率达到0.001°数量级。目前,摄像机跟踪技术主要有图形识别、机械传感、红外线传感和超声波传感四种方式。

1. 图形识别方式

这种方式是通过对摄像机所摄图像的形态识别和分析来间接确定真实摄像机的各种运动参数。它可以对运动画面进行精确的计算,获得摄像机的各项(多达8个)运动参数。它要求在演播室的背景幕布上用不同色度(例如深蓝和浅蓝)绘制出特定的图案(使用比较多的是一种格子图案,即在深蓝色的幕布上绘制出特定的格子),当摄像机的运动参数发生变化时,它所拍摄到的背景图案的特征数据也发生相应的变化,通过对此图案变化的识别、分析及数学运算,就可以确定摄像机的各种运动参数。

为了避免摄像机快速进行左右、俯仰摇动时,画面中网格图案变得模糊而影响跟踪效果,摄像机应使用电子快门。电子快门的速度越快,允许摄像机运动的速度就越快。同时,演播室整个蓝色幕布(蓝箱)的布光要尽量均匀。当摄像机的光圈为F5.6,电子快门速度为1/120秒时,网格图案的信号电平应达到70%左右,这样可获得最稳定的跟踪效果。

(1) 图形识别方式的优点

图形识别方式的优点主要包括:① 对摄像机的机种和数量没有特殊的限制,即便是家用摄像机也可以得到摄像机的全部运动参数。② 摄像机无需安装附加装置,安装操作比较简单,无须镜头校准,便于摄像师操作。③ 在拍摄过程中可以随意自由移动摄像机,增加了摄像师的创作自由度。④ 供虚拟演播室使用的演播室也可以用于常规节目的制作,从而节省了空间、时间和费用。⑤ 摄像机可以不用轨道进行移动,一个跟踪器可同时用于多个摄像机。

(2) 图形识别方式的缺点

图形识别方式的缺点主要包括:① 要求背景网格必须处在摄像机的聚焦范围之内,并且始终应聚焦于背景网格,这一要求使得演员的活动范围和摄像机景深范围受到了限制,无法拍摄一些特写镜头。② 摄像机的俯仰角度受到网格角度的限制,摄像机只能有限地运动,不能摇移及俯仰出网格,否则不能准确定位。③ 对每幅画面需进行大数据量分析和计算,加大了视频延时量。④ 系统很难区别摄像机在做镜头推拉动作还是整机位置移动。⑤ 由于背景有深浅两种蓝色,对演播室布光要求比较严格,对色键器的质量要求很高。⑥ 摄像机拍摄不能垂直于蓝色网格图案,必须偏离30°角以上,否则不能准确定位。⑦ 摄像机跟踪参数采集精度比机械传感方式的低。

2. 机械传感方式

这种方式是通过在摄像机的横摇、俯仰、变焦、聚焦、光圈的机械转动位置安装咬合齿轮来测量摄像机的运动参数(一般为4个参数),当摄像机机头运动时,各个传感器可以检测到齿轮的旋转角度变化,并对变化量进行编码。编码数据通过 RS232 或 RS422 接口传送到虚拟演播室主机。虚拟演播室主机根据演播室真实摄像机的机位,在虚拟场景中计算出这一机位的虚拟背景,并在虚拟背景叠加真实人物,从而制作出虚拟演播室节目。对于摄像机机身有运动的情况(摄像机云台有移动和旋转),可以在云台下安装滑轨,通过机械传感器测得摄像机云台的移动和旋转变化。摄像机镜头的最终拍摄方向是云台运动与摄像机机身运动的叠加。

(1) 机械传感方式的优点

机械传感方式的优点主要包括:① 该方式参数采集精度高,在角度测量上精度可以达到 1/1 000 度,在距离上精度可以达到 1/100 mm。② 采集的参数数据量不大,运算相对简单,处理时间短,视频时延小,工作相对稳定,数据处理速度可以达到实时。③ 允许摄像机有各种拍摄角度和位置。④ 演员(或节目主持人)在蓝色布景范围内的活动自由度大。⑤ 真实的蓝色道具使用不受限制。⑥ 单蓝色背景,不必像图形识别方式那样要在蓝背景上绘制颜色较深的蓝格子,这样抠像比较方便,而且比较容易处理阴影。

(2) 机械传感方式的缺点

机械传感方式的缺点主要包括:① 摄像机只限于 ENG/EFP 型,不能使用手持式摄像机,限制了摄像机的种类及数量。② 每台摄像机必须有一个跟踪器,当需要多台摄像机同时工作时,每台摄像机都要配备一套跟踪系统,增加了系统成本。③ 由于跟踪系统过于庞大、笨重,限制了摄影师的灵活应用。④ 摄像机位置必须固定,每换一个位置都要重新进行定位调整,使拍摄的自由度受到一定的限制;如果摄像机要在水平和垂直方向上移动,需要加装专门的滑轨和吊臂。⑤ 跟踪系统定位、校正比较困难,跟踪系统重启后摄像机要重新进行定位和校准。

3. 红外线传感方式

红外线传感方式是通过在摄像机上面安装红外线接收反射器,在演播室各个控制点安装多个红外线发生器,利用红外线测距原理,实时测量表演者和摄像机在演播室中的位置,获得机位运动参数。红外发射装置可安装于表演者身上和摄像机上,而接收装置(两个或更多)可安装于蓝色幕布的上方。将红外线传感与像素级深度键技术配合之后，表演者可处于虚拟场景中任何一个合适的位置，不仅可以在虚拟场景中自由穿插，甚至还可以处于虚拟物体的内部。

(1) 红外线传感方式的优点

红外线传感方式的优点主要包括：① 可以在控制区域范围内测定摄像机在任意位置和角度的坐标参数。② 可以实现肩扛或手提式自由拍摄，不受轨道限制。

(2) 红外线传感方式的缺点

红外线传感方式的缺点主要包括：① 需要在摄像机上安装传感装置，可能对其他设备的安装产生影响，因此，安装和初始设置比较复杂。② 红外线发射和接收系统会受到演播室内灯光的干扰。③ 会因红外线的交织而形成炫光，损害演员和摄像师的眼睛。④ 运算量大，视频延时量较大。⑤ 不能采集变焦运动参数。⑥ 红外摄像机与接收器之间不能有遮挡，所以对道具放置的要求比较苛刻。

4. 超声波传感方式

超声波传感方式是通过在摄像机上面安装超声波接收反射器，在演播室各个控制点安装多个超声波发生器，利用超声波测距原理获得机位运动参数，一般是在演播室顶部安装超声波发射和接收杆，每根杆有多个发射和接收点，向下发射超声波。在摄像机顶部安装三个金属点和陀螺仪，金属点用于反射超声波信号，陀螺仪用于模糊定位，主要是用在摄像机倾斜和翻转时的定位。由于超声波定位技术是开放性的技术，因而在很多的定位系统中被采用。

(1) 超声波传感方式的优点

超声波传感方式的优点主要包括：① 摄像机定位精度高。② 安装和初始设置方便快捷，跟踪系统重启后无须重新定位和设置。③ 摄像机跟踪参数采集精度高，数据处理运算量小、速度快、延时小。④ 可实现肩扛、手提、液压云台、摇臂、吊臂、滚轮三脚架等多种方式拍摄。

(2) 超声波传感方式的缺点

超声波传感方式的缺点主要包括：① 不能采集变焦运动参数。② 受外界干扰较大，整个系统只能用一个机位的超声波定位，如果有第二个会相互干扰。

二、计算机虚拟场景生成技术

虚拟演播室系统一般包括两套计算机系统：一套用来处理摄像机的跟踪参数，常用高档微机或小型计算机工作站；另一套用于虚拟演播室的场景制作。虚拟演播室中的场景、道具通常都由计算机产生。在常规演播室中不可能做到的复杂而庞大的背景，甚至许多现实生活中人们不可能见到的景观，都可以在虚拟演播室中得以实现。随着 PC 机的计算能力、绘图能力和视频处理能力的极大提高,结束了 SGI 图形工作站独霸虚拟演播室主机应用的时代,这样就给用户提供了更大的选择空间。一般来说,三维虚拟场景可以由以下两种不同的方式产生:

1. 预生成三维方式

这种方式需先在三维建模工具中建立布景模型,预先生成每台虚拟摄像机的视频画面,作为各自对应的真实摄像机的虚拟背景。一旦场景模型建立,摄像机的位置也就确定,不能再随意移动。这种方式可以产生比较真实的三维虚拟背景,也称为"二维半"。其图像的水平和垂直像素值有一定的限制,只能使用 256、512、1 024、1 536、2 048 这几种数值。

2. 真三维方式

采用这种方式建立三维模型,模型中的虚拟摄像机与演播室中的摄像机互相对应,当真实摄像机的镜头或位置参数变化时,虚拟摄像机产生同样变化,并实时生成视图作为虚拟背景。在真三维方式下,所有摄像机在演播室中都可以任意移动。图 8.5 为真三维虚拟演播室系统连接图。①

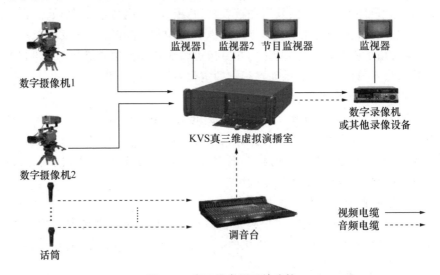

图 8.5 真三维虚拟系统连接

真三维方式与预生成三维方式的最大区别在于是否实时读取场景源文件并对源文件实时渲染。预生成三维方式采用事先生成背景和遮挡掩膜的图片文件,而真三维是读取 3DMax、Maya、Softimage 等三维建模软件制作的场景源文

---

① 杨晓宏.数字电视节目制作技术[M].北京:国防工业出版社,2013:224.

件。预生成三维方式的场景生成比较简单,按照摄像机机位的参数对背景图和遮挡掩膜进行处理后生成演播室背景信号。而真三维系统包括场景调度、物体运动、灯光调节、特殊效果调节等模块,功能更为强大。从场景设计角度来看,由于预生成三维方式事先生成场景图片,采用贴图的方式进行前后景的合成,因此在场景设计方面不受局限,可以设计无限精细和无限复杂的场景。真三维系统是对场景源文件实时渲染,场景精细度和复杂度受系统硬件和软件的限制较大。预生成三维方式更适于对时效性要求高的节目制作,而真三维方式更适于对灵活性要求高的节目制作。

制作三维虚拟场景时,首先要对虚拟背景中的物体进行建模,也就是用计算机制作在节目中将要用到的三维线框模型。利用 Alias、AutoCAD、SoftImag、3DS 等软件可建立物体的 3D 模型。然后对物体的各个部分赋予不同的材质,确定材质后,还必须根据需要对虚拟物体进行安排和定位。为产生逼真的 3D 效果,还要配上虚拟灯光,虚拟灯光产生的投影、高光、反射必须和演播室的真实灯光相匹配。完成这些前期工作后,计算机图形工作站就可利用来自摄像机传感系统的数据建立虚拟摄像机,用虚拟摄像机生成虚拟背景。

用于生成三维虚拟场景的计算机软件,应至少包含以下两种模块:场景构筑模块和动画模块。其中场景构筑模块可以接受各种不同格式的三维动画制作软件,进行三维模型的建造,还可以准许用户对光源的选择、虚拟物体的变化进行必要的修改,并且通过实时着色处理,可以实时查看修改后的效果;动画模块中用户不仅可以定义虚拟物体的动画参数,实现虚拟摄像机到实际摄像机的转换,而且使用图形工具还可以修改虚拟物体运动的速度和加速度等参数。

三、蓝箱技术

蓝箱也称为蓝背景,它是主持人活动的实际场景及虚拟制作的基本依据。蓝箱的好坏,直接关系到色键抠像的质量。蓝背景可采用蓝幕布,但最好采用蓝背景漆。蓝箱的设计,主要应考虑以下几个方面的问题。

1. 空间结构

目前各电视台的演播室多是一室多用,即同一个演播室由多个节目共用,也就需要有多个场景。首先,这就要求在设计蓝箱时要充分考虑到其他场景的位置和灯光需求,不能使节目在录制时出现质量下降或穿帮现象。倘若演播室一室一用,专为虚拟演播室所用,就不存在这个问题。所以,建议最好是选用面积适合的小演播室作为虚拟演播室专用。其次,要根据虚拟演播室的机位,来设计蓝箱的形状并计算其大小。也就是说,蓝箱的大小一定要能够满足摄像机的推拉摇移的范围要求，既不能过小而限制镜头的活动，又不能盲目加大蓝箱面积而导致造价的大幅度提高。最后，就是要根据使用虚拟演播室制作节目的性质来规划蓝箱的大小。新闻及小型访谈类的节目在录制时镜头一般较为简单，大多是以正面近景辅以少量侧面全景，且镜头固定，无须推拉摇移，主持人的位置也固定不动，这样，对蓝箱的要求也就不高，只要顾及侧面全景不穿帮即可，蓝箱可以做得小些。如果是录制文艺性节目，主持人不但会来回走动，镜头的推拉摇移也较多，变化较大，这就要求蓝箱要相对较大，给出足够的镜头活动空间。蓝箱空间的大小，应保证可容纳全部道具并使主持人有足够的活动区域。

一般可根据用途的不同，将蓝箱设计成一墙一地、二墙一地或三墙一地结构，无论何种结构，蓝箱的立面与地台的夹角应大于90°，最好采取弧形平滑过渡，以减少灯光的明暗差异和反射到主持人身上的蓝光。

2. 制作工艺

制作工艺是蓝箱质量的保证，也就是说，蓝箱是否能顺利完成虚拟演播室的录制任务，制作工艺的好坏是关键之一。在制定制作工艺时，要从以下几个方面来考虑：

（1）制作材料

目前国内制作蓝箱的厂家主要使用两种材料：一种是玻璃钢，另一种是木材。采用玻璃钢材料的优点是材料强度高，几乎不会产生变形，且具有不可燃性。这样，在制作前就无需对材料进行防火、防变形等预处理工作，大大节省了工期。缺点是造价过高，每平方米费用约2 000元左右，这样，如果建造一个100平方米左右的中型蓝箱，就需要花费20万元左右，这对于多数中小型电视台来说，都是一笔不小的开支。而如果采用木料，其造价大约为500元/平方米，是玻璃钢材料的1/4。由于木料本身具有易燃、易变形等缺点，所以在施工前需进行大量的预处理工作，延长了工期，增加了施工难度。目前国内各用户多采用木材来进行蓝箱的搭建。

对木料的预处理包括防变形处理和防火处理。普通木料中含有大量水分（含水率为25%～30%），在水分经过一段时间挥发之后，木料就会产生变形甚至开裂，导致制成品损坏或无法使用，所以木料的防变形处理就显得特别重要。目前的木料防变形处理主要是脱水处理，即将含水量较高的木料放入烘干房中，加高温使大部分水分从木料中挥发出去，从而使木料的含水率降低到10%左右。经这种方法处理后，木料的变形量极小，不会导致开裂等严重后果。另外，木料是否达到防火阻燃的要求，是关系到演播室财产及工作人员人身安全的一个重要问题，一定要认真对待，切不可大意。目前所用的防火处理方法主要是在木料上淋刷阻燃剂,或是将木料直接放入阻燃剂中进行充分浸泡。由于淋刷阻燃剂只能在木料表面形成阻燃层,如果在施工过程中对木料表面进行加工,就会破坏阻燃层。而浸泡处理会使阻燃剂渗透到木料内部,从而达到整体阻燃的效果。要注意的是,阻燃剂中也含有一定的水分,所以最好先对木料进行防火处理,然后再进行防变形处理,这样就能将木料在防火处理过程中所吸收的水分和木料本身原有的水分一起排出。

(2)搭建方式

若蓝箱体积较大,搭建起来较为复杂,施工周期也较长。如果所有工作都在演播室中完成,势必会影响演播室的正常使用。因此蓝箱整体结构应采用积木式拼接方式,即将蓝箱整体分为若干部分,先将每一部分在演播室外施工场地加工完成,最后将各部分在演播室中通过拼接等方式结合在一起,形成整体结构。采用这种方式的好处是缩短了室内施工时间,由于预先单独制作球形区域和各弧形区域,也较容易保证其成型。但对施工者的施工水平要求很高,在整体拼接时应能进行准确的校正,以保证由多个部分组成的各平面、弧面、球面的平滑过渡性。

在室内整体搭建时,应保证施工现场地面平整,立面后要有支撑,以防止整体受力不均而引起变形。由于演播室一般地处大楼一层,地台下要铺设防潮层(地板专用防潮薄膜),进行防潮处理。整体打磨取平时,要注意演播室内设备的防尘问题。设备应尽量远离施工位置,并加盖防尘布。施工现场应及时打扫,尽量减少粉尘的停留时间。打磨完成后,应用吸尘器仔细清除粉尘。另外,地台边缘以及道具与地台的接触边缘如果处理不好,在抠像时会形成一条很难去除的黑线。有时在利用虚拟演播室的无限蓝箱功能时,地台的边缘由于光线的不均匀,不能完全抠干净,但又不能用色块填充,边缘就形成了"两不管地带"。解决的方法是边缘采用完全不同的颜色完全抠掉。道具的边缘就只能是在制作时尽量保证其底部完全与地台平面吻合,避免因产生阴影而影响抠像质量。

3. 蓝背景漆

虚拟演播室系统虽然不局限于抠蓝,但蓝色有几个优点:蓝色能更好地保护人体的皮肤颜色;物体周围的蓝边弱色调没有绿边弱色调显眼;演员们在蓝色环境中工作要比在绿色或红色环境中愉快。蓝背景漆应使用添加有阻燃剂、哑光、具有一定耐磨度的纯正的色键蓝色,以保证最好的色键效果。

上漆的方式应选择滚刷。人工手刷费工费时,而且不易保证整体漆色均匀;喷涂上漆引起的"漆雾"污染太大,不适合在室内施工。考虑到蓝漆由于阻燃剂的添加而损失了一部分的耐磨性,在地台蓝漆之上可以再加一层哑光的清漆。

整体漆面完成,需要 4~5 遍蓝漆和一遍清漆。由于施工期间,演播室还要正常录制节目,所以除了要采用快干漆之外,还要注意上漆期间的通风问题,及时更新室内空气。

蓝箱的制作要根据用户的实际需求和具体情况,来选择不同的样式、材料及制作手段,力求达到要求。

一般情况下,摄像机的拍摄范围与蓝背景的边界有关,也就是说,摄像机的拍摄范围不能超过蓝背景。目前,虚拟演播室软件为了避免产生蓝背景之外的色键效果,通常在真实蓝背景之外产生一个"虚拟的蓝背景"来进行遮挡。利用这一技术,可以产生一个"虚拟的天花板"来遮挡住真实背景顶上的各种实物,还可以用它产生实际摄像机 360 度的旋转效果,而这些在实际演播室中是无法实现的。

四、灯光技术

灯光在电视节目制作中占有相当重要的地位,在虚拟演播室中更是如此。虚拟演播室灯光系统是建立在新型的三基色柔光灯基础之上的,这种灯发光均匀、阴影小、发热少、色温恒定而均匀,光布在主持人脸上自然而逼真,此种灯满足了虚拟演播室对光线的基本要求。

1. 电视照明灯具

在电视演播室内(虚拟演播室或传统电视演播室)摄像,灯光照明是必不可少的,虚拟演播室照明器材一般由电光源、灯具、灯架和调光设备组成。[①]

(1)电视照明电光源

常见的电光源主要有:

① 卤钨灯

卤钨灯是在常用的钨丝灯的基础上充入少量的卤族元素制成的。在一定温度下卤素与蒸发到玻壳上的钨化合,化合成的卤化钨是气体,随着灯内气体的对流,卤化钨又扩散到灯丝附近,由于灯丝温度很高,因此卤化钨又被分解为卤素气体及钨,钨又回到钨丝上。卤钨灯的优点:色温高,且稳定,一般在 3000~3200 K;发光效率高;寿命比同功率的白炽灯长 3~4 倍;透光性好,可见光全部能透过;体积小;显色指数高(97~99)。

② 三基色荧光灯

此灯因其光谱能量分布曲线以红、绿、蓝三原色组成而得名。外形与荧光灯一样,属于冷光源。三基色荧光灯的优点:发光效率高,是白炽灯的 4~5 倍;寿

---

① 李运林,徐福荫.电视教材编导与制作[M].北京.高等教育出版社,2004:161~171.

命长,是白炽灯的 5~10 倍;发光柔和,常用于演播室的基础照明。

③ 氙灯

氙灯是一种惰性气体灯。其光谱能量分布与日光接近,常用作外景照明。氙灯的优点:色温高(6000 K);显色指数高(94);发光效率高(30~40 流明/瓦);启动快速。

(2) 电视照明灯具

灯具是指固定电光源并通过特殊的光学结构对其射出光线的方向和性质进行初步控制的器具。各种电光源还要与相应的灯具配合才能实现一定的照明效果。灯具一般分为聚光型灯具和散光型灯具。

① 聚光型灯具。

聚光型灯具的投射光斑集中、亮度高、边缘轮廓清晰、大小可以调节,光线的方向性强,易于控制,能使被摄物产生明显的阴影。常用的聚光型灯具有菲涅尔聚光灯、椭面聚光灯、回光灯、注光灯、便携式电瓶灯等。

a. 菲涅尔聚光灯

菲涅尔聚光灯是演播室常用的灯具,图 8.6(a)是菲涅尔聚光灯的光学系统,主要由灯泡、球面反射镜、活动支架和菲温尔透镜组成,其外形如图 8.6(b)所示。

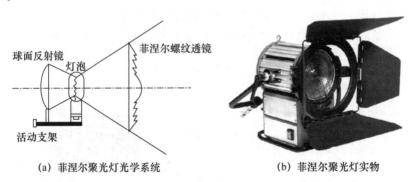

(a) 菲涅尔聚光灯光学系统　　(b) 菲涅尔聚光灯实物

图 8.6　菲涅尔聚光灯

灯泡的位置始终被固定在反射镜球面曲率半径的位置上,使灯泡向后面发射的光线被镜面反射回来后,经过球心向前汇合在螺纹透镜上,从而提高了光线的输出效率。菲涅尔透镜的透射面由多个梯形圆环组成,既能起聚光作用,又能使透镜中间部分变薄,起散热作用。

这种灯具能射出柔和、均匀的光线。调整光源的位置,投射光斑可任意放大、收小,光线可以从聚光到散光连续变化。在螺纹透镜作用下,投射光斑没有交叉光干扰,使物像清晰,光影质量好。改变挡光片的角度,可以控制灯光的照射范围。演播室常用 DJG 系列聚光灯具与卤钨灯泡作光源。可用于主光、轮廓光、造型光或效果光。

b. 椭面聚光灯

椭面聚光灯由灯泡、椭面反射镜、光阑、造型片和凸透镜组成,如图 8.7(a)所示。它能射出很严格的平行光,光斑形状与光强能用造型片与光阑等控制,在灯具前面可装上各种图案和颜色的"造型框",光线投射到背景的幕布上可射出各种造型图案,常用于造型效果光、追光等,其外形如图 8.7(b)所示。

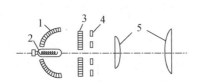 

1. 椭面反射镜 2. 灯泡 3. 光阑 4. 造型片 5. 凸透镜

(a) 椭面聚光灯光学系统　　　　　　(b) 椭面聚光灯实物

图 8.7　椭面聚光灯

c. 回光灯

回光灯是一种反射式灯具,光线经球面镜反射出去。图 8.8(a)所示是回光灯的光学系统,主要由灯泡、球面反射镜、圆锥形遮光环组成;其外形如图 8.8(b)所示。

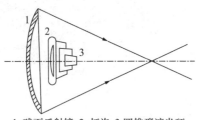 

1. 球面反射镜 2. 灯泡 3. 圆锥形遮光环

(a) 回光灯光学系统　　　　　　(b) 回光灯实物

图 8.8　回光灯

这种灯光质硬,射程远,可以造成亮暗分明的界限,常用来做轮廓光,以显示物体的形状、结构与质感。灯泡在球面镜的光轴上移动,使光束形状产生两种不同的变化:当灯泡在球面镜的曲率中心上,它的投射光束是分散、放大的,如图 8.9(a)所示;当灯泡在球面镜的焦点上,它的投射光束是平行、缩小的,如图

8.9(b)所示。但调光时要注意其聚焦点,不宜将聚焦点调在色纸上或幕布上,这样容易引起燃烧,另外在调光时中心常出现黑心,为了避免黑心,在灯前端中心加一环状挡板,使其射出的光斑大,不易收拢。

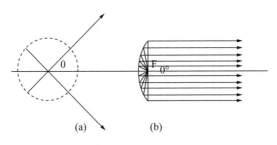

图 8.9　回光灯光束变化

d. 注光灯

注光灯是小型聚光灯,但灯具前不带聚光透镜,完全靠调节位于灯泡后面的抛物面反光镜进行聚光,它是一种反射式灯具。这种灯具不能把光束会聚得很窄,调节范围不大,但光线明亮,结构简单,小型轻便,通常由数盏灯具与灯架配套装在手提箱内,使用方便,非常适合外景照明。

e. 便携式电瓶灯

便携式电瓶灯常用于外景无电源场合与新闻采访。电瓶灯小巧轻便,调整其反射面,可使投射光束从聚光到散光进行连续变化。它分为高色温(图 8.10 所示)和低色温(图 8.11 所示)两种类型。

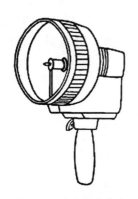

图8.10　高色温电瓶灯

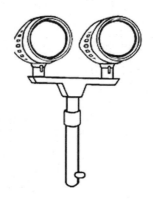

图 8.11　低色温电瓶灯

② 散光型灯具。

散光型灯具是一种漫反散式灯具,其投射光斑发散,亮度低,边缘成像模糊,散射面积大,光线没有特定方向,且柔和、均匀,被照物不产生明显的阴影,常用作辅助光、基础光、背景光。常用灯具包括新闻灯、四联散光灯、天幕散光灯、顶光散光灯、外景散光灯、三基色荧光灯等。

a. 新闻灯

新闻灯通常用于现场采访与外景拍摄,以弥补光线的不足。它最大的特点是重量轻、体积小、便于携带。另外,由于其反射面有许多均匀分布的凹凸坑,因此可以使光线均匀散射,灯具采用接插式,使用方便,其外形如图 8.12 所示。

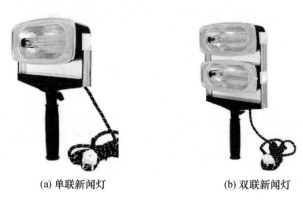

(a) 单联新闻灯　　　　　　(b) 双联新闻灯

图 8.12　新闻灯

b. 四联散光灯

四联散光灯在演播室常用来做辅光与顶光,如图 8.13 所示。这种灯具光线柔和、均匀,四只灯管可以同时也可以分别使用,以调节光量,使用很方便。灯具反射面有许多均匀分布的凹凸小坑,照射范围比较广。由于光线散射照在物体上,不易勾出明显的轮廓,使物体造型显得较为平淡,在灯具前部还装有四块挡光片,用来调节照射范围。

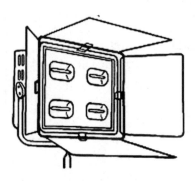

图 8.13　四联散光灯

c. 天幕散光灯与顶光散光灯

天幕散光灯在演播室常用来作天幕照明,如图 8.14 所示。这种灯具的光学系统采用双曲面铝反射器,并经喷砂电化处理,使照明范围宽阔均匀。由于其角度达 120°,因此能将天幕上下都照亮。灯具前面的插片架用来固定色纸插片夹,用不同的色纸调整天幕的颜色。

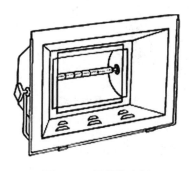

图 8.14 天幕散光灯

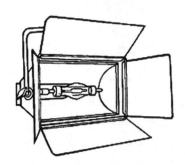

图 8.15 外景散光灯

顶光灯除光学系统采用抛物面反射器外,其外形和结构与天幕散光灯相似,常用来做演播室的顶光与场景光。

d. 外景散光灯(镝灯)

外景散光灯常用来做外景辅光照明,如图 8.15 所示。灯体采用防锈铝合金铝板,强度高、重量轻。反射面采用高纯度铝板,经喷砂和电化处理,以增强散射效果。配用管形镝灯,电源触发部分安置在灯体后盖部位,开启方便,便于检修。

e. 三基色荧光灯

三基色荧光灯箱采用非金属玻璃钢材制成,电气性能良好,使用安全,且化学稳定性好,不易腐蚀。灯箱可随意升降,幅度为 0.5 m,也可以前后俯仰 30°。灯箱有 3 管、6 管、9 管三种组合形式,均配用 40 W 的三基色荧光灯管,构成三基色荧光灯,如图 8.16 所示。因为三基色荧光灯管的功率不大,所以常悬挂在 0.5～3.5 m 高的演播室的灯架顶上作天幕光、顶光、正面辅光等。每一支三基色荧光灯管要与同一功率的镇流器配套。由于镇流器的数量多而且集中,噪声大,因而常把镇流器安装在演播室外面。

(3) 灯具的支撑装置

灯具的支撑装置,也称灯架,用于支撑或悬挂灯具,可分为落地式灯架、悬挂式灯架和夹子式灯架。

图 8.16 三基色荧光灯

图 8.17 落地式灯架

① 落地式灯架

现场摄像常用 DDJ 型和 XDJ 型落地式灯架安插聚光灯和新闻灯等。一般由铝合金铸件和合金钢管装配而成。灯杆分三节,可按需要调节升降高度,并有稳固可靠的制动装置。灯架脚采用弹簧锁键式,易于折叠固定,下端安有三个配有滚珠轴承的胶皮轮,移动方便灵活,如图 8.17 所示。

② 悬吊式灯架

演播室摄像一般采用悬吊杆将灯具挂在屋顶的灯架上,这样,灯具和连接线就不会影响摄像机、吊杆话筒和其他摄录设备的操作。悬挂式灯架上的支架和悬吊杆可分固定式和移动式,移动式又可分为手动式和电动式。

a. 固定式悬挂灯架

固定式悬挂灯架,如图 8.18 所示。灯架上安装很多灯,就像天上的星星一样,故又称为"满天星"式。支架之间相对位置不动,布光时按具体情况控制每一盏灯的开与关,不必移动灯的位置。这种灯架布光速度快,但装灯数量多,有些灯的利用率低。

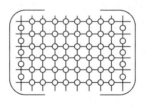

图 8.18 固定式悬吊式灯架

b. 移动式悬挂灯架

移动式悬挂灯架,如图 8.19 所示。在它上面设置有一定数量的滑动支架,灯具可以沿滑动支架移动,悬吊杆又可以升降,因此,灯具的方位和高度可以任意调整。这种灯架用灯数量较少,移动灵活,适合制作各种复杂节目,但成本较高,维修量较大。

③ 夹子式灯架

夹子式灯架可将功率较小的灯具附着在布景的顶端、侧面和各种支架上,如图8.20所示。夹子式灯架能提供局部逆光,或对其他灯光不易照射到的地方实施照明。

图8.19 移动式悬挂灯架

图8.20 夹子式灯具

(4) 调光设备

演播室采用调光设备的主要目的是满足随剧情变化而调节亮度的要求。例如,利用调光设备可以达到清晨或黄昏的变化效果,另外,由于灯丝的冷态电阻比常态小得多,如果给冷态灯泡突然施加额定电压,就会产生一个比额定电流大10倍左右的冲击电流。采用调光设备可使灯泡的电压逐渐上升,避免产生冲击电流,延长灯泡寿命。对于复杂节目,灯光要预先进行编组登记,拍摄时按场次预选重演,以提高工作效率。

调光设备的发展经历了五代:第一代为电阻型调光器(已淘汰);第二代为自耦变压器型调光设备;第三代为磁放大器型调光设备;第四代为可控硅型调光设备;第五代为电子计算机调光设备。

① 调光系统的基本构成

电视演播室几十路甚至几百路灯光,都是集中到调光台进行调光控制的,这就要求调光控制系统必须具备较好的集中控制功能。图8.21所示为调光控制系统的基本构成,主要包括以下两部分:①

a. 调光器

调光器主要有自耦变压器调光器、磁放大器调光器、可控硅调光器和电子计

---

① 杨晓宏.数字电视节目制作技术[M].北京:国防工业出版社,2013:196.

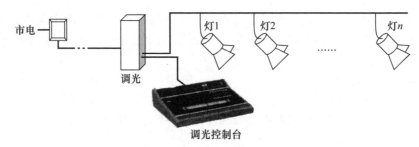

图 8.21 调光控制系统

算机调光器,现在的调光器大多采用可控硅调光器。可控硅调光器一般采用大容量小回路方式或小容量多回路方式。在实际电视制作中,有些类型的节目(如大型综艺节目)往往需要几百路甚至上千路灯光,这就要求调光柜所具有的调光路数很多,因此,往往采用箱架将多个调光器集中在一起使用。因此,调光器又称调光柜或硅箱,见图 8.22 所示。

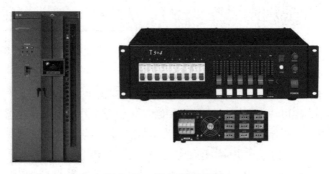

图 8.22 常见的调光器

b. 调光控制台

由于调光柜有很多路调光器,因此,需要采用专门的控制台对各路调光器进行控制。图 8.23 所示是调光台的两种主要形式。

(a) 电脑调光控制台　　　　　　　(b) 普通调光控制台

图 8.23 常见的调光控制台

② 调光控制方式

电视演播室的调光控制大致经历了强电配电板、分组控制、分场控制、计算机控制等阶段。分组控制与分场控制混合的控制台、计算机控制调光台是目前电视演播室的主流调光设备形式。

分组控制又叫集控控制,是目前应用较广的一种控制方式。分组控制是在早期配电板的基础上发展而来的。配电板是在强电范围内进行分组,即进行灯与调光器之间的选择;分组控制则是在弱电范围内进行分组,是在单控电位器与集控电位器之间进行选择,其原理如图 8.24 所示。①

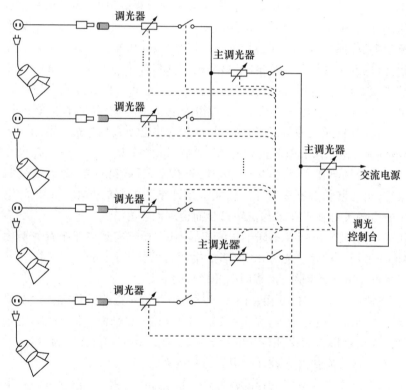

图 8.24　分组控制

2. 虚拟演播室布光要求②

① 虚拟演播室所用灯光以冷光源为主,热光源上一般也加柔光纸,这样做

---

① 杨晓宏.数字电视节目制作技术[M].北京:国防工业出版社,2013:197.
② 杨晓宏,刘毓敏.电视节目制作系统[M].北京:高等教育出版社,2005:261～262.

是为了避免产生硬阴影、造成局部照度不均匀等,而且过多的热光源也会使得室内温度过高,很多情况下会影响主持人的情绪,不利于节目制作。

② 虚拟演播室的布光分为景区光和人物光。景区光布光要均匀、柔和,使蓝墙和蓝地板的光比接近1∶1,而且蓝墙和蓝地板两部分的圆弧过渡处不应有明显突变,其最暗和最亮部分的变化范围不超过10%。灯光应经常保持足够高的角度来使阴影落在地面上而不是背景墙上。地面上的阴影可以使观众看到更为真实的效果。在虚拟演播室中,地面最好使用辅助光。如果没有来自地面的灯光,只能靠蓝背景对灯光的反射来照亮前景物体的下面部分,这样将会降低键控的质量,并且过多的蓝色反射将会影响键控的效果。另外,为了增强节目的真实性和活泼性,主持人都会有一定的活动区域,因此,对前景(主持人)布光不能采取新闻类节目的点布光,而必须进行区域布光、立体布光。人物在这种光照环境下运动,抠像效果才会比较干净,整个画面真实自然。人物的布光一定要使灯光环境尽可能与虚拟场景的灯光环境保持一致,不然会形成互相矛盾的光照投影效果。人物的侧光也很重要,可使人物的边缘轮廓更清晰,有更好的抠像效果。另外,在没有逆光的情况下,加适量的顶光也会使人物的边缘清晰。

③ 由于三基色柔光灯发光面积大,对前景(主持人)布好光后,必将在蓝箱上产生一定的光照度。因此,应采取先前景布光,后蓝箱布光,即待前景照度符合要求后,再对蓝箱进行适当补光就能满足计算机抠蓝的要求。前景与电子背景完美融合的关键在于前景与蓝箱科学而合理的布光。

④ 虚拟演播室的照度不同于传统演播室,它要求前景与蓝箱背景照度相匹配,追求光照的一致性。另外,虚拟演播室栏目的灵活性、电子背景的多样性也要求照度必须满足不同栏目、不同电子背景的需要。

⑤ 通常情况下,虚拟演播室的蓝色舞台需要被照得非常均匀。蓝背景上不能有反光点。灯光越是均匀,在键控器上需要完成的"修饰"就会越少,这样就可以更好地保留阴影。为保证灯光的均匀照射,应有相应的灯光测量设备。

3. 虚拟演播室的灯光设计需要注意的问题

① 为了产生更为真实的合成效果,演员(或节目主持人)在蓝室中投下的影子也要尽可能地随演员一起进入到虚拟的场景中。为了更好地提取阴影,灯光的设置应使阴影处的蓝色电平与背景蓝幕布的蓝色电平有较大的区别,影子的方向也要和虚拟空间中的光源方向一致。

② 为表现虚拟背景中反光地板上的影子效果,可在蓝室地面上铺设透明的蓝色塑料。虚拟演播室中的影子效果一般只限于地面,但如果要求演员(或节目主持人)的影子投射到虚拟空间的墙壁上,就要在蓝室中相应于墙壁的位置上放

一个大的蓝色物体以产生这种阴影效果。

③ 虚拟演播室不建议加主光源,因为如果使用不当,可能出现投影环境的逻辑错误,导致实际光源与虚拟光源的不一致性。另外,主光源在蓝箱上产生的次级投影也会影响计算机的图像处理;虚拟演播室必须注意逆光的合理使用。太强的逆光,使蓝箱地面显得亮白而破坏蓝箱色调的一致性,影响计算机的抠蓝效果;不用逆光或逆光太弱,则前景(主持人)像贴在电子背景上,很死板。因此,逆光的合理使用能很好地体现人与场景的关系,从而加强纵深感,增强三维立体效果。虚拟演播室必须加侧光,因为虚拟系统中的色键器采用蓝色消除电路,由蓝箱反射光作用于主持人衣物边缘上的蓝色调将被蓝色消除电路去除,出来的主持人边缘变黑。因此必须加侧光以消除主持人衣物边缘上的蓝色成分。另外,应尽量避免主持人服饰的反射光、透明类道具所产生的折射光对蓝箱的影响,蓝箱上的高亮点会造成合成图像的背景部分出现雾状影像。还应注意避免蓝箱反射光对白平衡的影响。白平衡调整得不好,会造成掩膜信号电平变低和前景物体颜色失真。

④ 在虚拟演播室中,建议最好使用无线传声器,如果一定要使用有线传声器,可以将传声器线用同一种蓝漆漆蓝,以避免在使用时,因为传声器线而影响抠像的效果。在实际使用中,若有几个"蓝"色道具(比如立方体、阶梯等),就可以极大地丰富制作手段,提供更多的创意空间。这种体积较大的道具如果也使用木制,一是制作结构太复杂,二是重量较重,使用时容易划伤地台上的漆面。可以使用泡沫塑料一次成型,表面用胶与布(或纸)包裹,最后上漆。这样的道具不仅重量轻,而且造价也较为低廉,在电视台的道具处就可以制作,更换十分方便。

五、色键技术

虚拟演播室系统的抠像是由色键器来完成的,色键器的主要作用是把背景生成装置实时生成的、和前景有正确位置及透视关系的背景图像与前景图像合成,使虚拟背景与真实前景达到完美结合,并且输出合成后的信号。色键器的抠像质量直接决定着虚拟演播室的节目制作效果。优秀的色键器可以使主持人与虚拟场景完美结合,浑然一体。

虚拟场景不仅有背景,还有前景,如桌子、讲台等,演员甚至可以进入一个虚拟物体中去。画面中真实的、虚拟的物体间的关系比较复杂,要想实现完美自然的叠加,就需要具有特殊功能的高级色键技术,因此,产生了一种被称为 Z 轴深度键的新技术。目前主要有基于层次级和像素级的深度键两种。层次级深度键技术将物体分别归类到数目有限的深度层中去,所以,演员在虚拟场景中的位置无法连续变化。像素级深度键技术把构成虚拟场景中的每一个像素都赋予相应的 Z 轴深度值。演员在虚拟场景中的位置可以进行连续变化,虚拟物体、真实物体和演员可以动态地相互遮挡,从而增加了虚拟场景的真实感。

深度键信号由深度键发生器产生,深度键发生器有两种:一种是将物体分成有限数目的层次级;另一种是将像素分成等级的像素级。目前,获得深度键的方法大致有两种:一种是靠近似判断的方法得出的。它是用近似的方法判出前景主持人和摄像机的相对距离,并且用这个值作为整个前景的深度值。如果主持人移动,那么这个值也将改变。通过对合成画面上每个像素 Z 值的计算和实际内容的需要,用手控方式决定前景主持人和虚拟背景的相对关系,这种方法实现起来比较容易,缺陷是逼真度差。另一种获取 Z 值的方法是采用"自动主持人跟踪系统"。它主要是由一个固定在主持人身上的红外发射器和一套安装在演播室墙上的红外接收装置完成。它可以准确定出主持人的三维位置,自动识别前景主持人和虚拟背景的相对位置关系。

虚拟演播室色键还要关注的一个问题是"消蓝"。由于使用蓝幕背景,因此环境反射光会造成前景物体和演员身上有一些蓝色的干扰成分,对透明或半透明物体更易造成干扰。这时,就需要对前景进行非常复杂的消蓝控制,即削弱蓝色成分,同时,又不使前景产生颜色失真。

现在,高质量的数字色键针对视频三个分量(Y、B-Y、R-Y)的每一路进行处理,分别产生一个线性键,并用自动跟踪代替手动切换,这种方法允许保留更多的图像细节。例如,Ultimatte 的 400 型数字色键,它对前后景作混合而不是切换,对前后景分别处理后相叠加产生合成画面,这样不会限制整体信号。它用特有的算法产生遮罩(Matte)信号,可以更好地从前景物体中区分背景。而且它在用抑制衬底及消蓝的特殊算法处理前景的同时,允许在前景上再现蓝色阴影。

六、无限蓝箱技术

虚拟演播室节目制作中,演员的表演都是在蓝箱中进行的,但是由于实际场地的限制,蓝箱的天花板可能较低或对于宽角度拍摄来说太窄,当摄像机进行推拉摇移等运动时,摄像机镜头拍摄的图像有时会超出蓝箱的区域。必须把这一区域遮住,否则这一区域会出现在最终的视频中,影响合成效果。为此,在虚拟演播室系统中采用了无限蓝箱技术。它主要通过如下方法实现:[①]

---

① 杨晓宏,刘毓敏.电视节目制作系统[M].北京:高等教育出版社,2005:264.

(1) 采用图像算法。此法将摄像机拍摄的图像实时抠像,并将不需要的区域从图像中滤掉。

(2) 生成前景掩膜。即在 alpha 缓存中产生一个水平带。将这个水平带输入到视频合成系统,在与前景、背景一起合成时可以遮住不需要的区域。

(3) 利用视频合成系统中控制键窗口。在视频合成系统中一般都有控制键窗口的功能,即控制抠像合成时的窗口,前景进行抠像时即将不需要的区域排除在键窗口之外,使得在合成时该区域为三维虚拟背景,达到遮挡的效果。

第一种方法需要增加一块图像处理卡,这增加了成本,并会增加系统延时,让人产生不真实感;后两种方法都需要根据蓝箱的几何尺寸大小建模,摄像机的位置、方向、视域可以通过摄像机参数跟踪系统得到,在计算机中通过得到的参数和蓝箱的模型实时计算出摄像机拍摄图像中超出真实蓝箱的区域,只需要有 alpha 通道,而且速度较快,实时性好,不会产生多大的延时。

第四节 虚拟演播室节目制作流程

虚拟演播室系统节目制作的流程如图 8.25 所示。具体来说,包含以下五个阶段的工作。[1]

一、创意人员拟订出节目制作方案

由创意人员将导演的思路制作成详细的"剧本",所谓详细是指具体到虚拟场景里有多少人、每个画面要素怎么动、主持人的位置如何变化、镜头如何切换、是否有虚拟场景中的特写镜头等。导演必须就每个镜头细节与虚拟场景设计者事先沟通,使其充分理解导演的意图,将三维场景提前做好。

二、虚拟设计制作人员用计算机创建虚拟三维演播室

虚拟设计制作人员根据导演及创意人员的思路,制作出三维演播室。一般将虚拟演播室背景制作分为室内风格和全虚拟风格。室内风格类似于建筑室内设计,但有很大不同,因为设计是为电视画面服务的,最后效果要落实到 4∶3 或 16∶9 画面中,要解决主持人和背景的主次关系,构图、场景层和色彩的关系,虚拟灯光和演播室灯光的关系,前景实物搭配关系,甚至还要考虑主持人衣服颜色等。在场景层上要考虑实际演播室的透视关系,解决好前景、中景(主持人)的透

---

[1] 翁志清,陈伟平.数字电视制播系统[M].上海:上海大学出版社.2009:226~227.

视关系,在全虚拟风格的虚拟背景设计中尤其重要。另外,画面的协调性也很重要,虚拟背景是为主持人和嘉宾服务的,所以尽量不要喧宾夺主。具体实施上,一般用 3DStudioMAX、Softimage3D、Photoshop 和一些高端渲染器等三维或二维图形图像制作软件来创建模型及模型中需要的贴图。

三、演播室制作和蓝棚预调整

虚拟场景设计初步完成后,要将场景数据转交给演播室制作人员,通过文件格式转换输入到虚拟主机里。在虚拟演播室工作流程中,先导入虚拟背景,打开棚里灯光,在计算机内调整虚拟摄像机;再锁定演播室所有的摄像机的空间位置,然后同时进行蓝棚电平增益调整,通过摄像机的传感器将机械跟踪信息传递给虚拟主机来进行位置跟踪和蓝背景键出的工作,最后反馈给监视器,由切换导演来切换镜头完成录制。在演播室制作时,灯光师、摄像师和主持人替身都要协调工作,同时完成布光、主持人预走位、锁定焦点和景深等各项必要的工序;而主持人和嘉宾一边化妆一边熟悉台词。当所有工序完成时,就转入正式录制了。

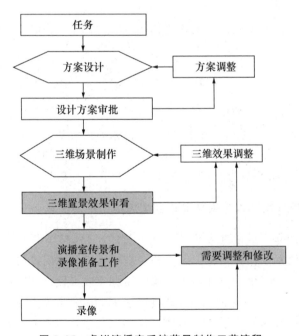

图 8.25 虚拟演播室系统节目制作工艺流程

四、导演与虚拟演播室操作者合作直播或录像

与传统演播室相比,主持人或演员所处的现场已不再是五颜六色的舞台,取而代之的是一个全部涂成蓝色的房间。摄像师的拍摄对象主体只剩下了主持人或演员,机位的运动效果体现在电脑所建立的虚拟场景中,摄像师和导演分别通过监视器和电脑终端才能看到,他们与虚拟演播室软件的操作者共同控制整个节目。

虚拟演播室系统是一个计算机图像合成系统,其控制中心是虚拟演播室的系统软件,它也是虚拟演播室节目制作的"导演台"。虚拟演播室操作者无疑成了实施导演意图的最直接执行者,他需要既能熟练运用虚拟演播室软件及相关的三维动画制作软件,同时又要具有良好的镜头意识和感觉,这样才能更好地与导演配合,做出理想的节目。

五、视频输出、录像及后期制作

虚拟演播室主要是针对电脑中的图像,它仍旧离不开传统的视频切换台和调音台等设备。通过视频切换台,导演可根据需要在任何时候切入或叠加前期拍摄的画面素材。录制现场灯光的使用已不同于传统舞台灯光的调整方法,其指标满足蓝色空间场地基色以适应色键器抠像的技术要求。

虚拟演播室的后期录制与输出和普通演播室没有本质的区别,这里不再赘述。

虚拟演播室技术最初只是用于演播室节目的制作,随着数字视频技术、计算机技术的发展,虚拟演播室技术也在不断地发展和完善。虚拟演播室已不仅仅在电视台应用,在气象台、企业、学校也引进了虚拟演播室,使其成为一种有力的节目制作工具。目前虚拟演播室技术的应用也扩展到了互联网上,出现了具有虚拟实况和网络重放功能的互联网节目。

虚拟演播室技术无疑是电视节目制作技术的一次革命性飞跃,它充分体现了电视技术对当代最新的数字技术、计算机技术及图形学高度集成的特点。当然,虚拟演播室的进一步发展还有赖于技术与艺术的完美结合,虚拟演播室只有充分地服务于电视节目的艺术创作,才是这一技术发展的最终目的。

复习思考题

1. 什么是虚拟演播室系统?与传统演播室相比,虚拟演播室有哪些优越性?

2. 如何对虚拟演播室系统进行分类?

3. 虚拟演播室系统采用的关键技术有哪些?
4. 蓝箱设计中主要应考虑哪些问题?
5. 虚拟演播室的布光要求有哪些?
6. 简述虚拟演播室系统的工作原理。
7. 简述虚拟演播室系统节目制作的流程。

参 考 文 献

[1] 孟群.电视节目制作技术[M].北京:高等教育出版社,2006.

[2] 宋静华,万平英.电视节目编辑与制作[M].北京:国防工业出版社,2011.

[3] 刘宁生,顾建国,崔伏龙等.数字电视节目制作与播控技术[M].北京:中国广播电视出版社,2003.

[4] 翁志清,陈伟平.数字电视制播系统[M].上海:上海大学出版社,2009.

[5] 杨晓宏,刘毓敏.电视节目制作系统[M].北京:高等教育出版社,2005.

[6] 徐明.现代广播电视制作系统[M].郑州:郑州大学出版社,2008.

[7] 徐威,李宏虹.电视演播室[M].北京:中国广播电视出版社,2006.

[8] 王兴亮,洪琪,达新宇,等.现代音响与调音技术[M].西安:西安电子科技大学出版社,2000.

[9] 杨晓宏.现代电视节目制作技术[M].北京:国防工业出版社,2005.

[10] 杨晓宏.新编电视节目制作技术教程[M].北京:国防工业出版社,2003.

[11] 陈研.虚拟演播室技术及制作流程综述[J].现代电视技术,2006.

[12] http://pro.sony.com.cn/productinfo/cc/4685.htm

[13] http://detail.52video.net/art_view29473.html

[14] 韩波.虚拟演播室系统分析及应用[J].计算机与网络,2010(22).

[15] 杨晓宏.数字电视节目制作技术[M].北京:国防工业出版社,2013.

[16] 李运林,徐福荫.电视教材编导与制作[M].北京:高等教育出版社,2004.

第九章 网络化节目制播技术

【学习目标】
　　学习完本章,应该能达到下述目标:
- 了解网络化制播的发展历程。
- 掌握网络化制播的构成。
- 知道网络化制播的分类。
- 掌握网络化制播的流程。
- 知道网络化制播的关键技术。
- 掌握网络化节目制播的具体应用。

　　近年来,随着数字图像压缩技术、高速带宽数字传输技术、海量数据冗余存储技术的日益成熟及标准化,使得计算机实时处理视音频码流成为现实,为电视节目的网络化制播提供了必备条件。网络化使传统的、个别的、孤立的资源有机地结合在一起,极大地提高了节目制作的效率,创造了全新的工艺流程。在节目制作和播出环节中,一个基于硬盘采集、数据传递、非线性编辑制作、多频道硬盘播出的数字制播网络,可方便地传输视频、文稿和其他各类数据,无须素材上传和下载,实行节目的无磁带播出。数字化网络化制播已经成为电视节目制作和播出的主流,我们把网络化的非线性制播系统泛称为网络化制播系统。

第一节 网络化制播概述

一、网络化制播的发展历程

1. 电视节目制作的发展历史
电视节目制作经历了从录像机传统对编,到非线性单机编辑制作,直到目前网络化制播的演变过程。[①]

20世纪80年代,电视节目从拍摄到编辑、制作要经过复杂的过程,前期拍摄采用分离式摄录机。20世纪90年代初,摄录一体机的出现使电视拍摄轻松了许多。但是电视节目的复杂编辑和特技制作还是依赖于线性编辑系统,最流行的当属A/B卷编辑系统。当时的制作工艺环节众多,操作复杂,修改起来也很麻烦。

20世纪90年代中期以后,基于板卡解码的非线性编辑系统开始应用于电视节目制作。此时的非线性编辑系统虽然能够集各种功能于一体,但素材的上载仍需通过录像机来完成,编辑格式受到板卡的限制,不开放,效率低;磁带在多次使用后,质量降低。随着IT技术与AV结合的日益紧密,传统的磁带工作流程所暴露出的在数据传输、实时上载、网络化构建方面的"先天性"不足愈发明显。

21世纪初,随着视频网络技术的发展,网络化节目生产成为可能。网络化节目制作的应用,消除了编辑孤岛的弊端,实现了素材和节目的共享,避免了反复用磁带交换带来的损耗,同时提高了制作的效率。除了编辑之外,文稿编写、节目审核、后台合成等都加入网络化节目制作流程,整个节目生产过程都可以在网络上进行。

2. 电视节目播出的发展历史

电视节目播出经历了从人工手动录像机播出到硬盘自动播出,从模拟播出到数字播出的演变。

手动播出系统由录像机和切换开关组成,录像机的启动以及切换开关均由人工完成,称为人工播出模式,其主要缺点是节目切换不准确,播出不准时。将计算机技术引入播出系统就实现了自动播出。早期的自动播出系统只是在手动播出系统中加入计算机,由计算机控制设备的启动和切换,保证了节目准时播出。后来引进了计算机自动控制网络,自动控制网络除完成自动控制节目自动播出外,还能实现对台内设备的统一管理和集中使用。应用计算机自动播出使电视节目播出技术手段上了一个台阶,但由于还需人工将磁带放入录像机,故严格来讲,这是一种半自动播出。将机械手引进播出系统,实现了电视节目的全自动播出。

真正的自动播出系统是在视频服务器出现以后才开始的。虽然早期的视频服务器由于其存储容量小,只能用于广告等的播放,但是视频服务器的设计理念却为今天的数字播出系统打下了坚实的基础。随着计算机技术(如数据处理能

[①] 徐威.数字电视网络制播技术[M].北京:中国广播电视出版社,2008:2~3.

力、总线宽带、存储容量、传输速率等)的快速发展,视频服务器也获得了快速发展。如今视频服务器是播出系统的核心部件,利用它的不同组网结构可组成网络化、智能化、资源共享、安全高效的数字播出系统。

电视节目的播出在经历了手动切换播出、计算机控制切换开关、主控台和录像机实现自动播出以及使用机械手的自动播出系统之后,播出设备向数字化、网络化,即向硬盘播出系统或制播网方向发展。采用制播网将播出系统与非线性制作系统相连,提高了信号的传输质量,减少了信号的损失,为实现全系统的数字化、网络化奠定了基础。

二、网络化制播系统的构成

从功能来说,网络化制播系统主要由中心存储系统、网络及网络管理、各种工作站及相应的软件等组成,如图 9.1 所示。其中,中心存储系统保证了素材共享的要求,并且保证足够的带宽,使得在网络上协同工作成为可能。网络构架从物理通道来说有 FC(Fiber Channel)通道和以太网通道两种架构,相对应的路由设备有 FC 交换机和以太网交换机。网络管理部分主要由各种服务器组成,为系统提供持续的后台服务,保证整个网络协调、有序地工作,保证共享的素材有效地被管理。工作站则是直接面向应用的设备。[①]

1. 硬件系统

从硬件角度来说,主要的网络硬件设备有网络交换机、共享存储系统、服务器、工作站等。[②]

(1) 网络交换机

交换机是整个网络系统的核心,是连接网络的通道,所有服务器、存储体和工作站都与其连接,网络化制播系统常用的交换机有 FC 交换机和以太网交换机。

(2) 共享存储系统

在网络化制播系统中,共享存储系统主要支持节目生产、节目保存和节目交换等应用。共享存储系统主要由存储体(如硬盘阵列、数据流磁带库、光盘库等)、FC 网络、存储管理服务器、存储管理软件等组成。共享存储系统中常用的存储方式有三种:离线、在线和近线。

① 离线存储。包括磁带、光盘等存储介质,特点是需间接访问,成本低廉。

---

① 徐威.数字电视网络制播技术[M].北京:中国广播电视出版社,2008:3～9.
② 同上。

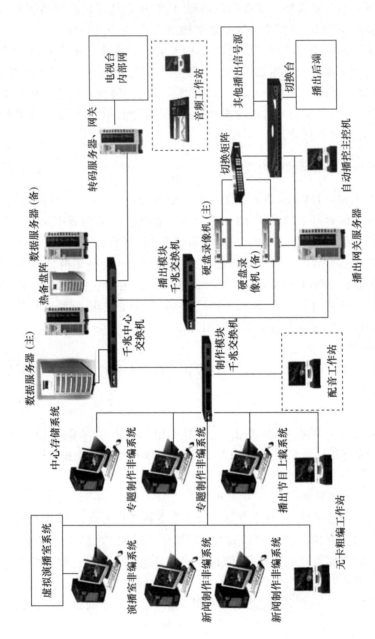

图 9.1 网络化制播系统的基本构成

由于其对任务的反应速度不同,所以离线方式存储的节目实体对象在共享存储系统中只能以在存储管理中保留其属性和原数据的形式存在。它实际上只是共享存储系统的一种虚拟存在形式,严格地说并不属于共享存储系统的一部分,但离线存储有其不可忽略的作用。它可以作为灾难性意外备份以保证存储信息的安全,使用离线存储还可以增加共享存储系统的存储容量、相对降低共享存储系统的成本。

② 在线存储。通常指可高速访问的硬盘阵列或硬盘阵列组,特点是访问速度快、成本高。可以用来支持实时任务,保证成品节目及素材的即时可用性。由于单块硬盘在存储容量和 I/O 速度上的限制,在线存储体一般由硬盘阵列组成,包含数量众多的硬盘单体。因为在线存储体需要保存大量的视音频素材,同时还要满足大量非编工作站的读写要求,为了满足如此大的存储需求,系统应用RAID 技术将相当数量的硬盘单体组合成硬盘阵列或硬盘阵列组。常见的RAID 技术有 RAID0、RAID1、RAID3、RAID5、RAID10 等,可以依据容量需求、安全需求、性能需求等多方面条件进行权衡,选择最合适的 RAID 方案。

③ 近线存储。近线存储是在线存储的一个有缝外延,是用较低成本实现以海量存储支持实时业务的一种手段,是介于用户在线存储和离线存储之间的一种应用,主要功能是将不经常使用或访问最少的数据存放在性能较低的存储设备上,这些存储设备具有寻址迅速和传输率高的特点。近线存储系统一般采用硬盘、磁带或光盘作为存储介质,并使用相应的近线存储管理软件对存储文件进行管理。其中,硬盘用来存放数据检索系统,硬盘阵列则用来存放大量的数据信息。当素材使用频率很低时,存储管理软件根据编写的迁移策略,把素材从硬盘中迁移到磁带库或光盘库中,但这段素材的索引被保存在硬盘上。当用户访问近线存储的磁带库或光盘库时,首先通过存储管理软件,确定磁盘或磁带存放位置,然后将需要访问的数据迁移到视频服务器中,来完成数据访问。全过程由计算机管理系统自动完成,不需要人工干预,管理员只需制定相关规则即可。

(3) 服务器

服务器是网络制播系统中的核心部分,为整个系统提供不间断的各种服务,相当于整个系统的"大脑"。网络化制播系统中的服务器包括 MDC(Meta Data Controller 元数据控制器)服务器、数据库服务器(DB Server)、应用服务器(Application Server)、归档服务器(Archive Server)、播出服务器(Playout Server)、收录服务器(Ingest Server)等。

(4) 工作站

① 非编工作站。具备所有非线性编辑系统的功能,是节目制作的主要设

备。根据不同需要，有的非编站点安装 FC 网卡通过光纤连接到制播网络中，有的非编站点则安装高速以太网卡通过以太网连接到制播网络中。非编工作站用于电视节目素材的上载、编辑、图文字幕、下载或传送。

② 文稿工作站。用于文稿线索的录入、选题、稿件以及串联单的选择、创建、写作、查询、检索与编辑。文稿系统可嵌入精编工作站、粗编工作站中。使用文稿系统可以进行与节目内容相关的文字处理工作。如果非编工作站使用率较高，可以考虑单独配置文稿工作站，文稿工作站配置相对非编工作站要低很多。

③ 配音工作站。用于在网络中编辑制作节目的配音任务，包括配音稿件浏览、配音素材浏览、节目配音与修改、任务保存及提交。由于只传输音频素材，用以太网连接，与文稿工作站配合，能够实现无纸化配音。

④ 转码工作站。为进出系统的各种格式的视音频文件提供转码服务，为系统内不同应用之间提供转码服务，同时完成节目制作过程中初编审核和成片输出时必要的转码工作。

⑤ 后台合成工作站。为尽量减少非编工作站的等待时间，对于一些需要生成的工作由合成工作站处理，完成视频节目特技效果处理，常用于字幕制作以及将配音片段同视频节目合成的工作。

⑥ 包装工作站。比普通非编工作站具有更强的节目制作能力，在效果、实时性能等方面，将非编功能发挥到极致，通常用于节目的深度编辑。

⑦ 播出控制工作站。用于广告、宣传片和制播网络中成片等播出内容的编排和控制。

⑧ 收录控制工作站。用于收录任务和收录系统的控制。

2. 软件系统

(1) 网络存储共享管理软件

网络存储共享管理软件安装在 MDC 服务器上，对光盘、磁盘阵列文件进行管理，常用的主流网络存储共享管理软件有：①

① Tivoli SANergy。SANergy 是一种基于共享硬盘中文件一级权限控制的管理软件，即在同一时刻，多个工作站可以往同一个逻辑卷中进行写操作，但同一个文件在同一时刻只能被一个工作站修改，其他工作站对该文件只读。当一个工作站向某个卷中写入或删除文件时，其他工作站会自动同步整个卷的文件和目录信息。使用 SANergy 的优点是工作站不用切换卷的写权限，不用进行刷新操作便可同步所有共享硬盘的文件和目录信息。但使用 SANergy 管理

---

① 徐威. 数字电视网络制播技术[M]. 北京：中国广播电视出版社，2008：66～70.

软件要求系统必须是双网结构,即 FC 网和以太网并存的网络。

② ADIC StorNext FS。ADIC 公司是世界上著名的、致力于提供智能存储解决方案的厂商。它不但拥有技术领先的大型存储网络磁带库产品,而且拥有领先的 SAN 存储管理软件——StorNext Management Suite（SNMS）,特别适合于大规模、高数据流、长期数据归档存储和保护的应用环境。SNMS 由高性能、跨平台的 SAN 文件系统（StorNext FS）和长期数据存储管理（StorNext SM）两个模块组成。

③ ImageSAN。ImageSAN 是美国 RorkeData（柏科数码）公司专门针对广电行业音视频（AV）SAN 网络存储应用而研发的,是支持 Windows NT/ 2000/ XP、Macintosh OSX 以及 Linux 平台以及混合环境的 SAN 解决方案,并提供广泛的应用支持和高适应性的容错能力。基于 ImageSAN 的存储共享解决方案通过速度、协作和多任务提高了视频、音频及图形编辑系统的网络化处理能力。

(2) 数据库软件

网络化制播系统的数据量巨大、数据类型不一、功能多样、系统复杂、响应要求快速,这都需要大型的数据库软件提供充足的支持,常见的主流数据库厂商的产品有:[①]

① Orcale 数据库。美国 Orcale 公司研制的一种关系型数据库管理系统,是一个协调服务器和用于支持任务决定型应用程序的开放型 RDBMS。它可以支持多种不同的硬件和操作系统平台,从台式机到大型和超级计算机,为各种硬件结构提供高度的可伸缩性,支持对称多处理器、群集多处理器、大规模处理器等,并提供广泛的国际语言支持。Orcale 属于大型数据库系统,主要适用于大、中小型应用系统,或作为客户机/服务器系统中服务器端的数据库系统。

② DB2 数据库。IBM 公司研制的一种关系型数据库系统。DB2 主要应用于大型应用系统,具有较好的可伸缩性,可支持从大型机到单用户环境,应用于 OS/2、Windows 等平台下。DB2 提供了高层次的数据利用性、完整性、安全性、可恢复性,以及小规模到大规模应用程序的执行能力,具有与平台无关的基本功能和 SQL 命令。DB2 具有很好的网络支持能力,每个子系统可以连接十几万个分布式用户,可同时激活上千个活动线程,对大型分布式应用系统尤为适用。

③ SQL Server 数据库。美国 Microsoft 公司推出的一种关系型数据库系统。SQL Server 是一个可扩展的、高性能的、为分布式客户机/服务器计算所设计的数据库管理系统,实现了与 WindowsNT 的有机结合,提供了基于事务的企

---

① 徐威.数字电视网络制播技术[M].北京:中国广播电视出版社,2008:62~65.

业级信息管理系统方案。

④ Sybase 数据库。美国 Sybase 公司研制的一种关系型数据库系统,是一种典型的 UNIX 或 Windows NT 平台上客户机/服务器环境下的大型数据库系统。Sybase 系统具有完备的触发器、存储过程、规则以及完整性定义,支持优化查询,具有较好的数据安全性。

(3) 操作系统

操作系统软件是管理、监控和维护计算机软硬件资源的软件,如大家熟知的 Windows、Mac OS、Unix 等。

(4) 应用软件

应用程序软件包括非线性编辑软件和各种图形图像处理软件、动画制作软件、声音编辑创作软件等。

非线性编辑系统的应用软件有专用型和通用型两大类。前者主要是由非线性编辑系统开发商根据他们所选用的非线性编辑板卡的特点而专门开发的。它与特定的硬件系统配套使用,有的甚至固定在机器里面,整体性能好,应用方便,制作节目质量高,但价格相对昂贵。后者主要是由非线性编辑系统开发商以外的软件公司开发的,能够支持广泛的非线性编辑板卡,通用性强,对硬件环境的要求相对较低,节目制作质量较高(与硬件相关),有丰富的第三方软件(插件)支持。

三、网络化制播系统的分类

网络化制播系统可按照功能、规模或者工作流程进行分类。[①]

1. 按照功能分类

根据系统所能完成某种具体的功能可分为新闻制播网、节目包装网、媒资网、硬盘播出网络系统、收录网等。

(1) 新闻制播网。主要用于新闻节目的制作和播出,是当前各电视台应用最为广泛的一种网络制播系统。其特点是快速节目制作、流程化,通常包含了文稿、快速编辑、收录、合成、新闻演播等组成部分。为了应对日渐复杂的新闻制播要求,现在一些非常先进的技术,例如"XDCAM/P2""边采边编""边合成边迁移",也被广泛采用。

(2) 节目包装网/后期制作网。专注于节目深度编辑,可以利用制播网络的素材,进行各种宣传片、预告片及统一包装的制作。甚至于需要和一些专门的独

---

① 徐威.数字电视网络制播技术[M].北京:中国广播电视出版社,2008:9~11.

立包装系统交互制作。

(3) 媒资网。实现媒资资产管理,对电视台日积月累的视音频资料实现数字化和网络化管理,使珍贵的历史资料可以实现长期保存,更重要的是可以更方便地实现这些资料的再利用。

(4) 硬盘播出网络系统。利用硬盘播出技术,实现频道节目的播出服务,包括节目准备、节目编排、广告管理、节目播出等部分。

(5) 收录网。用于外来节目的录制,直接录制到中央存储体中,减少上载过程,素材可以直接被调用。

2. 按照规模分类

根据网络规模的大小,可划分为小型网络、中型网络、大型网络。[1]

(1) 小型网络。功能较单一、工作站点较少的网络。比如,一个小型栏目组为了实现素材的共享构建的小型网络。

(2) 中型网络。多于一种功能、工作站点较多、关键设备有冗余、存储容量较大的网络。例如,部门级采用的中型网络。

(3) 大型网络。功能多、流程复杂、工作站点多、可靠性要求高、不能有单故障点、大容量存储、子系统间关系复杂的网络。例如:大型的制作播出网络系统包含了集中的共享存储、上下载与转码、编目、数据迁移与备份、资料检索与浏览、粗编与精编、配音与审片、文稿和串联单传递和管理,以及支持系统运行的数据库、服务器、视频服务器/媒体服务器、数据流磁带库和网络交换路由设备等。

3. 按照工作流程分类

根据工作流程特点,可划分为流程型网络、协作型网络和分布式网络。

(1) 流程型网络。系统按串行工作流程运作。例如新闻制播网。从新闻选题报批、审批、撰稿、拍摄、上载、配音、审片、播出等按照流程进行。虽然多个记者之间是一种并行关系,但需要遵循一定的流程。

(2) 协作型网络。系统按并行工作流程运作。各种工作站之间形成一种协作关系,比如网络中的音频工作站专用于音频、音效的处理;包装工作站专用于各种特技的处理;图形工作站专用于电脑图形如三维动画等的创作。

(3) 分布式网络。相互形成备份关系的相同的工作站所构成的网络。例如共享素材的不同工作站所构成的网络。在对流程要求不高的时候,简单的后期非编网络就形成了互备性的网络。非编站点之间形成了互备的关系。

---

[1] 杨晓宏. 数字电视节目制作技术[M]. 北京:国防工业出版社,2013:239~240.

四、网络化制播的典型流程

1. 网络化制播流程的特点

网络制播系统建成以后,节目从策划到素材采集、编辑、归档、演播、播出、存储、统计和结算都实现了数据化、网络化和流程化。所有的工作环节都是由系统根据预先制定好的策略来自动驱动,环环相扣,有效减少了因人为拖延和失误带来的流程延缓、中断。网络化制播工作流程的特点主要体现在以下几个方面:[①]

(1) 网络化节目生产。包括新闻类节目生产网络化、非新闻类节目生产网络化、演播共享网络化、收录网络化、播出分发网络化和媒体资产管理网络化。这些网络化系统为电视台日常生产提供了基础的生产平台。

(2) 网络化数据交换。包括制作系统与媒资系统之间的归档和调用、制作系统到播出分发网络系统的送播、收录网络系统到制作系统和媒资系统的数据迁移、制作系统与演播室的数据迁移等。这些系统之间的数据交换均可采用无磁带的文件交换方式,提高了数据的交换效率。

(3) 网络化信息沟通。电视台网络系统内部与外部技术系统之间的信息沟通,包括收录串联单、节目信息、文稿信息、串联单信息、审片意见、资料检索信息、编目信息、编目审核信息、资料归档/迁移信息、总编室节目单信息等,这些信息的电子流传递打通了全台网络系统内部以及与外部系统之间必要的信息沟通,为电视台业务流程化、网络化办公和作业奠定了基础。

(4) 网络制播系统。其中,设备硬件的通用性、设备功能的多样性和可升级性以及设备价位的市场调节性,大大降低了电视节目制作播出设备前期投入和后期维护成本。另外,在网络制播系统中,一般是根据节目制作的实际需要来进行设备的配置,可以将不同档次的非线性编辑工作站合理搭配,同时对周边的辅助设备进行集中管理,从而做到缩减总的设备投入,降低成本,优化整个系统。

综上所述,采用网络制播技术将多个非线性编辑工作站点联网,改变了编辑工作站单机工作的模式,这样就可以利用动态存储和高带宽共享等方式进行压缩或无压缩广播级视音频素材的实时存储、传输、共享。编辑、记者可以在多个工作站对同一区域、同一项目的同一素材的文件进行同时读写,对视频、音频、图形等素材进行同时编辑操作。这样既可以对系统提供多级别的保护,又大大地加快了节目制播工作的进程,还有效地提高了系统的安全可靠性,同时通过网络传送和播出,不再使用磁带进行交换,实现了全程无纸化。

---

① 徐威.数字电视网络制播技术[M].北京:中国广播电视出版社,2008:27.

2. 网络化制播的典型流程

新闻网络系统是网络化制播的一个最主要的应用,下面我们以一个典型的新闻节目制作流程为例,来说明网络化制播的工作流程。新闻网络化制播的流程,如图 9.2 所示。[①~③]

① 新闻流程从线索录入开始。主编确定新闻线索以后,由栏目记者认领形成选题。记者根据选题填写采访单发起采访任务。在系统中记者可以使用采访单编辑模块完成采访单的编辑和提交。记者填写采访单时,除了可以填写采访对象、采访日期、采访内容等基本信息外,还可以对所需的人员、设备等提出要求。

② 记者的采访单提交后,其上级领导即可对其进行审核。若采访单审核通过,则记者可以开始进行采访工作,记者按照提交的选题方向进行跟踪采访或者收集选题相关的素材/节目,也可通过检索媒资库查找存档素材或者收录子系统提交收录任务单得到相应素材/节目,同时此采访单被自动归档,不能对其再做修改。

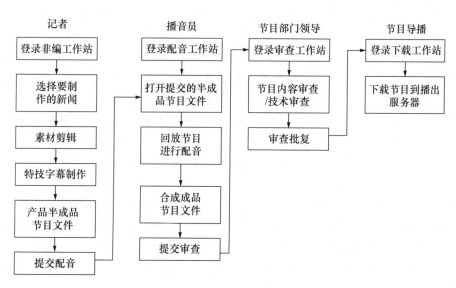

图 9.2 新闻节目制作网络化流程

---

① 孟群.电视节目制作技术[M].北京:高等教育出版社,2006:236.
② 徐威.数字电视网络制播技术[M].北京:中国广播电视出版社,2008:15~17.
③ 杨晓宏.数字电视节目制作技术.北京:国防工业出版社,2013.

③ 采访结束或得到与选题相关的素材、信息后，记者针对选题撰写新闻稿件，并提交责编进行审核。初审通过后可继续下一步，如果初审未通过，责编可直接对文稿进行修改，系统可将责编的修改意见和修改痕迹一并返回给记者，直到修改通过。

④ 初审通过以后，责编将稿件发送给值班领导终审，如果终审通过则进行下一步，如果没有通过则将稿件返回给记者修改，值班领导也可以添加修改意见或直接修改稿件，系统可将值班领导的修改意见和修改痕迹一并返回给记者，直到修改通过。

⑤ 责编在记者提交文稿初审的时候，就可以开始写串联单了，串联单由一条条节目组成，从串联单里可以看到详细的信息，以便责编准确掌握节目时长。完成串联单编辑以后交给值班领导审查串联单。

⑥ 值班领导审查串联单，如果串联单通过则保存到数据库，这时系统自动同步本地中心数据库到演播室播出系统数据库供播控工作站调用。如果未通过则将修改意见返回给责编修改，直到通过。

⑦ 准备素材，开始编辑视音频节目。素材来源可以是外出采拍的素材、卫星收录的素材和来自媒资库中存档的素材。

⑧ 在编辑工作站上对节目进行编辑，在进入编辑状态的时候，系统要求用户编辑选择将要制作的音视频文件与哪条文稿对应，然后在低码率工作站上对素材进行粗编，如剪辑打点、添加字幕等操作。在精编工作站上进行精编，如高码率剪辑打点、配音、添加字幕、制作特技等。看到的视频都是高质量视频，可输出到预监审看。

⑨ 可在文稿完成后配音，可以采用"音配画"模式，也可以采用"画配音"模式。

⑩ 视频节目制作完成以后提交审查，这时主编和值班领导在审片工作站上审查与播出完全相同的音视频文件和对应的文稿，审查通过的节目由合成服务器合成得到可供播出的 AVI 文件，如果没有通过可将对应的音视频文件和文稿退回给对应的记者和编辑，并可添加审查意见。审片可以审查时间线节目，也可审查合成后的视音频节目。

⑪ 播出系统接收到编辑制作子系统合成、审查完成的节目后，利用播出服务器进行播出。

第二节 网络化制播的关键技术

网络化制播系统是通过计算机网络、视音频及其他相关技术实现全台的节目制作、播出、存储及管理等业务功能,通过数据化、流程化和自动化处理达到优化工作流程、提高生产效率和管理水平的目的,通过标准、开放的接口实现内部系统之间及与外部系统之间的互联互通。网络化制播所采用的关键技术主要有网络架构、存储技术、服务器群集技术、压缩编码技术以及网络安全机制等。

一、网络化制播的网络架构

网络制播之所以能够发挥其资源共享、并行工作等作用,关键还是网络平台,其中网络架构是最为核心的部分。由于视频信号数字化后的数据量很大,即使压缩后仍然需要占据很大的带宽才能满足网络化制播实时传输的需要,为此,必须采用高速网络。在网络化制播系统中主要采用的网络架构有以下几种:

1. 基于 FC 技术的 SAN 结构网络

基于 FC 技术的 SAN 结构网络的特点是布网面积小,工作性质专一,适用于大批量高质量电视节目的制作。FC-SAN 非线性编辑系统的网络结构,如图 9.3 所示。[①]

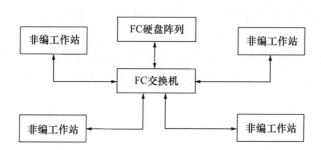

图 9.3　FC-SAN 非线性编辑系统的网络结构

利用 FC 技术构建的 SAN(Storage Area Network)网络,取消了服务器,位于 SAN 网络上的所有设备都处于平等地位,各个工作站可直接或通过 FC 交换机与 FC 硬盘阵列连接。利用光纤网络的宽带性能,网络上任意一工作站能以最快的速度访问 FC 硬盘阵列得到素材,可将共享硬盘当作用户端的本地硬盘

[①] 杨晓宏.数字电视节目制作技术[M].北京:国防工业出版社,2013:138~139.

来装载素材,避免服务器方式的瓶颈效应。用户可根据节目的不同要求,按不同的压缩比来存储素材。FC-SAN 网络结构具有高速度、大容量和高可靠性等优势。

2. 基于 FC 技术和以太网结合构建的双网架构的视频网络结构

在光纤通道(FC)—千兆以太网双网网络制播系统中,同样包含着有卡工作站和无卡工作站两种编辑站点,有卡工作站全部接在 FC 网上,无卡工作站接在以太网上。非线性编辑网应具有高低两种压缩比的双路采集功能。视频素材按两个压缩比同步进行采集,一路采用低压缩比(一般为 4∶1)进行采集,另一路采用高压缩比(一般为 30∶1)进行采集,高低两种压缩比的素材数据均存于 FC 硬盘阵列。由于采用了双路采集功能,网络系统中存在着两套完全对应但又有高低质量差别的数据流素材,低压缩比的素材用于有卡工作站上载、精编、审片、下载,高压缩比的素材用于无卡工作站粗编(脱机编辑)。有卡工作站和无卡工作站所编辑的素材的质量不同但内容完全相同,且两者的编辑软件具有相同的人机界面、操作模式和预演效果。在视频素材采集的同时,视频素材的指针文件也储存在网络管理服务器共享存储区域内,由网络管理服务器统一管理。这些指针文件包括上载素材的名称、素材类型、序号、时间、路径,还包括上载人员所在的栏目、权限等信息。在网络中低压缩比素材的数据量非常大,要实现实时传输,必须通过 FC 网,而素材的指针信息的数据量非常小,可以用以太网实时传输。有卡工作站实现素材上载、精编、审片、下载等功能时,直接访问 FC 存储设备中的数据。无卡工作站实现粗编功能时,通过以太网访问存储介质中的数据。这种网络结构可以满足有卡工作站和无卡工作站素材信息、EDL 码单共享、镜像编辑等需求。图 9.4 为光纤通道(FC)—千兆以太网双网网络制播系统的结构图。[①]

二、网络化制播的存储技术

目前在网络化制播系统中主要采用了 FC-SAN、IP-SAN、NAS 等网络架构,针对不同的网络架构,其使用的存储技术也有所不同。[②]

1. 网络附加存储

网络附加存储(Network Attached Storage,NAS)是一种专业的网络文件存储及文件备份设备,这种专用文件服务器去掉了通用服务器原有的大多数计

[①] 杨晓宏.数字电视节目制作技术[M].北京:国防工业出版社,2013:139~140.
[②] 徐威.数字电视网络制播技术[M].北京:中国广播电视出版社,2008:42~60.

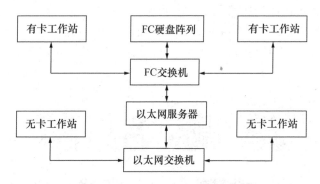

图 9.4　光纤通道(FC)—千兆以太网双网网络制播系统的结构

算功能,只提供文件系统功能。其集 IP 技术及 RAID 技术于一身,基于 LAN（局域网）,按照 TCP/IP 协议进行通信,以文件的 I/O（输入/输出）方式进行数据传输。在 LAN 环境下,NAS 已经完全可以实现异构平台之间的数据级共享,各种文件服务器及网络工作站都可透过网络直接存取 NAS 上的数据,比如 NT、Unix 等平台的共享。由于它不需要通过文件服务器,明显缩短了响应时间,充分利用网络的带宽,其拓扑结构如图 9.5 所示。[①]

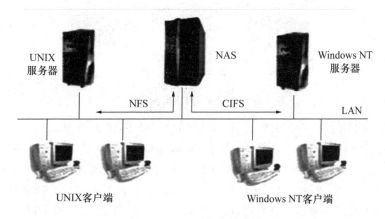

图 9.5　NAS 网络存储连接

2. 存储区域网络

存储区域网络(Storage Area Network,SAN)是一种通过光纤集线器、光纤路由器、光纤交换机等连接设备将磁盘阵列、磁带等存储设备与相关服务器连接

---

① 杨晓宏.数字电视节目制作技术[M].北京:国防工业出版社,2013:245.

起来的高速专用子网。SAN 是通过专用高速网络将一个或多个网络存储设备和服务器连接起来的专用存储系统。SAN 的文件系统是基于 LUN（Logical Unit Number，逻辑单元）的，由 SAN 存储交换机组成一个存储网络，如图 9.6 所示。

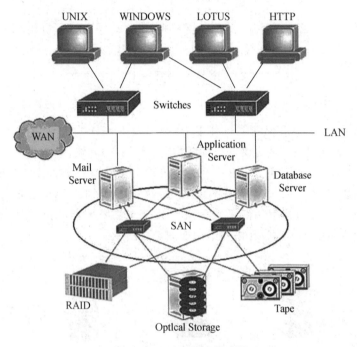

图 9.6　SAN 网络存储连接

　　SAN 由三个基本的组件构成：接口（如 SCSI、光纤通道、ESCON 等）、连接设备（交换设备、网关、路由器、集线器等）和通信控制协议（如 IP 和 SCSI 等）。这三个组件再加上附加的存储设备和独立的 SAN 服务器，就构成一个 SAN 系统。SAN 提供一个专用的、高可靠性的基于光通道的存储网络，SAN 允许独立地增加它们的存储容量，也使得管理及集中控制（特别是对于全部存储设备都集群在一起的时候）更加简化。而且，光纤接口提供了 10km 的连接长度，这使得物理上分离的远距离存储变得更容易，也使得数据的安全性和可用性大大提高。

　　（1）FC-SAN

　　FC-SAN 是基于光纤通道的存储局域网络。由于很多行业的信息系统对实时性要求非常高，业务 24 小时不间断，所以通常在设计网络存储系统时要充分考虑到链路的冗余。FC-SAN 通常以两台光纤交换机为核心构建 SAN 网络存储系统,两台 FC 交换机一用一备,其拓扑结构如图 9.7 所示。[①]

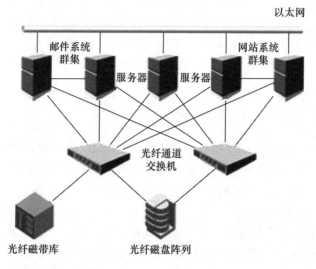

图 9.7　FC-SAN 网络存储连接

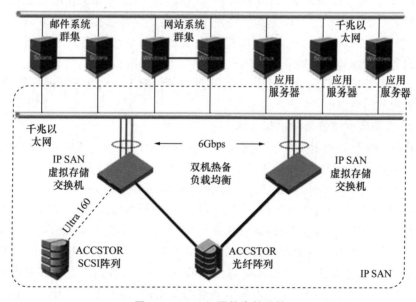

图 9.8　IP-SAN 网络存储连接

---

① 杨晓宏.数字电视节目制作技术[M].北京:国防工业出版社,2013:245～246.

(2) IP-SAN

IP-SAN 是基于 iSCSI 技术组建的存储区域网络。作为一种 SAN 技术,它没有 FC 那样的高昂成本和复杂性。它基于标准的 IP 网络基础架构 Ethernet 或 iSCSI 协议来执行存储任务。相比较于 FC SAN 而言,iSCSI 技术支持 TCP/IP 协议,可以使用传统的以太网交换机搭建 SAN,成本低,其拓扑结构如图 9.8 所示。

三、网络化制播的服务器群集技术

服务器群集技术是网络制播系统中的关键技术,为数据库、MDC 以及中间件、Web 服务器等提供了一个稳定安全的运行平台,使得网络制播系统的整体性能及安全性有了极大的提高。[①]

1. 服务器镜像技术

服务器镜像技术是将建立在同一个局域网之上的两台服务器通过软件或其他特殊网络设备(比如镜像卡)将两台服务器的硬盘做镜像。其中,一台服务器被指定为主服务器,另一台为从服务器。客户只能对主服务器上的镜像的卷进行读写,即只有主服务器通过网络向用户提供服务,从服务器上相应的卷被锁定以防对数据的存取;主/从服务器分别通过心跳监测线路互相监测对方的运行状态,当主服务器因故障宕机时,从服务器将在很短的时间内接管主服务器的应用。服务器镜像技术的特点是成本较低,提高了系统的可用性,保证了在一台服务器宕机的情况下系统仍然可用,但是这种技术仅限于两台服务器的群集,系统不具有可扩展性。

2. 应用程序错误接管群集技术

应用程序错误接管群集技术是将建立在同一个网络里的两台或多台服务器通过群集技术连接起来,群集节点中的每台服务器各自运行不同的应用,具有自己的广播地址,对前端用户提供服务,同时每台服务器又监测其他服务器的运行状态,为指定服务器提供热备份作用。当某一节点因故障宕机时,群集系统中指定的服务器会在很短的时间内接管故障机的数据和应用,继续为前端用户提供服务。错误接管群集技术通常需要共享外部存储设备——磁盘阵列柜,两台或多台服务器通过 SCSI 电缆或光纤与磁盘阵列柜相连,数据都存放在磁盘阵列柜上。这种群集系统中通常是两个节点互为备份的,而不是几台服务器同时为一台服务器备份,群集系统中的节点通过串口、共享磁盘分区或内部网络来互相

---

① 徐威.数字电视网络制播技术[M].北京:中国广播电视出版社,2008:72~73.

监测对方的心跳。错误接管群集技术经常用在数据库服务器、MAIL 服务器等的群集中。这种群集技术由于采用共享存储设备,所以增加了外设费用。它最多可以实现 32 台机器的群集,极大地提高了系统的可用性及可扩展性。

3. 容错群集技术

容错群集技术的一个典型的应用即容错机,在容错机中,每一个部件都具有冗余设计。在容错群集技术中群集系统的每个节点都与其他节点紧密地联系在一起,它们经常需要共享内存、硬盘、CPU 和 I/O 等重要的子系统。容错群集系统中各个节点被共同映像成为一个独立的系统,并且所有节点都是这个影像系统的一部分。在容错群集系统中,各种应用在不同节点之间的切换可以很平滑地完成,不需切换时间。容错群集技术的实现往往需要特殊的软硬件设计,因此成本很高,但是容错系统最大限度地增强了系统的可用性,是财政、金融和安全部门的最佳选择。

4. 并行运行和分布式处理技术

这种技术与其他群集技术有点不同,它是用来提高系统的计算能力和处理能力的,在这种群集系统中,向系统提交应用被分配到不同的节点上分别运行,如果提交系统的是一个比较大的任务,系统将把它分成许多小块,然后交给不同的节点去处理,这与多处理器协调工作有点相像。

5. 可连续升级的群集技术

这种群集技术提供了可连续升级的能力,是前几种技术的一个组合。在这种群集系统中通常有一个负责管理整个群集系统的中央节点,它将用户的请求分配给群集系统中的某个节点,然后这个节点将直接通过 Internet 网络向用户提供服务。在群集系统中每一个节点都互为备份,包括中央节点,它在完成向群集节点分配任务的同时,也向用户提供服务,一旦中央节点宕机,系统将自动推举一个节点为中央节点,来接管它的全部应用。这种可连续升级的群集系统通常只需简单设置就可以添加或移除一个节点,使用管理比较简单。通常用在 Web、MAIL、FTP 等服务上。

四、网络化制播的压缩编码技术

压缩编码技术的关键就是要解决好图像与声音信号数字化后的数据量与图像、声音质量之间的矛盾。当今国际上比较流行的数字图像压缩标准主要分为两类:静止图像压缩编码标准和活动图像压缩编码标准。静止图像主要是指对静止的图片、文字等信息扫描后所获得的图像,其压缩标准主要有传真机中广泛采用的 JBIG 标准和对彩色图像适用的 JPEG 标准;活动图像是由在时间上连续的多幅图像构成,对活动图像的压缩标准比较多,主要有在会议电视系统中使用的 H.263、H.264 标准、用于图像信息存储的 MPEG-1 标准、用于标准清晰度和高清晰度数字电视的 MPEG-2 标准,以及 MPEG-4、Motion-JPEG、D-VHS、DV 标准等,在制播网络系统中常见的压缩方式主要有:MPEG-2、MPEG-4、DV、H.264 等。具体内容参见本书第一章第三节视音频信号压缩编码标准。

五、网络化制播的安全机制

网络制播系统必须保证网络的可靠性、数据的安全性和运行的稳定性。整个系统应采用成熟稳定可靠的技术和设备,应具有检错、纠错能力,并具备完善的应急方案,且应急操作应安全、快捷,备份系统要有独立性,防止主系统出故障时对备份系统造成影响。系统运行过程中的各关键因素要有严格的监控和管理手段,确保网络 7×24 小时无故障工作。下面从技术安全和维护安全两方面介绍网络制播的安全机制。①~③

1. 技术安全体系

(1) 数据级安全

采用分布式数据库和文件系统设计,在制播网络系统中根据实际应用需求部署冗余数据库系统和文件系统,分散数据风险,减轻访问压力。对核心数据库和文件系统采取本地备份和远程自动备份相结合的方式,并具备高可靠灾难恢复功能。采用多个分布式、虚拟化存储,实现对媒体数据的生命周期管理,确保存储系统对制播网络系统具有很好的支持能力。

(2) 媒体数据安全

媒体数据的存储采用备份策略自动备份到备份存储中,避免单存储体故障导致的素材丢失;媒体数据的存储采用 RAID 数据校验;媒体数据的访问以及删除采用严格的权限管理。

(3) 管理数据及元数据安全

管理数据及元数据存放在独立的硬盘阵列中,并且硬盘阵列采用双控制器、双风扇、双电源;管理数据及元数据在硬盘的存放采用 RAID 镜像存储,即使硬盘故障也能保证数据完全不丢失;数据库采用专业的备份软件实现数据备份及恢复。

---

① 徐威.数字电视网络制播技术[M].北京:中国广播电视出版社,2008.
② 徐济众,朱爱华,卜静燕等.电视台媒体资产管理网络系统中的节目技术质量控制和管理方法[J].广播与电视技术,2011(7).
③ 徐国耀.电视台网络化制播系统的技术及应用[J].视听界(广播电视技术),2011(4).

(4) 设备级安全

对于关键设备,如存储阵列、关键服务器、交换机等,应采用双机或多机热备技术手段加以保障,实现智能检测、自动切换,以确保制播网络系统的稳定运行。同时,根据制播网络的应用特点和技术实现的可行性,也应考虑关键设备采用质量好的硬件系统平台和稳定可靠的应用服务器软件平台。

(5) 存储体安全

中心存储系统关键设备均采用冗余配置,双电源、冗余风扇、双控制器;中心存储体采用 RAID 数据保护;提供热备和校验硬盘,同时提供冷备磁盘,当发生硬盘故障时,可以及时采用备份硬盘替换故障硬盘;对中央存储体进行近线数据流磁带库备份。

(6) 服务器安全

服务器集成 RAID 控制器,系统硬盘和数据硬盘采用 RAID1 方式;服务器采用冗余电源、冗余风扇的设计模式;所有的关键服务器全部采用双机配置,并实现双机热备份、热倒换;数据库服务器采用更高安全级别的操作系统,如 Unix 和 Linux;与交换机的连接采用冗余链路,避免单条链路故障导致的服务器访问失败。

(7) 工作站安全

网络中工作站点的安全性。一方面,主机本身的稳定性以及与各种板卡使用的兼容性是一个很重要的因素;另一方面,工作站点软件的稳定性,包括各个非线性公司自主开发的编辑和网络管理软件。所有应用端软件均具备断电保护功能,避免意外情况下文件的丢失。

(8) 备份系统设计

在网络系统方案设计中,根据投资和规模大小,应设计相应的备份系统,对于广播电台的制播系统来说,应至少设计有最小备份系统,最小备份系统是保证整个应用系统在一定时间段内仍能提供基本服务的最小备份系统,其主要是为节目的安全播出作应急备份。

(9) 系统互联安全性设计

网络系统的安全既要从本局域网的角度考虑,还要综合考虑全台的其他业务整合,以适应未来电台的需要。为了保证整个网络的安全,在设计和实施上既要考虑网络系统的物理隔离,又要使其与其他网络系统有一个安全的接口,以实现制作网络系统与采编网络系统或外网系统连接,实现数据的交互。

(10) 防火墙的应用

防火墙是指在不同网络或网络安全域之间的一系列部件的组合。它是不同网络或网络安全域之间信息的唯一出入口,能根据制定的安全策略,控制(允许、拒绝、监测)出入网络的信息流,是提供信息安全服务、实现网络和信息安全的基础设施。

防火墙从实体上一般分为硬件防火墙和软件防火墙,软件防火墙只有包过滤的功能,硬件防火墙中还有软件防火墙以外的其他功能,如 CF(内容过滤)、IDS(入侵侦测)、IPS(入侵防护)以及 VPN 等功能。有条件的电台,可根据自身情况和实际需求安装适合的防火墙,提高网络安全的等级。

(11) 安全隔离网闸的应用

广播电台制播网是广播台网内安全等级最高的功能网,它与综合业务网、广播门户网等功能网实现网间互联,可考虑使用经国家保密工作部门和广电总局认定的"安全隔离网闸"。"安全隔离网闸"能使广播制播网或者外部其他功能网间不存在通信的物理连接、逻辑连接、信息传输命令、信息传输协议,不存在依据普通协议的信息包转发,在物理上隔离、阻断了已知和未知的网络潜在攻击,可提高广播制播网等高安全级别功能网与其他功能网互联时的安全性。

(12) 网络设备管理及监控

网络管理软件不但要提供存储及素材管理、日志管理、权限管理等功能,也需要提供对设备的配置管理及监控功能。用户可以通过图形化的操作界面直接定义设备属性以及设备连线、控制连线等,并能够实时通过该图形化界面检测系统设备状态、数据传输状态以及控制连线状态等,大大方便了系统的设备管理,直观的图形化界面更利于网络管理员进行故障排除。

(13) 维护安全体系要点

制播网络系统运维是整个网络安全、无故障运行的保障,运维工作要坚持"保证质量、降低成本、提高效率、保障支撑"的方针,通过建设完善的业务服务响应支撑体系,实现业务服务响应支撑工作的制度化、规范化和体系化。

(14) 播出的安全

播出在电视台是一个非常重要的环节,所以必须高度重视播出的安全性。通过如下的一些措施可以使得播出的安全性得到一定的保障。首先,要把播出系统和编辑制作系统分开,尽量降低制作系统对播出系统的影响;使用 RAID5 容错硬盘阵列,提高硬盘的安全性;使用专业的工控机箱,使系统的抗震性和散热性得到改善;其次,采用双机备份方法,使用两台播出机同步播出,或由备播机监控主播机的播出状况,出现故障时,自动切换为备份播出,再者,采取应急处理措施,在紧急情况下,播出备份应急节目或相应高压缩比素材节目。

（15）电源的保障

从总配电房采用单独的地缆供电，播出机房使用分体式可相互备份的标准抽屉供电分盘，任何一路出现故障均可抽出互换，对视频服务器系统除串联UPS电源外，还应通过双刀倒换开关将市电引接至视频服务器系统，以保证UPS出现问题时可用市电供电。

2. 维护安全体系

（1）规范各种操作及流程

制定运维操作规范和流程。运维人员要严格按照操作规范和流程进行运维，并具有特定的审核机制。主要包括：技术层面的沟通制度及流程、设备维修制度及流程、应急处理流程、问题的跟踪制度及流程等各种操作规范和流程，以保证运维服务体系化、规范化。

（2）制定严格的值班制度

制定严格的运维值班制度及惩罚措施，记录并总结运维值班日志，保证巡检质量，建立运维组内部培训计划，做到竞优上岗制度，保证网络运维服务的质量。

（3）建立运维知识体系

建立网络的运维知识库，保证出现问题有据可查，同时也为以后出现相同问题提供了快速解决方法，提高运维服务的质量和效率。其中包括系统配置规格说明书、使用说明书、系统安装说明书、系统故障处理手册等说明性文档。

（4）系统日常维护机制

① 磁盘的动态管理。由于在网络中有多个部门、多个栏目进行节目制作，为了保证网络的有效运行，必须对各部门、栏目的磁盘使用空间进行管理。网络系统应提供动态的磁盘分配功能，系统管理员可以随时对各部门、栏目的磁盘使用情况进行管理，并实现动态的分配。

② 系统的日志管理。严格的日志管理功能，为电台的制播网络系统管理提供了很好的手段。系统应详细记录用户在登录之后的所有操作，主要包括人员登录情况、素材删除记录、操作记录、节目编辑记录、设备使用记录等内容。网络管理员可以对这些日志记录进行删除。

③ 访问安全管理。系统通过严格的用户认证管理和授权管理，限定系统的使用人员和人员的权限，来保证登录系统的人员的合法性和权限的分级性，保护系统的安全。软件采用三层体系结构设计，将数据与程序、数据控制与应用逻辑分层独立管理，能更严格地控制信息访问。通过物理隔断以及限制访问列表，限制对关键服务器的非法访问。

第三节 网络化制播应用系统

对于网络化制播的应用从节目生产管理系统、视频网络制作系统、音频网络制作系统、节目收录系统、播出系统、广告串片播出系统、媒体资产管理系统七个方面介绍。

一、节目生产管理系统

节目生产管理系统是全面实现网络化制作、播出、存储、交换的信息传递和业务流转的技术平台,也是电视媒体科学计划、规范管理、降低成本、提升质量的管理平台,更是覆盖了节目生产和节目管理全流程的、能够适应电视媒体业务发展和组织机构变化的可扩展平台。[①]

节目生产管理系统涉及节目生产的各个环节,其中包括节目规划、节目制作、节目内容审查、节目技术质量审查、节目编排、节目备播、节目播出、节目收视统计与评价、节目和素材远程网络下载管理、节目资料有偿使用计费管理、节目播后管理、节目资料保存及再利用等。节目生产管理系统将网络化制作系统、播出系统、交换/存储系统、媒资系统以及财务、人事、物资系统的各类应用数据按照一定的方式串联起来,依据一定的策略相互传递,实现了网络化制播系统的信息交互,打破了节目生产的各类数据孤立管理的局面,为规范节目生产流程、合理配置资源、减少成本投入、提高工作效率提供了便利。

1. 节目生产管理系统的组成

各个电视台的生产流程和组织机构都不尽相同,但一般都由生产管理、辅助管理、运营管理和技术资源管理四个子系统组成。[②]

（1）生产管理子系统

生产管理子系统是整个节目生产管理系统的核心部分,主要涵盖了节目规划与生产管理两个环节,是整个节目生产管理系统中的核心部分。其主要功能包括节目规划管理、节目选题管理、栏目管理、节目代码发放管理、节目经费预算管理、生产流程管理、节目质量管理、节目版权管理等。

（2）辅助管理子系统

辅助管理子系统负责整个节目生产流程的播后管理阶段以及整个生产过程中的基础支持部分。其主要功能包括：台外专题片管理、引进节目管理、节目播

---

① 徐威.数字电视网络制播技术[M].北京:中国广播电视出版社,2008:119～141.
② 同上。

出统计、节目综合评价、观众信息反馈、节目评奖管理、节目磁带管理、工作协同等。

(3) 运营管理子系统

运营管理子系统主要负责节目的播出业务和节目制作过程中栏目组内部的资源管理。其主要功能包括节目编排管理、编后总结、节目入库/备播管理、现场直播管理、经费管理、人力资源管理等。

(4) 技术资源管理子系统

技术资源管理子系统主要负责节目制作资源业务的管理。其主要功能包括:资源计划、技术设备调度、机房设备计费管理、服装及道具管理、舞美业务制作管理、设备基础资料管理、技术资源生产能力分析以及流程模型等。设备基础资料管理、技术资源生产能力分析等,都需要从网络化制播系统中采集数据,形成统计分析报表。

2. 节目生产管理系统的流程

节目生产全流程如图 9.9 所示。

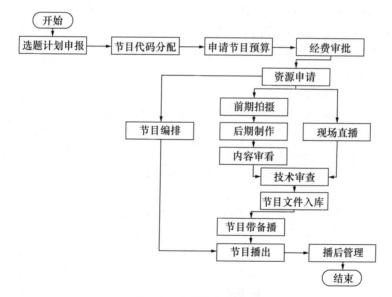

图 9.9 节目生产全流程

为了便于说明,我们将节目生产流程划分为四个阶段:[1]

(1) 计划阶段。在计划阶段的主要工作有节目规划、栏目规划、选题确定、

---

[1] 徐威.数字电视网络制播技术[M].北京:中国广播电视出版社,2008:119~141.

生产流程确定、资源计划等。

（2）生产阶段。在生产阶段的主要工作有生产流程监控、节目质量监控、版权管理、台外专题片管理、引进节目管理、经费管理、技术资料调度、机房设备计费管理、服装及道具管理、舞美业务管理等。

（3）入库播出阶段。在入库播出阶段的主要工作有节目文件管理、播出节目编排、节目备播、现场直播、经费管理等。

（4）播后管理阶段。包括版权管理、节目播出统计、观众反馈信息、节目综合评价、节目评奖管理、编后总结等。

二、视频网络制作系统

视频网络制作系统对电视台后期节目制作起到非常重要的作用。它完全打破了以往由录像机、N对1线性编辑系统的传统编辑模式和非线性编辑系统各个工作站孤立进行的模式，把串行工作方式改为并行工作方式，实现了节目资源共享，提高了节目编辑质量和效率。

1. 视频网络制作系统的构成

典型的视音频网络制作系统一般由专业化应用系统、文件共享系统、核心服务器、网络架构、存储设备、传统视频设备和其他设备等构成，如图9.10所示。[①]

（1）专业化应用系统

专业化应用系统主要包括：

① 线性编辑系统。采用编解码技术，支持多格式混编，功能强大，软特技资源丰富，扩展性好。

② 专业音频处理系统。这是新闻配音、后期录音，或者专业级的音频特效处理的工作站，它支持多种第三方音频工作站的文件交换，支持高规格音频采样和量化。

③ 上下载系统。集中的上下载可以实现资源最优化配置。

④ 审片系统。为节目审片环节专门设计的工作站系统。

⑤ 桌面编辑系统。和非线性编辑功能一致，但不需要音视频板卡。

⑥ 转码打包系统。处理转码任务的核心单元，负责接受转码任务，实现视音频编解码、文件传输、元数据交换等工作。

⑦ 管理监控系统。提供对整个网络中的用户认证、账号管理、业务关系、存储路径、存储策略、角色配置、时段管理、状态监控、收费管理、日志查看、统计分析等一系列管理功能。

---

① 徐威.数字电视网络制播技术[M].北京：中国广播电视出版社，2008：142～161.

第九章 网络化节目制播技术

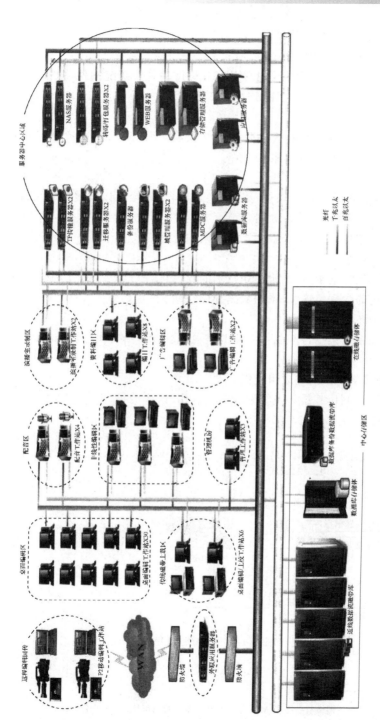

图 9.10 典型的视音频网络制作系统构成

(2) 文件共享系统

网络视频制作系统的一个重要特点就是资源共享,为了实现 SAN 上的数据共享,目前国内外广电行业经常使用 SAN 共享文件系统软件,包括 SANergy、SNFS、ImageSAN、CXFS、IBMSANFS 等。

(3) 核心服务系统

视频网络化制作系统的核心服务器主要有:MDC/MDS 服务器、DC 服务器、Web/应用服务器、数据库服务器等。

(4) 网络架构

网络架构指网络中的交换机、路由器、适配器、转换器以及线缆。可以根据需要建立百兆以太网、千兆以太网乃至万兆网络。其构架常见的有:纯 FCSAN 架构、FCSAN 架构和 NAS 架构、IPSAN 架构等。

(5) 存储设备

存储设备包含基于 NAS、iSCSI 技术的存储区,FC 或者 SCSI 的磁盘阵列,可以提供高速的数据传输、海量的数据存储空间。

(6) 传统视频系统

传统视频系统包括视频制作必要的监视器、监听音箱、视分器、卫星接收机、视音频线缆等。

2. 视频网络制作系统应用流程

视音频网络制作系统涉及策划、准备、制作、广告编排、送播等各个环节。[①]

(1) 报题策划(如图 9.11)

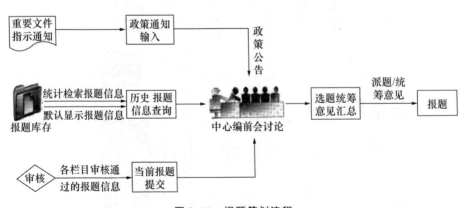

图 9.11 报题策划流程

---

① 徐威.数字电视网络制播技术[M].北京:中国广播电视出版社,2008:157~160.

(2) 采访拍摄阶段(如图 9.12)

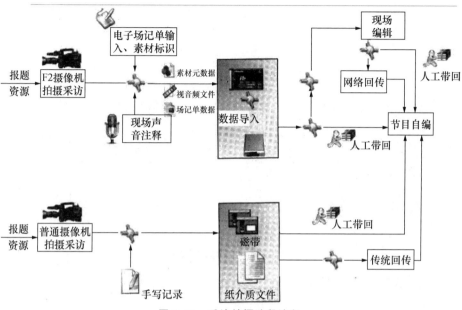

图 9.12　采访拍摄阶段流程

(3) 节目粗编(如图 9.13)

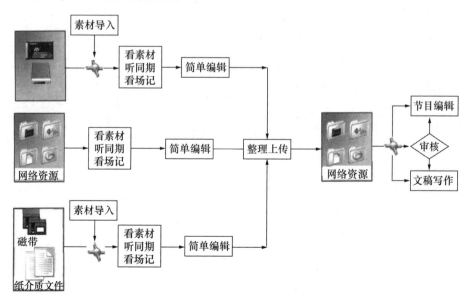

图 9.13　节目粗编流程

(4) 节目编辑(如图 9.14)

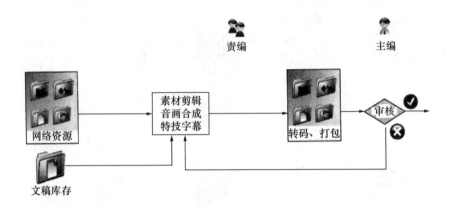

图 9.14 节目编辑流程

(5) 节目配音(如图 9.15)

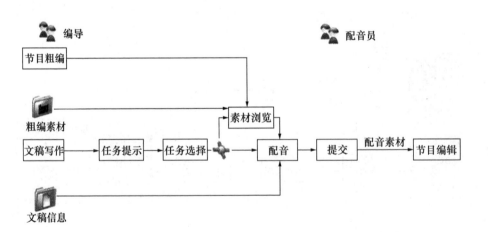

图 9.15 节目配音流程

(6) 演播室录制(如图 9.16)

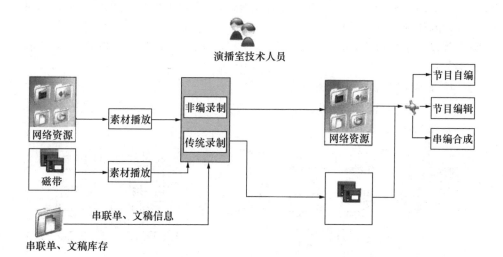

图 9.16 演播室录制流程

(7) 广告编排(如图 9.17)

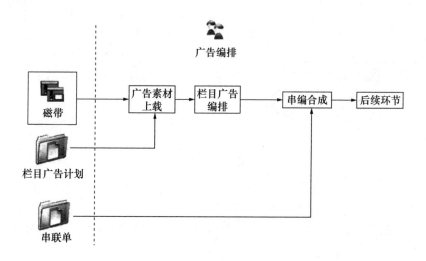

图 9.17 广告编排流程

三、音频网络制作系统

传统的音频制作是基于磁带的线性编辑,后来有了单机的音频工作站,大部分音频制作通过音频工作站进行,并且通过上下载,使用磁带进行交换。音频网络化制作系统的建立,可以使各个音频制作机房之间实现资源共享,提高工作效率。

1. 音频网络制作系统的组成

音频制作网可以分为网络管理部分、中央存储部分以及音频工作站部分等。网络拓扑如图 9.18 所示。①

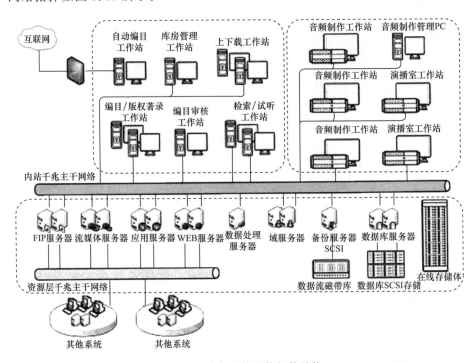

图 9.18 音频制作网络拓扑结构

(1) 网络管理部分

网络管理部分主要有服务器、以太网交换机、数据库等。由于音频数据量较小,在网络架构中一般使用千兆以太网;数据库服务器要求稳定、安全、可靠。

---

① 徐威.数字电视网络制播技术[M].北京:中国广播电视出版社,2008:161~194.

(2) 中央存储部分

中央存储的内容主要有音乐资料库中的音乐资料、音频制作的资料等。音频网络制播系统目前比较成熟的存储架构有：磁盘阵列（在线高低码率）＋光盘库（近线高码率）＋介质库房（离线）和磁盘阵列（在线高低码率）＋数据流磁带库（近线高码率）＋介质库房（离线）两种构架。

(3) 音频工作站

音频工作站主要由 I/O 模块、逻辑运算模块、存储单元模块、控制和同步模块等组成。

(4) 应用服务器

音频制作网络系统集成了众多的应用，如对外的数据交换、提供浏览服务、版权管理的水印叠加、数据迁移等，这些需要应用服务器支持完成。

2. 音频网络制作的工作流程

音频制作信息集成软件应用的模型如图 9.19 所示。

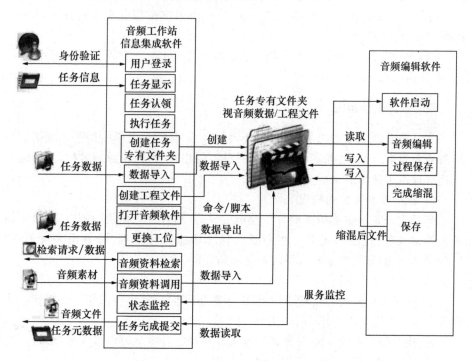

图 9.19　音频制作信息集成软件应用模型

(1) 用户登录。用户在信息集成软件上登录，通过信息集成软件和 LDA 的接口实现统一身份认证。

（2）任务显示、浏览。登录后，信息集成软件就会显示该用户所被分配的任务、可认领任务。

（3）任务执行。用户打开任务，信息集成软件则会根据任务状态来响应。

（4）音频资料检索。在编辑过程中，用户可以使用信息集成软件上的、与音频资料库紧密结合的音频资料检索、试听功能，随时下载调用音频资料库中的素材。

（5）音频编辑过程保存。编辑过程中途保存，确认下次无须更换编辑工作站，则可直接保存退出。

（6）更换工作站保存。编辑过程中确认下次编辑需要更换工作站，则提交更换工作站申请，信息集成软件则会将本地编辑的半成品复制到网络存储，以保证下次更换工作站后可获得完成编辑的数据。

（7）音频编辑完成缩混提交。编辑完成后提交给系统之前，由音频编辑软件完成缩混工作，并在信息集成软件上进行结果提交。

（8）最终完成提交。上述工作完成之后，由用户在信息集成软件上将任务提交下一阶段。

（9）任务状态显示。在工作期间，信息集成软件会一直反馈当前任务的状态，以便其他用户查询。

四、节目收录系统

节目收录系统主要担负各种视、音频信号采集录制，向网络制播系统提供其所需的各类素材，并能兼容各种接口、各种不同格式、不同来源的素材，为后续工艺流程提供可使用的素材文件。

1. 节目收录系统的构成

节目收录系统主要包括部分分控调度设备、综合接收系统（IRD）、节目录制服务器以及存储设备，还有一些必要的管理功能的计算机、网络相关设备，图9.20为常见的节目收录网络系统拓扑结构图。[1]

（1）主要应用系统

① 视频录制系统。支持 ASI、SDI、模拟等不同视频信号采集。支持输出多种文件格式，支持多码率同时采集。

② 简单编辑系统。对采集完成的文件素材进行简单的再加工和处理，剪切掉一些不必要的内容。

③ 转码打包系统。处理转码任务的核心单元，负责接收转码任务，实现视

---

[1] 徐威. 数字电视网络制播技术[M]. 北京：中国广播电视出版社，2008：194～216.

第九章 网络化节目制播技术

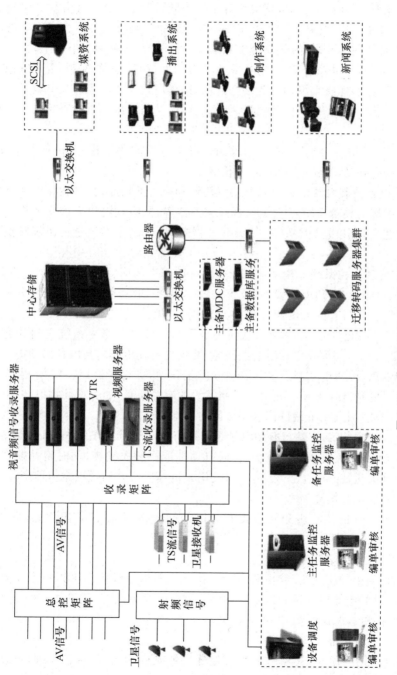

图 9.20 收录网络系统拓扑结构

音频编解码、文件传输、元数据交换等工作。同时为支持无卡工作站的浏览和编辑,还要将高码流文件转码为 MPEG-4 800 KB 的低码流文件。为满足素材即时收录、即时使用的要求,转码功能在收录素材开始收录 30 秒后自动启动。此外,为了满足新闻的时效性,充分发挥非线性编辑为新闻带来的便利,要求收录素材实现分段收录,即将素材切分为多个片段,这样用户在整段素材没有收录完毕前就可以对已收录的素材进行编辑和使用。同时转码系统具有检查黑场与坏帧的功能。

④ 任务编单系统。对提交的录制任务进行智能化编排,并进行路由安排,可以实现全自动或者手动确定收录任务。

⑤ 设备控制系统。主要承担协议转换和路由的功能,控制工作站通过串口协议可连接的设备有矩阵、VTR、视频服务器等,同时通过以太网交换机与其他工作站连通,调度矩阵、VTR、视频服务器时,由控制工作站进行协议转换和命令转发。

⑥ 管理监控系统。提供对整个网络中的用户认证、账号管理、业务关系、存储路径、存储策略、角度配置、时段管理、状态监控、收费管理、日志查看等一系列管理功能。还具有强大的监控管理、统计分析功能。

⑦ 系统消息网关。系统消息网关是录制系统与共享主系统之间的通信中枢,用于与共享主系统之间的信息传播,接收主系统传来的台内各部门提出的电子约传信息,传递给录制系统的路由安排工作站,进行录制路由安排,生成用于系统收录的录制任务单。同时将录制系统的有关信息,如关键帧抽取结果、录制任务单处理状态、简单编目信息等传回共享主系统。

⑧ 自动编目工作站。有的收录系统还有自动编目工作站,使用自动编目软件,利用先进的关键帧抽取技术,实时自动抽取视频关键帧,同时将抽帧结果通过消息网关送往共享主系统,为素材使用人员提供有效的视频索引信息。

(2) 核心服务器系统

收录系统的核心服务器主要有:MDC/MDS 服务器、DC 服务器、WEB/应用服务器、数据库服务器等。

(3) 以太网设备

指网络中的交换机、路由器、适配器、转换器以及线缆。可以根据需要建立百兆以太网、千兆以太网乃至万兆网络。其构架常见的有:纯 FCSAN 架构、FC-SAN 架构和 NAS 架构、IPSAN 架构等。

(4) 存储设备

包含基于 NAS、iSCSI 技术的存储区,FC 或者 SCSI 的磁盘阵列,可以提供高速的数据传输和海量的数据存储空间。

（5）数字信号接收设备

包含节目收录领域必要的监视器、监听音箱、视分器、A/D 或 D/A、矩阵、卫星接收机、视音频线缆等。

2. 节目收录系统的工作流程

① 在网络其他工作站上可以通过收录管理系统软件，进行收录节目的申请。

② 收录计划编排工作站根据收录申请以及收录计划，进行收录计划的编排。

③ 收录控制工作站实时监控收录工作站的工作状态，如果其中的某台工作站出现故障，控制工作站可以调度其他收录工作站接管收录工作，避免因为某台收录工作站的故障，影响收录节目的完整性。

④ 收录工作站在收录节目的同时进行自动转场分析，并自动提取关键帧，完成一次编目，将相关信息存入数据库。

⑤ 通过得到矩阵、接收机等设备的控制接口协议，对这些设备实现控制。由于矩阵的控制协议十分简单，所以只要知道控制端口的协议就可以在很短的时间内完成开发工作。

五、播出系统

播出系统是网络制播体系中的重要组成部分，播出系统采用视频服务器设备，利用数据存储技术，通过计算机控制管理、网络传输信息，自动控制视频服务器播放、切换台切换，实现自动播出。[①]

1. 播出系统的基本组成

（1）信号源

信号源是播出系统的源头。信号源包括已经制作完成的成品电视节目、直播节目、广告节目以及字幕、台标时钟和测试信号等。

① 视频服务器信号。视频服务器输出的节目信号是已经制作完成的成品节目。成品节目从媒体资产管理节目库迁移到缓存区，再迁入到视频服务器。视频服务器根据播出程序，依次播放节目。

② 直播信号。直播节目分为演播室直播节目和现场直播节目。演播室直播节目，信号直接从演播室传输到播出系统；现场直播节目，信号通过卫星或者微波传输到总控机房，总控机房进行卫星或微波接收，对信号进行处理，再将信号送到播出系统。

[①] 徐威.数字电视网络制播技术[M].北京：中国广播电视出版社，2008：216～232.

③ 广告节目。广告节目来自广告视频服务器。广告节目播出程序的编制，通常由专门的系统控制。

④ 字幕。字幕来自字幕机，字幕机用来在视频信号上叠加图文字幕。

⑤ 台标时钟。台标发生器产生台标和时钟信号。

⑥ 测试信号。测试信号通常是由切换台产生。音频测试信号由音频测试信号发生器产生。

⑦ 同步信号。同步信号由同步机产生。播出系统中要求所有的信号源进行同步信号锁定，以使信号同步一致。

(2) 控制系统

控制系统运用计算机对节目播出进行自动控制，将播出节目信号源按照节目播出时间顺序编成播出程序，计算机根据播出程序自动控制相关设备运行。

控制系统按照播出程序提前 10 分钟开始对受控设备进行检查，播出前 10 秒再对设备进行检查，0 秒时发出启动、播放、切换等指令，在节目播出过程中计算机始终对播出设备进行监控，记录设备运行状态和播出数据。

从播出前的播出节目单、播出程序直到播出控制指令、设备的每个动作、设备运行数据，控制系统逐一记录并且存档，形成一个完整的播出数据。

(3) 切换系统

切换系统包括切换台、视音频矩阵、视频处理器等设备。切换台是切换系统的核心设备，播出节目的信号源通过切换台输出。在全自动播出系统中，切换台根据播出程序自动完成切换、加键等动作，切换台主要对服务器、演播室、外部直播信号以及字幕、测试信号等视、音频信号进行切换，叠加台标、字幕等信号。

(4) 应急系统

应急系统是保证播出系统安全、优质、正常运行的保障。

① 视频服务器。这是播出系统的主要信号源，一般配置主、备两套设备，存储同样的节目内容。主路出现问题，可以倒换到备路输出。

② 16×1 矩阵。由于切换台没有双备份，应急系统采用 16×1 视、音频矩阵实现切换台的备份。播出系统中的每一路信号源通过分配器分配出多路，其中一路信号接到切换台，另一路接到 16×1 矩阵。当切换台出现故障时，16×1 矩阵立刻代替切换台，切换到正在播出的信号。

③ 输出通道。这是播出系统的最后环节，输出通道分为主备两路，每路输出末端经过一个末级分配器，末级分配器的作用是分配出一路信号，能够进行监看监听、监视播出信号。末级分配器是整个播出系统的最后瓶颈，如果末级分配器出现问题，只能在末级分配器的前后跳线板上进行跳线处理。

(5) 节目存储

在播出系统中设置缓存区,播出系统中所有备播的节目,临时存放在缓存区。缓存区相当于播出系统节目备播库,它将准备播出的节目转码迁移到节目缓存区,从缓存区再直接接入播出服务器,进行播出。

(6) 视频服务器

视频服务器是播出系统的核心设备。视频服务器主要功能是压缩编码、存储和数据处理。

(7) 网络架构

播出系统的网络架构一般采用双网架构、光纤网架构和以太网架构。

2. 播出系统工作流程

(1) 播出流程

节目播出从节目编排开始,到播出节目单生成,播出表生成,最后节目播出,形成完整的播出流程,如图 9.21 所示。

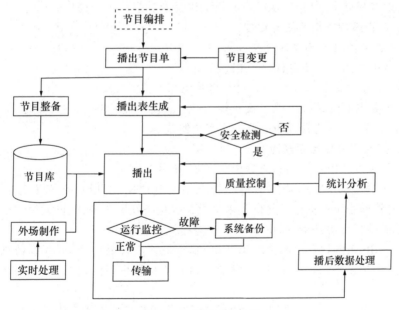

图 9.21 节目播出流程

(2) 播出单发送

播出单是指导节目播出的依据,播出系统根据播出单编制播出控制程序,存储系统根据播出单迁移节目。播出单发送面向多个系统,如发送给节目制作系统、播出系统、总控系统、媒体资产管理系统等。

六、广告串片播出系统

广告串片播出系统主要完成广告节目的串片和播出,它可以是网络化制播的一部分,也可以是一个相对独立的系统。[①]

广告串片播出系统通常由三大部分组成:MIS 管理系统、广告播出素材管理系统、广告硬盘控制系统。其中 MIS 管理系统主要分管与广告公司的联系、合同答复、财务管理、广告素材信息录入、广告播出清单的制作等功能;广告播出素材管理系统直接与 MIS 系统的数据库服务器相连,获取 MIS 系统的播出单和素材登录信息,建立一个广告素材共享库,广告素材的上下载、广告播出清单的传送(分传到播出部的播出机和文件服务器上),根据各频道的广告播出清单生成素材传输单,按素材传输单,将硬盘中的素材传送至播出服务器,广告播出素材管理系统分别与 MIS 系统和播出系统相联系,对整个系统的工作状况进行监控和报警;播出系统由视频服务器和系统管理服务器组成,接收素材管理系统传来的素材和播出清单,完成所有频道的硬盘及编带的广告播出。

1. 广告串片播出系统的组成

(1)广告串片播出系统总框

广告串片播出系统总框,如图 9.22 所示。

(2)广告串片播出系统的素材管理系统

广告素材管理系统由视频服务器、上传/下载审看工作站、网络系统、数据库系统、存储系统、系统管理服务器等几部分组成。

2. 广告串片播出系统流程

广告串片播出系统的总流程如图 9.23 所示。

① 在 MIS 系统中,业务员将广告原始信息注册,注册后通知素材管理系统,素材管理系统根据记录将广告素材上载到主备视频服务器,同时生成低码率素材存到数据库服务器中,供 MIS 系统进行网上浏览。

② MIS 系统根据总编室的串联单,制作最终广告播出清单,存到数据库服务器中,形成最终广告播出清单,发消息通知素材管理系统,进行广告播出清单的传送。

③ 播出系统收到广告播出清单后,根据不同的频道安排广告的播出。

④ 播出系统在每日广告播出结束后,生成播出历史记录,供 MIS 系统查询、统计调用。

⑤ 播出系统每日广告播出结束后,根据保存素材清单删除多余素材。

---

① 徐威. 数字电视网络制播技术[M]. 北京:中国广播电视出版社,2008:233~255.

第九章 网络化节目制播技术

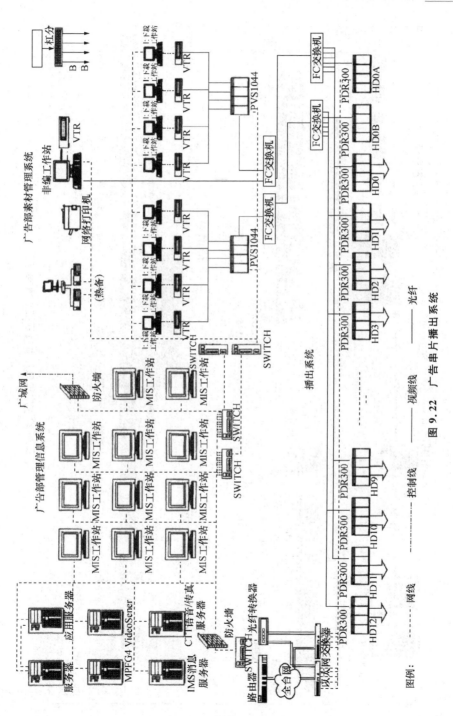

图 9.22 广告串片播出系统

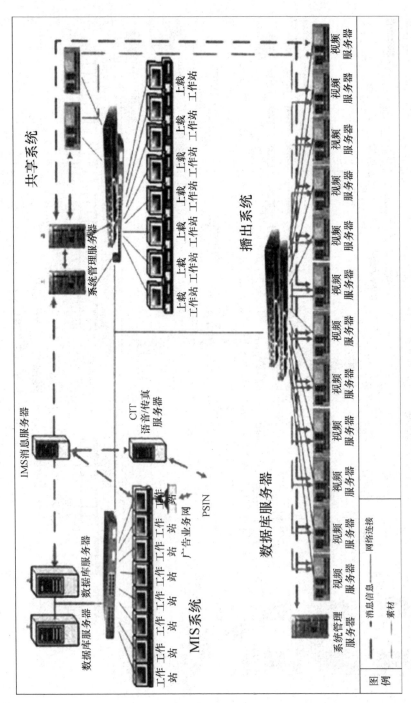

图 9.23 广告串片播出系统总流程

七、媒体资产管理系统

媒体资产管理系统主要是为数字电视、移动电视、多媒体内容发布等业务需求而开发的内容管理平台。[①~⑥]

1. 媒体资产管理系统的组成

媒体资产管理系统一般由存储管理子系统、内容管理子系统、网络管理子系统、数据处理子系统、采集管理子系统、系统监控子系统、资料编目子系统、资料下载子系统、信息发布子系统和资料检索子系统等组成。系统内部采用基于FC和以太网的双网结构,FC网络用于连接上下载工作站、转码服务器、迁移服务器、磁盘阵列、数据流磁带库、FC交换机等设备;以太网用于连接编目工作站、检索工作站、流媒体服务器、数据库服务器等设备。

(1) 存储管理子系统

媒体资产管理系统的核心是海量多媒体资料、素材、节目的存储,高效的存储技术是电视台构建全台网的核心技术之一。存储设备占总体投资的很大一部分,目前存储系统都引入了在线、近线、离线三种层次化的存储体系,适应媒体节目存储不同数据及对象的存储要求。各存储区将根据实际应用要求,配置相应的存储设备,如迁移管理服务器、MDS服务器、离线管理工作站、迁移服务器等。

(2) 内容管理子系统

内容管理子系统提供内容管理所需的元数据体系建立、对象关联定义、元数据访问服务、内容检索服务、版权与权限管理、应用级存储对象与迁移管理等核心功能。内容管理子系统是一个信息平台,包含内容创建、内容质检、内容标引、检索预览、任务管理、内容发布、分布式任务调度、工作流管理等部分,它是媒资系统业务处理的核心。其核心包括应用服务器和数据库服务器。

(3) 网络管理子系统

网络管理子系统主要完成基础信息的建立和维护,日志记录的维护管理,权限信息的维护,包括内容访问控制权限、设备访问控制权限、功能限制权限等,还为管理员提供数据的备份恢复功能。其核心设备包括数据库服务器和网络管理服务器。

[①] 徐威.数字电视网络制播技术[M].北京:中国广播电视出版社,2008:256~284.
[②] 张爱丽.媒体资产管理系统的应用[J].数字技术与应用,2011(2).
[③] 孙康.媒体资产管理系统在声像档案中的应用[J].城建档案,2011(6).
[④] 柳新忠.龙口电视台媒体资产管理系统的建设[J].有线电视技术,2011(1).
[⑤] 蔡铭,何晓华.缙云电视台媒体资产管理系统的设计[J].电视技术,2011(2).
[⑥] 崔俊杰.媒体资产管理系统的结构与设计[J].中国有线电视,2011(8).

(4) 数据处理子系统

数据处理子系统是媒体数据处理的关键部分，包括媒体数据编解码、播放、转码、迁移、校验、检测、关键帧处理等主要的功能模块。

(5) 采集管理子系统

采集管理子系统能够自动读取预处理环节(跨部门、跨板块)所提交的采集(收录)任务,采集管理根据采集任务计划可完成手动采集和自动收录,在采集或者收录时,提供自动编目功能。该子系统支持收录信号源自动路由,内容自动归档到指定的存储设备。为了满足全台其他系统的业务需要,收录系统提供统一的对外服务接口,整合收录资源,提高工作效率,以及结构化数据的一致性,便于提高后期剪辑效率和媒资归档后的检索再利用。

(6) 系统监控子系统

系统监控子系统主要实现的功能是监控整个系统的实时运行情况,包括软件、硬件、通信、接口等,比如存储设备的空间利用情况,服务器集群的进程、CPU、内存利用情况,网络带宽情况,任务处理的进展情况等实时信息。

(7) 资料编目子系统

资料编目子系统是对各种类型的数字内容进行分类、标引,以文件夹方式存放数字内容。对数字内容本身及其标引信息和文件夹提供增加、删改等功能。

(8) 检索查询子系统

检索查询子系统的主要功能有：素材检索查询、素材回放、查询结果传送、查询用户数、计费管理等。

(9) 素材输出子系统

当查询后的镜头传到制作或播出机房,该机房的编导可向管理系统申请,系统管理员接到信息后给予输出权限即可进入节目制作或播出系统。

(10) 信息发布子系统

通过有效的查询手段,提取数字内容,依据不同的发布媒体进行出版前的整合和加工,生成新的数字内容。以各种形式进行发布,文字和图像内容可以用于报纸和书刊印刷、制作成电子书、刻成光盘、生成网页,视频内容可以进入到编辑程序,进行数字播出、网上视频点播等多渠道的发布。

2. 媒体资产管理系统的关键技术

(1) 视频压缩技术

视音频素材分为压缩和不压缩两种。如果视音频素材采用不压缩方式存储,信号质量最好,无损失,但是存储数据量非常大,使视音频素材存储的成本、管理费用及日常维护费用非常高,电视台难以承担。随着视音频压缩技术的成熟,由压缩所带来的信号损失也越来越小,已完全符合制作和播出要求,因此选择适合的压缩格式,对信号进行压缩后再存储,将大大降低存储成本。目前媒体资产管理系统主要采用 MPEG-2、MPEG-4 两种标准。MPEG-2 具有全屏幕、全运动、高质量、高保真的特点,MPEG-4 具有基于内容的交互性、高效的压缩性、通用的访问性等特点。一般而言,MPEG-4 格式的素材供多用户查询浏览用;MPEG-2 格式的素材供存储、输出及制作节目用。

(2) 存储技术

存储技术是电视台媒体资产管理系统的核心,能否高效和海量地存储是媒体资产管理系统的重点。在物理层次上电视台视音频素材的存储有三种模式:在线存储、近线存储和离线存储。在线存储指存储设备永久连接在计算机系统中,并随时保持可实时快速访问的状态。在线存储设备通常具有很高的访问速度和良好的反应能力,适合访问要求频繁,并且对反应和数据传输都要求较高的应用。在实际应用中在线存储设备一般采用磁盘阵列。离线存储是指在存取数据时再将存储设备或存储介质装载或连接到计算机系统中。当数据访问完成时可以脱开连接,一旦断开后,可更换存储介质。离线存储价格比较低廉,如磁带、软磁盘或光盘等,可以将总的存储做得很大,但是由于离线到在线的存储介质的装载时间较长,所以离线存储一般用来存储不常用的冷数据。近线存储介于在线存储和离线存储之间,既可做到较大的存储容量,又可获得较快的存取速度。近线存储设备一般采用自动化的数据流磁带库或者光盘塔,近线存储设备用于存储和在线设备发生频繁读写交换的数据。在线、近线、离线三种存储体相互配合。在媒体资产管理系统的管理软件定义的迁移策略控制下,既可保证资料的访问速度,又可扩充系统的存储容量。另外,近段时间业内提出了远线存储的概念,远线存储主要用于远程备份。

(3) 网络技术

媒体资产管理系统中的各种设备通过计算机网络连接在一起,主要采用 SAN(存储区域网)和以太网技术,它们关系到系统的工作效率,访问支持及系统扩展能力等。SAN 以光纤通道 FC 为基础,实现了存储设备的共享,突破了现有的距离限制和容量限制。服务器通过存储网络直接同存储设备交换数据,释放了宝贵的 LAN 资源,FC 由于在网络管理方面还不成熟,难以满足实际工作的要求,而在目前最为成熟的以太网上,系统管理比较完善,价格也比较低廉,所以电视台媒体资产管理系统的网络系统可采用 FC 与以太网结合,利用 FC 传输视音频信号,用以太网传送控制信号。

(4) 编目与检索技术

所谓存储是核心,检索是关键,编目和检索涉及的再利用问题是媒体资产管理系统两大核心问题之一。检索是再利用的关键,而检索的基础是编目。目前有几种编目方式:一种是一次性编目,一次就完成所有细节编目。另一种是多次编目,先由记者或者编辑初始化,取得一个初步编目,细节留待专业人员做二次甚至多次编目,完成总体的编目。在检索方面,现在可提供基于特征(像面部、声音、图像等特征)的检索。此外还有分步式检索等,这在图书馆系统中非常普及,它采用统一的检索入口,搜索一个分步式的库。媒体资产管理系统可提供关键字检索、全文检索、条件检索等多种检索方式,对于检索的音视频文件结果,系统可提供 MPEG-4 格式的文件索引供用户浏览访问。

(5) 数据库技术

数据库技术是媒体资产管理系统的根本所在。该技术主要针对各种内容编制索引,简略描述内容以及相关内容间的关联、关系和内容存放位置等。采用数据库技术来管理这些描述信息,一方面可以实现内容描述信息的标准化,另一方面也为其他应用系统与媒体资产管理系统紧密结合提供了标准。

3. 媒体资产管理系统的典型工作流程

媒体资产管理网络系统主要包括三部分:入库流程、内部处理流程、调用流程。

(1) 入库流程

入库流程是指把节目输入到媒体资产管理网络系统的过程,包括几种不同的方式:

① 上载方式。这是指将以数字基带信号或模拟信号记录在特定记录介质(如录像带)上的节目导入到媒体资产管理网络系统中的入库方式,这种方式的入库会涉及编码。

② 离线节目文件的引入方式。这是指将记录在数据流磁带、半导体存储、光盘等介质上的数字化文件节目导入到媒体资产管理网络系统中的入库方式。当节目格式不符合系统存储要求时,这种方式的入库会涉及转码。

③ 数字化网络化系统互联方式。这是指其他数字化网络系统(如新闻制播系统、后期制作系统、硬盘播出系统等)通过系统间的接口将数字化文件的节目导入到媒体资产管理网络系统中的入库方式。当节目格式不符合系统存储要求时,这种方式的入库会涉及转码。

(2) 内部处理流程

内部处理流程是指对已经进入媒体资产管理网络系统的节目进行存储、管理,并根据实际需要进行优化处理的过程,具体包括:编目及其审核、对节目进行分类聚类整理、存储及不同存储介质之间的文件迁移等。

(3) 调用流程

调用流程是指根据应用需求,将媒体资产管理网络系统中存储的节目输出到其他系统或存储介质的过程。包括三种调用方式：

① 下载方式。下载方式是指将媒体资产管理网络系统中文件化存储的节目经过解码输出并记录到录像带等介质中的过程。这种方式的调用会涉及解码。

② 离线节目文件的导出方式。该种方式是指将媒体资产管理网络系统中的节目导出并拷贝到数据流磁带、半导体存储、光盘等介质上的过程。当系统存储的格式不符合使用要求时，这种方式的调用会涉及转码。

③ 数字化网络化系统互联方式。指其他数字化网络系统（如新闻制播系统、后期制作系统、硬盘播出系统等）通过系统间的接口调用将媒体资产管理网络系统中的节目导出并迁移到本系统中存储。当出现格式不兼容时，这种方式的调用会涉及转码。

八、网络化制播系统的维护

网络化制播系统综合了计算机技术、网络技术、视频压缩、存储、传输等多种技术，这就要求维护技术人员既要有各学科的综合专业知识，又要有极强的工作责任心。系统故障率的高低固然与设备的档次、自动播控系统软件的编制等软硬件水平有关，但更重要的是设备软件的日常维护（包括节目播出、采编、制作计算机的维护）。

计算机软件系统包括操作系统和应用软件。操作系统是控制和指挥各个设备和软件资源的系统软件，一个安全、稳定、完整的操作系统有利于播出系统的稳定工作。如果对操作系统不注重保护，那么系统运行速度会不断降低，各种故障会频繁地出现。所以经常对系统进行升级、查毒、杀毒是十分必要的。鉴于许多攻击都是针对微软操作系统漏洞进行的，因此应经常升级补丁包、安装病毒防火墙，并及时升级杀毒软件、更新病毒库，每周至少查杀毒一次，确保电脑在无病毒环境下工作。播出机房严禁使用来历不明的外来盘片，素材盘使用前一定要先查毒，使用后再查毒一遍，以免那些隐藏在压缩程序或文件里的病毒有机可乘。

经常检测"设备管理器"，检查电脑的硬件设备是否冲突、设备驱动有无问题。如系统出现故障应及时删除该设备，然后进行"新硬件检测"，重新安装该设备的驱动程序或进行驱动程序的升级工作，深挖细究，查出问题的原因，以解决系统设备的冲突问题。

定期利用磁盘清理工具软件对磁盘进行清理、维护和碎片整理，彻底删除一些无效文件、垃圾文件和临时文件，这样能使磁盘空间得到及时释放。通过磁盘碎片整理，使系统操作性能稳定，这对于视频文件盘的频繁读取尤为重要。使用"诺顿"或其他工具软件对 Windows 进行扫描清理，及时删除多余无用的动态链接库 DLL 文件，及时清理注册表文件中的垃圾信息。

第四节　网络化制播系统实例

一、新闻中心网络化制播系统

新闻节目是电视台日常的和最重要的电视节目,与其他类型的电视节目比较,新闻节目在制作工艺流程、生产过程管理、制作时间等方面有许多特殊的要求。

1. 新闻中心网络化制播系统的特点[①]

(1) 系统构造直观简单、操作便捷、运行稳定、可靠。新闻节目视频制作业务流程较为固定且节目制作量非常大,因此对系统的稳定性和安全性有非常高的要求。另外,由于台内技术人员数量有限,应使用构造简单、日常管理/维护量低、安全稳定的系统。

(2) 系统具有良好的开放性,并充分考虑规模的扩展。新闻中心网络化制播应具有良好的开放性,方便操作人员制作出优秀的新闻节目,同时应考虑编辑站点、媒体资产管理等方面的升级准备。

(3) 最好的性价比。新闻中心网络建设要考虑最少的资金投入和使用的方便性。

(4) 机房设备布局合理,操作维护方便。新闻中心网络安装搭建简单快捷、工艺流程规范、日常管理和维护简单易行。

(5) 素材资料的保存管理更加方便、更加完善。只要将素材上载到新闻中心存储系统中,就可以通过网络方便地调用、存储、迁移和删除等。

2. 新闻中心网络化制播系统的拓扑结构

数字电视中心技术系统主要包括制播网络系统、视音频系统和办公业务系统等,它们之间通过标准化的接口进行数据交换和相互业务支持。制播网络系统通过计算机网络、视音频及其他相关技术实现全台的节目制作、播出、存储及管理等业务功能,通过数据化、流程化和自动化处理达到优化工作流程、提高生产效率和管理水平的目的,通过标准、开放的接口实现内部系统之间及与外部系统之间的互联互通。

新闻中心节目制播网主要由基础网络平台、FC 中心存储平台、数据库平台、编辑制作系统、文稿管理系统、演播室播出系统、网络管理子系统及系统接口等部分组成。图 9.24 为新闻中心节目制作网络拓扑结构图。[②]

[①] 翁志清,陈伟平.数字电视制播系统[M].上海:上海大学出版社.2009:195.
[②] 杨晓宏.数字电视节目制作技术[M].北京:国防工业出版社,2013:268~271.

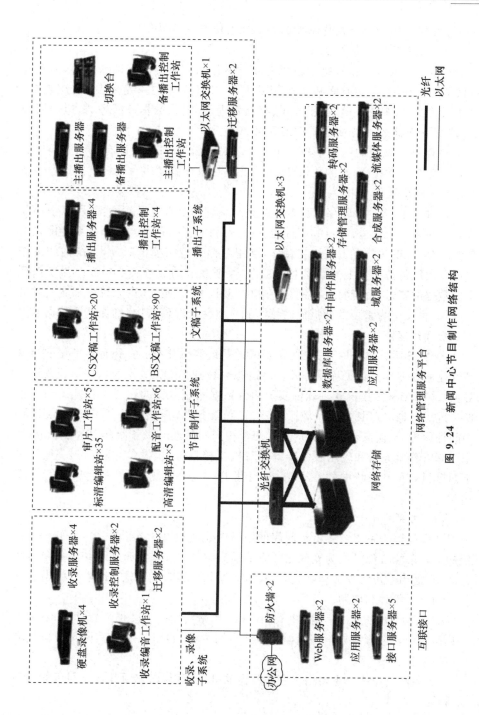

图 9.24 新闻中心节目制作网络结构

下面对新闻中心网络化制播的各功能模块作一简单介绍。

(1) 网络管理服务平台

网络管理服务平台是整个新闻制播一体化网络系统的基础和核心，为系统提供了网络环境、存储空间和基础管理平台。硬件方面主要包括：光纤交换机、以太网交换机、中心存储、域服务器、存储管理服务器、数据库服务器、应用服务器、转码服务器、合成服务器、WEB 服务器等。

① 网络。系统的网络架构为光纤+以太网，所以系统中配有光纤交换机和以太网交换机，根据站点的数量及考虑冗余，系统配置了多台光纤交换机及多台千兆以太网交换机。

② 中心存储。中心存储负责保存整个系统的所有视音频数据，所以中心存储的设计必须要安全、稳定和高性能。一般用"一主一备"的方式，即系统配置两套网络存储，正常状态下使用主存储，当主存储出现故障的时候，系统内的工作站可以利用备份存储上的数据继续工作，保证系统的业务不会中断。为了保证重要数据的安全，系统将采用网络存储的"双读双写"技术，在系统中部署实时备份软件，将设定为重要的数据同时读写到主备两个存储当中，确保重要数据的多重备份和快速恢复。

③ 服务器。数据库服务器：为了保证系统高效工作，在系统中配置了两台高性能服务器作为数据库服务器，配置成熟稳定的 SQL 数据库软件管理数据库数据，采用 MSCS 集群管理软件实现两台数据库服务器的在线主备热备份。存储管理服务器、应用服务器、域服务器、转码服务器、合成服务器、WEB 服务器、中间件服务器、流媒体服务器均配置两台相同的高性能服务器作为主备备份，其中存储管理服务器和应用服务器既做双机互相备份，也做负载均衡。一般情况下两台机各负责系统中的一半站点，当其中一台出问题时，另一台就接管全部站点。

(2) 文稿处理子系统

文稿处理子系统主要负责新闻网中稿件处理和串联单编排。文稿处理子系统的串联单能自动转换为新闻演播室的播出编单。文稿处理子系统可与节目制作系统、播出系统实现无缝结合，通过嵌入式软件接口的方式，实现文稿、节目等信息的统一管理和应用。

① 写稿工作站。和一般的普通编辑工作站共用一个硬件平台即可，其主要作用是让记者或者编导根据画面和声音撰写文稿，也可以根据实际情况配置专门的写稿工作站。

② 字幕工作站。主要用于字幕所需的排版模板，以方便其他条目编辑工作站选用。

③口播提词工作站。用于将文稿中播音员、主持人口播解说词部分在播音员的控制下以大字显示出来,一般来说,只要一台工作站就可以了。如果有专门提词器的话,也可以将解说词直接送提词器。

(3) 节目制作子系统

节目制作子系统主要负责新闻节目的后期编辑制作,包括完成新闻素材上载、快编、预编、编辑、配音、包装、合成、审片等工作。系统配置上载工作站、标清编辑站、高清编辑站、配音工作站、审片工作站、快编工作站、预编工作站、编辑工作站、总编工作站、串编工作站、下载工作站等。

①上载工作站。用于将视频、音频信号类的素材录入到系统中,即将各种类型的视频、音频信号转化成数据存储到系统的共享存储器中。它可以录入复合、Y/C、数字分量等多种不同形式的信号,还可以录入多种格式的数字信号。

②配音工作站。配音工作站主要用于节目制作的后期配音。在硬件配置上,采用了专业声卡,以达到专业级的配音效果。配音软件必须与非编软件实现无缝连接,可以实时读取、浏览、搜索、回放时间线上的视频、图文、特技、字幕的整体影像效果。能实现"看图像配音",从而确保视音频同步。另外,对于新闻前期配音,配音词能够以提词器方式同时显示在文稿窗口中,用户可以设置配音词自动滚屏播放速度,直接读取配音词进行配音。

③快编工作站。用于将视频、音频信号类的素材录入到系统中。它与上载工作站的区别在于还可以承担简单的编辑工作,它的功能和工作方式类似于传统的一对一编辑系统,在剪辑编辑的同时完成素材的上载。

④预编工作站。适用于新闻类节目编辑的普通工作站。虽然是编辑工作站,但区别于编辑工作站,并不对素材直接编辑,而是通过以太网,利用与原素材关联的高压缩比的视频素材进行条目编辑,完成新闻节目的编辑表(包括每个镜头的时间码信息、特技信息、字幕信息等)。由于它并不承担任何的特技处理,所以在预编工作站的配置中不需要有特技视频板卡,其他配置要求也比较低,完全是一种低价位的专用工作站。

⑤编辑工作站。适用于新闻类节目编辑的非线性编辑工作站。制作人员可以根据预编工作站的编辑表,对于已上载的低压缩比的各类素材进行精编,直到完全满足节目要求。它需要配置专用的特技视频板卡。

⑥总编工作站。用于编排各个时间段要播出的新闻节目中各个条目的播出顺序,即录入串编表。

⑦串编工作站。它是根据总编工作站录入的串编表的要求,将各新闻条目间的(播音员)主持人口播画面串接起来,同时可以根据个别特殊需要在一些条目间作过渡处理,然后将串编节目生成一个节目稿件,以便于节目的完整下载

播出。

⑧ 审片工作站。在节目编辑完成、配音结束后,用户就需要通过审片工作站来对节目进行内容审查。审片工作站可以对成片和时间线分别进行审查。审片工作站采用单网——千兆以太网的连接方式。软件方面采用专业审片软件,可实现网络化成片和时间线的审查,审查的同时调用节目所对应的文稿,填写审查意见,通过的节目可直接送入演播室进行节目播出,未通过的节目可在非编中再次打开,根据审查意见修改节目。

⑨ 下载工作站。其主要任务是将定稿后的新闻节目完整地录制到磁带上。

(4) 收录、录像子系统

收录、录像子系统主要负责收录回传到电视台的新闻素材及对新闻演播室制作的节目进行录像。系统分为收录和录像两个模块。

① 收录模块。收录模块主要是收录回传的新闻素材。收录系统能遥控视音频矩阵的调度,能同时进行多路信号收录,收录格式为 MPEG-2 150 Mbps。收录完成后能自动录入新闻网素材库。系统支持自动收录,但日常应用以手动操作为主。硬件配置方面包括:配置收录服务器、收录控制服务器、编单工作站。

② 录像模块。录像模块主要负责新闻演播室的节目录制。每个新闻演播室配置一主一备两个硬盘录像机。硬盘录像机具备接入收录、录像子系统的功能,能将录制的新闻节目自动迁移到新闻网的素材库;能实现节目的即时回放,能将回放节目输出到演播室的大屏幕。

(5) 播出子系统

播出子系统主要负责新闻节目的播出。播出子系统分为直播和录播两个模块。直播模块用于直播的新闻节目。录播模块用于录播的新闻节目及重播的新闻节目。

直播模块配备一主一备 2 台播出服务器和 2 台播出控制工作站,播出控制工作站能直接调用文稿系统中编制的串联单,并能通过串联单控制播出服务器的播出,同时在节目制作子系统中完成的各条新闻节目在完成审核后,能自动提供到播出服务器当中,播出服务器定时检查串联单对应的节目内容,并通过不同颜色反映出节目的情况。录播模块配备 4 台播出服务器和 4 台播出控制工作站,系统内部的工作模式与直播模块一样,但具体的播出操作将由大播出系统进行控制,即录播模块在播出时,由大播出系统的播出控制工作站控制录播模块的播出控制工作站,录播模块的播出控制工作站控制播出服务器播出。采用这种模式能实现新闻播出的无人值守。

(6) 互联接口

新闻网需要与全台互联平台、播出系统、广播系统、媒资系统、办公网等系统进行连接及数据交换,所以系统有 5 个对外互联接口。系统配置 7 台接口服务器,取用 $n+2$ 的备份模式,即 2 台备份服务器对 5 台主服务器进行备份。接口服务器对外实现元数据和媒体数据的交互与传递。

二、中央电视台广州亚运会网络化制播系统

2010 年广州亚运会网络制播系统规模为央视历次大型赛事外场转播之最,包含了 32 路收录通道、上百台各类型工作站和 128TB 核心存储。系统效率高、功能全面,承担了前场信号收录、节目剪辑、节目包装、演播室文件化播出、媒资归档、前后场素材交换等重要工作。[①]

1. 系统设计目标

(1) 系统规模大。可支撑 32 路收录通道、30 台文稿工作站、7 台草编工作站、36 台编辑工作站(含审片工作站)、8 台深度包装工作站、3 套演播室录播设备、4 套数据流磁带归档工作站等设备的同时在线工作。

(2) 制作质量高。系统以全流程高码流进行制作,确保"所见即为所播"的效果。

(3) 制作手段丰富。支持多种类型节目的制作与播出,包括常规类型的赛事类节目、时效性极强的体育新闻节目、图像效果复杂的包装短片节目、需要深度加工的专题类节目等。

(4) 制作效率高。可满足 CCTV-5 全频道在前场播出,以及 CCTV-1、7、12 和新闻频道部分时段在前场播出的需求。

2. 系统架构

中央电视台广州亚运会网络制播系统是一个全高清、全网络、全文件化的一体化制播系统,系统中包含存储、收录、编辑、演播室播出与录制、归档、后台管理等功能域,如图 9.25 所示。[②]

各域的基本功能为:

(1) 存储域。存储域是整个系统的核心,提供节目制作所必需的存储空间,以及支撑所有站点稳定运行的存储网络带宽。

(2) 收录域。收录域用于完成外来公共信号的收录,将高清视音频信号转换成文件,并迁移到核心在线存储系统。收录系统支持边收录边编辑的功能。在收录的同时,可通过编辑工作站对正在收录的素材进行实时在线编辑,无须等待文件收录完毕再进行编辑工作,如此可大幅提高节目的制作效率。

[①] 陈欣.中央电视台广州亚运会转播网络制作系统的设计与应用(上、下)[J].现代电视技术,2011(1).

[②] 同上。

数字电视节目制播技术

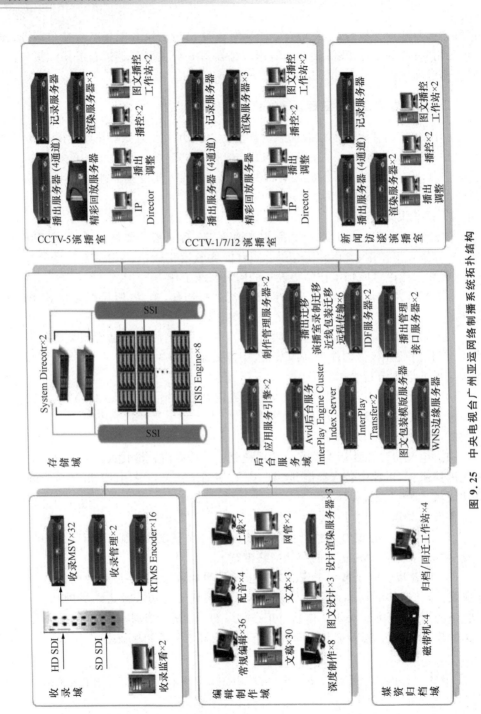

图 9.25 中央电视台广州亚运网络制播系统拓扑结构

(3) 编辑制作域。文稿工作站主要完成文稿串联单的编撰工作。常规编辑工作站主要完成赛事缩编、体育新闻编辑等制作任务,特点是强调快速制作,节目内较少使用高级包装。而深度编辑工作站面向的业务类型主要是深度专题制作和特效短片制作,需要较多的实时编辑层数和更丰富的包装特技效果。文本、配音和网管工作站则作为周边辅助站点而存在。

(4) 演播室域。在编辑制作域制作完成的节目,可以推送到演播室播出服务器上进行播出。节目的播出顺序,可通过播出调整工作站进行调整,所有节目播出的动作受播控工作站的控制。此外,演播室播出域还提供节目错时播出、精彩镜头集锦回放、演播室信号录制等功能。

(5) 媒资归档域。该模块使用LTO-4数据流磁带,将所有收录下来的公共素材、编辑工作站制作的成品节目以及演播室播出的成品节目,进行永久性归档保存。

(6) 后台服务域。系统为了提供上述必要的功能,后台需要多台服务器提供基础服务支撑,包括制作流程管理、素材管理、文件打包迁移等多项后台服务。

3. 主要技术

中央电视台广州亚运会网络制播系统所采用的主要技术有以下几个方面:

(1) 大规模部署IP存储体。传统的FC双网架构(FC+Ethernet),对于外场转播系统而言,存在网络架构复杂、网络带宽不高、现场实施不便等问题。因此,经过严谨的技术论证和实际测试,率先在大型高清系统中采用了全新的IP存储架构。采用IP存储后,系统成为一个完全的以太网架构。系统架设时无需熔接光纤,只需采用普通的双绞线,既降低了网络的复杂程度,又减少了架设难度。

(2) 异构系统的集成。在亚运转播系统中,将国产Sobey、进口Avid、EVS、Orad等品牌的设备异构部署,择其优势互补,有机地组合成一个全新的系统,完成了包括草编、常规编辑、深度编辑、EVSXT服务器、在线包装等多类型设备间的高效素材交换和无缝流程衔接,首次实现了多品牌系统层面的整合,使各子系统功能更加优势互补,系统运行更加自动化和易于把控。

(3) 部署高性能双通道高清收录服务器。在亚运转播系统中,由于传统的单通道服务器,设备占用空间大、编码质量低、编码效率低,已无法满足外场转播的应用需求。因此在项目实践过程中,首先使用了全新的双通道收录服务器,使用纯软件编码方式实现了双路DNxHD120M复杂编码的收录,大大减少了系统服务器的数量,其次收录系统支持多种信号源格式且支持不同信号源模式下的智能切换,顺利解决了高标清混合收录问题;最后,边收边编的收录应用模式,极大地缩短了节目编辑时间,为快速播出提供了技术保障。

（4）核减收录迁移服务器。传统的收录系统中，由于采用 FC 存储体，为了隔离收录服务器和存储体，确保在存储体出现故障时收录服务器还可独立运转，避免存储丢失情况下的操作系统崩溃，系统设计中往往采用收录迁移服务器作为独立的后台服务器完成收录素材的迁移工作。新系统采用了 IP 存储体，收录服务器可通过 UNC 路径的方式直接访问中央存储，而且由于存储与收录服务器之间并无紧密耦合关系，避免了存储与收录服务器之间的故障扩散。如此部署省去了收录迁移的物理环节，收录系统减少了单一故障点的潜在风险，收录更加稳定可靠。

（5）部署多功能收录管理工作站。在亚运转播系统中，部署多功能收录管理工作站，解决了收录信号监看功能不完善、不能实时监看编码后的文件的问题。

（6）高、标清高码混合编辑。在亚运转播中，选用 DNxHD120M、MPEG-2LongGop50M、Avc-Intro100M 三种编码作为高清主编码格式和选用 MPEG-2IBP25M 作为标清主编码格式，实现了高标清混合格式全高码节目制作，保证了"所见即所得"的用户体验。

（7）多格式播出服务器的稳定应用。具有主、备、预监、大屏四通道信号输出的播出服务器不仅在应用上充分满足了外场节目播出需求，四通道播出服务器还可对高码流 DNxHD120M 和 MPEG-2LongGop50M 两种主流编码进行混合播出。

（8）采用全新的 B/S 制作管理系统。亚运会系统中的制作管理系统集合了网管、监控、串联单编排、文稿撰写等诸多功能。

（9）高效的数据流磁带归档系统。采用单磁带机归档软件完成媒体资源的近线存储和回迁。

（10）实现更完善的前后场联动。构建了完整的前后场协同运行模式，有效地控制了转播成本，降低了系统搭建的技术难度。

（11）三重病毒防范体系。加入了多重杀毒的机制，杜绝了病毒的侵害。

三、中央电视台经济频道网络化制播系统

1. 系统的基本构成

经济频道制作业务系统由应用平台（节目制作系统、节目资料管理系统、转码打包中心、综合检索系统、管理系统、文件传输系统）和基础平台（应用服务器、Web 服务器、数据库系统、存储系统、安全系统、备份系统、网络系统）构成。系

统的拓扑结构如图 9.26 所示。①

(1) 应用平台

节目制作系统为经济频道提供了一个全网络化、数字化的节目制作平台,主要包括文稿系统、桌面编辑系统、后期编辑系统、串联单系统、配音系统、演播室系统、串编系统、广告编排系统、审核系统等。

节目资料管理系统实现了栏目传统资料磁带、音频、图片、相关背景资料的上载、存储、统一编目,主要包括上下载系统和编目系统。

转码打包中心为提供进出本系统的各种格式的视音频文件提供转码服务,为系统内不同应用之间提供转码服务,同时完成节目制作过程中初编审核、打包审核和成片输出时必要的打包和转码工作。

综合检索系统提供了系统内部各环节对节目素材、节目成片、音频、图片、文稿等的综合检索查询。

管理系统通过统一的用户管理、全面的日志分析、设备监控、节目制作进度跟踪实现了节目生产过程全面监控,主要包括用户管理系统、设备监控系统、系统配置管理系统、节目制作管理系统、统计分析系统等。

文件传输系统提供了远程文件传输的接入和接收文件对象的统一管理,提供了本系统与其他外部系统的视音频文件交换服务。

(2) 基础平台

基础平台是节目制作与管理系统各类功能实现的基础设施,为全系统提供了网络环境、集中的存储系统、数据库服务等,同时也包含系统中一些主要的服务器系统。

2. 业务流程

中央电视台经济频道业务制作系统中,运行采用的流程如图 9.27 所示。

详细的流程主要包括以下几个环节:

(1) 报题阶段

栏目组的主编、记者/编辑/编导、策划找到选题线索后,先收集一些文字的或者视音频的素材资料,并写出初步策划文案,对该选题提出报道方向或制作方向,在节目生产管理系统中通过制作报题单(资料则作为报题的附件)将选题上报给主编和制片人甚至频道节目总监进行审批,栏目组通过报题会或者个案审批的方式确定哪些选题被采纳成为正式的选题。报题环节主要在节目生产管理系统中进行。在这一环节中主要涉及与全天节目生产管理系统的接口问题。在本阶段中,主要涉及文稿系统、综合审核系统的应用,这个阶段流程在这两个系

---

① 徐威.数字电视网络制播技术[M].北京:中国广播电视出版社,2008:303~329.

数字电视节目制播技术

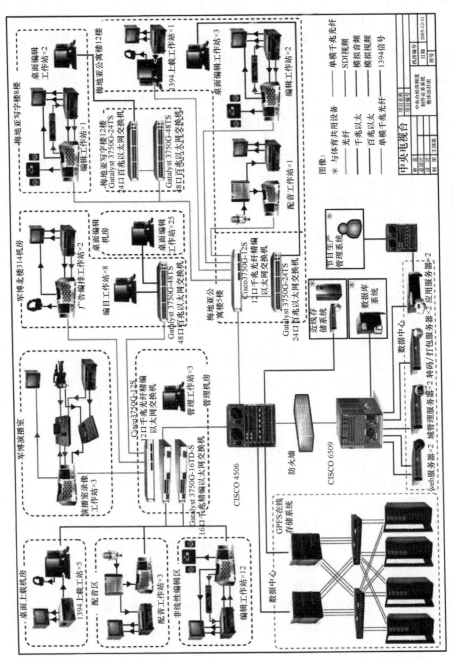

图 9.26 中央电视台经济频道网络化制播系统拓扑结构

— 318 —

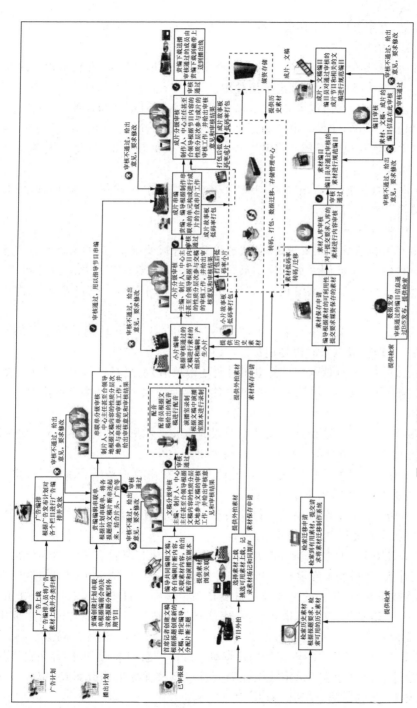

图 9.27 中央电视台经济频道业务制作流程

统之间反复,直到选题和文稿通过审核后,就可以进入下一阶段。

(2) 前期阶段

记者/编导接收到由审核通过的报题产生的采访拍摄任务,并获得相应的资源(摄像人员和设备等)后便外出采访拍摄。

在采访拍摄的同时,记者/编导可以通过手写板记录电子场记单或者通过麦克风加以现场声音的注释。电子场记单记录和现场声音注释为编辑人员在后期编辑过程中的素材检索整理和编辑取舍提供了有效的辅助手段,将大大提高原有节目自编阶段的工作效率。

对于时效性强的节目,记者可以使用基于便携式电脑的移动非编工作站进行现场编辑工作。

(3) 后期制作阶段

拍摄回来的节目首先要进行初选、选出满足片比要求 1:5 的素材量后进行上载,将节目素材上载到中央存储中后,由记者在桌面编辑工作站上进行粗编,然后再经过节目配音、演播室录制、节目串编、审核各环节后才能完成制作,进行播出。

① 初选。由初选工作站来实现,在软件中通过打点,自动记录所需要的素材长度后,自动生成电子时码场记单。

② 上载。在上载软件中打开电子时码场记单后,系统对素材进行批采集处理,将素材上载。上载软件与初选软件功能和界面类似,但初选中有产生保存码单的功能。

③ 粗编。节目制作使用非线性编辑设备完成,实现记者、编导在非线性编辑系统上独立完成节目的工作模式,提高了工作效率。

④ 配音。节目配音任务式分配,配音人员可在系统内收到配音任务、相关配音文稿及配音材料,集中配音。

⑤ 演播室录制。演播室的素材使用非线性设备直接录制到网络存储体中,成为数字化素材更便于后期制作。

⑥ 节目串编。由栏目责编制作播出串联单后,将与节目有关的内容包括广告、片花片头、演播室录像素材和节目小片等串在一起,在精编工作站的编辑软件中打开故事板时,相关的视音频素材会自动串接在节目中,经过进一步加工、特技制作、字幕制作、技术质量调整等,完成最终的成片。精编工作站与桌面工作站使用同一软件,只是运行的码流不同,一个为高码流,一个为低码流。

⑦ 审核。节目制作的审核使用计算机通过网络系统进行,审核者在自己的办公电脑上使用浏览器登录审核工作界面进行审核并提出修改意见,突破以往地域的限制,节约时间,提高效率。

（4）待播阶段

制作完成的节目成片，经转码打包服务器生成为可以交换的 MXF 格式文件，以 FTP 上传的方式，传入 SATA 播出缓冲区，等待进入播出服务器进行播出。

（5）资料管理阶段

所有已经播出的节目（播出版和国际版）打包后经编目提交到媒资管理系统。记者拍摄的素材在使用后如果需要保留也可以提出申请，经过编目，提交到媒资管理系统中。

网络化制播系统使电视节目从策划到素材采集、编辑、归档、演播、播出、存储、统计和结算都实现了数据化、网络化和流程化。"数字化、网络化、自动化"是各个电视台追求的共同目标，如何确保制播网络的正常运行，如何发挥出网络制播最佳的工作效率，进而产出最大的效益，是网络化制播系统的关键。

复习思考题

1. 简述网络化制播系统的组成。
2. 简述网络化制播的分类。
3. 简述网络化制播的工作流程。
4. 网络化制播采用的关键技术有哪些？
5. 简述节目生产管理系统的组成和工作流程。
6. 简述视频网络制作系统的组成和工作流程。
7. 简述音频网络制作系统的组成和工作流程。
8. 简述节目收录系统的组成和工作流程。
9. 简述播出系统的组成和工作流程。
10. 简述媒体资产管理系统的组成和工作流程。
11. 新闻中心网络化制播由哪几部分组成？

参考文献

[1] 肖艳平.数字电视播出系统中的近线存储[J].中国数字电视,2011(10).

[2] 杨江涛.关于太原电视台媒体资产管理系统的思考[J].山西广播电视大学学报,2011(3).

[3] 徐济众,朱爱华,卜静燕等.电视台媒体资产管理网络系统中的节目技术质量控制和管理方法[J].广播与电视技术,2011(7).

[4] 徐威.数字电视网络制播技术[M].北京:中国广播电视出版社,2008.

[5] 张爱丽.媒体资产管理系统的应用[J].数字技术与应用,2011(2).

[6] 孙康.媒体资产管理系统在声像档案中的应用[J].城建档案,2011(6).

[7] 柳新忠.龙口电视台媒体资产管理系统的建设[J].有线电视技术,2011(1).

[8] 蔡铭,何晓华.缙云电视台媒体资产管理系统的设计[J].电视技术,2011(2).

[9] 崔俊杰.媒体资产管理系统的结构与设计[J].中国有线电视,2011(8).

[10] 史冠翔.中央电视台节目生产管理系统设计与思考[J].广播与电视技术,2011(7).

[11] 徐国耀.电视台网络化制播系统的技术及应用[J].视听界(广播电视技术),2011(4).

[12] 翁志清,陈伟平.数字电视制播系统[M].上海:上海大学出版社,2009.

[13] 张晓冬,李刚.国内非线性编辑及网络技术发展综述[J].广播与电视技术,2007(2).

[14] 陈欣.中央电视台广州亚运会转播网络制作系统的设计与应用(上)[J].现代电视技术,2011(1).

[15] 陈欣.中央电视台广州亚运会转播网络制作系统的设计与应用(下)[J].现代电视技术,2011(2).

[16] http://www.mcplive.cn/index.php/article/index/id/5430/viewall/1

[17] 卢英锁.数字电视中心新闻制播网络系统的设计方案[J].电视技术,2011(4).

[18] 王明照.电视台新闻制播一体化网络系统的设计[J].广播与电视技术,2011(6).

[19] 刘宁生,顾建国,崔伏龙,等.数字电视节目制作与播控技术[M].北京:中国广播电视出版社,2003.

[20] 翁志清,陈伟平.数字电视制播系统[M].上海:上海大学出版社,2009.

[21] 徐国耀.电视台网络化制播系统的技术及应用[J].视听界(广播电视技术),2011(4).

[22] 杨晓宏.数字电视节目制作技术[M].北京:国防工业出版社,2013.

[23] 孟群.电视节目制作技术[M].北京:高等教育出版社.2006.